Wolfgang W. Meyer

Jakobswege

Diese Publikation ist ein Ergebnis des Projekts
»Kennzeichnung des Jakobsweges im deutschen Südwesten«
der
Europäischen Kommission (INTERREG II)
und des
Europa Zentrums Baden-Württemberg e. V.

5. Auflage 2006

Wissenschaftliche Beratung: Professor Dr. Wilfried Setzler, Tübingen.
Karten: Grundlage: Topographische Karte 1 : 200 000
ATKIS® DTK200-V, © Bundesamt für Kartographie und Geodäsie 2005;
Bearbeitung: Silberburg-Verlag, Tübingen.
Umschlaggestaltung: Frank Butzer, unter Verwendung von Fotos
von Rainer Fieselmann (Vorderseite) und Wolfgang W. Meyer (Rückseite).
Druck: Offsetdruckerei Karl Grammlich, Pliezhausen.
Printed in Germany.

ISBN-10: 3-87407-726-8
Ab 2007 ISBN-13: 978-3-87407-726-2

Wolfgang W. Meyer

Jakobswege

Württemberg – Baden – Franken – Schweiz

Mit Beiträgen von Gerhilde Fleischer, Peter Kirchmann
und Dieter Klapschuweit.
Fotos von Wolfgang W. Meyer

Silberburg-Verlag

Übersichtskarte Jakobswege

Inhalt

Zu diesem Buch

Wenn milde Schauer im April des Märzes Dürre bis zur Wurzel durchdrungen und jede Ader mit dem Saft getränkt, der kraftvoll Blumen sprießen lässt; wenn Zephyr auch in Wald und Feld mit seinem weichen Hauch die zarten Triebe weckt und die junge Sonne im Zeichen des Widders den halben Weg durchmessen; wenn kleine Vögel, die offnen Augs die Nacht durchwacht, ihre Melodien singen, dann drängt es die Menschen, auf Pilgerfahrt zu gehen, und fromme Wanderer wollen fremde Länder sehen und ferne Heiligtümer.« So schrieb Geoffrey Chaucer in den Canterbury Tales (übersetzt von D. Droese, Manesse 1971) aus der zweiten Hälfte des 14. Jahrhunderts über die Motivation, sich aufzumachen, um heilige Stätten zu besuchen.

Sie wollen sich die Jakobswege im süddeutschen Raum erschließen? Kein Problem.

Heutige Möglichkeiten, öffentliche Verkehrsmittel zu benützen, lassen eine Aufteilung einer größeren Strecke in kleinere Abschnitte zu, die im Rahmen eines Kurzurlaubs oder einer »kleinen Auszeit« abgewandert werden können. Dazu ist es heutzutage nicht mehr verpflichtend wie für den mittelalterlichen Pilger, sein Haus zu richten und ein Testament zu machen.

Dort, wo es zweckmäßig erschien, wird in diesem Führer auf Gasthöfe und besondere Übernachtungsmöglichkeiten für Jakobspilger hingewiesen. Weitere ergänzende Informationen und Tipps bieten die örtlichen Tourismusbüros der Gemeinden oder teilweise auch die Kirchengemeinden an. Viele Wege sind auch für Radwanderer geeignet.

Zusätzlich ist es empfehlenswert, sich im Internet auf der Homepage des Autors zu informieren. Hier können Sie auch Lichtbildvorträge in modernster Überblendtechnik über die Jakobswege in Süddeutschland, Frankreich und Spanien buchen. Auch finden Sie immer wieder Angebote zu Wanderungen und Pilgerreisen. Internet-Adresse: www.pilgerweg.de

Vorwort

Von Michael Bosch, Europa Zentrum Baden-Württemberg

Warum war das Interesse ausgerechnet des Europa Zentrums Baden-Württemberg an diesem Wander- und Pilgerführer auf den Jakobswegen so ausgeprägt, dass es sich dazu entschloss, ein mehrjähriges Projekt daraus zu machen? Gut vier Jahre jedenfalls hat in seinem Auftrag Wolfgang W. Meyer die Jakobswege im deutschen Südwesten erkundet und ausgezeichnet, mit Wegweisern und erläuternden Tafeln versehen.

Das Europa Zentrum Baden-Württemberg ist entsprechend seiner Satzung und seinem Selbstverständnis seit Mitte der Siebzigerjahre damit beschäftigt, vor dem Hintergrund der deutschen Geschichte das europäische Einigungswerk kritisch zu begleiten und voranzubringen. Vorrangiges Ziel ist dabei der Abbau von Vorurteilen im Interesse der Schaffung einer friedlichen Bürgergesellschaft, in der Konflikte auf der Basis gemeinsamen Rechts und gemeinsamen Willens abgebaut oder gar vermieden werden. Zumindest die europäische Völkergemeinschaft soll dergestalt aus ihrer Geschichte lernen. Spätestens seit der famosen Rede Robert Schumans am 9. Mai 1950 (dem heutigen Europatag) versuchten dies die Staaten und Nationen (West-)Europas gemeinsam. Sie tun dies mit großem Erfolg. Das Einigungswerk schreitet gleichsam unaufhaltsam voran, wird dafür immer komplexer und unübersichtlicher. Seine spezifische Dynamik hat zudem dazu geführt, dass der wirtschaftliche Erfolg des Europäischen Binnenmarktes zu einer Verengung des Blicks auf vornehmlich materielle Aspekte von ökonomischem Interesse geführt hat. Entsprechend einspurig wird auch die Diskussion in der breiteren Öffentlichkeit geführt, und zwar nicht nur in den in späteren Runden beigetretenen Staaten der Gemeinschaft. Demgegenüber versucht das Europa Zentrum in seiner Eigenschaft als Institut und Akademie für Europafragen in Baden-Württemberg einen umfassenden, politischen Begriff »Europas« zu pflegen. Inzwischen und schon längst umfasst der Begriff neben den ökonomischen Aspekten alle gängigen Politikbereiche wie die der Umwelt, des Sozialen, der Minderheiten. Außen- und Sicherheitspolitik, Innen- und Rechtspolitik werden heute als immer schmerzlicher empfundene Desiderate der Europäischen Union diskutiert. Und bis auf die Tage des »Vaters Europas«, Jean Monnets, geht die Forderung zurück, die Kultur als eigenständiges, verbindendes Moment des Kontinents zu verstehen und zu nutzen. Das Europa Zentrum hatte von Anfang an dies als Auftrag verstanden. Es wollte dabei behilflich sein, Europa in seiner ganzen Vielfalt zu erschließen. Das Potential dieses einzigartig vielfältigen Kontinents soll und muss genutzt werden.

Diese Vielfalt hat notwendigerweise ihre Grenzen – nach innen und nach außen. Wie können diese überwunden werden – ohne die beschworene Vielfalt zu gefährden? Sprachenpolitik ist bekanntlich ein Versuch dazu. Wie viel Harmonisierung im Sinne von Vereinheitlichung ist möglich, ist notwendig, ist wünschenswert? Wenn wir Europa im Interesse der Friedens- und Wohlstandsgemeinschaft einigen wollen, dann müssen wir diese vielfältigen Grenzen überwinden. Andererseits: Die gewandelten und sich permanent wandelnden Einstellungen der modernen Gesellschaft zu öffentlichen Prozessen verlangen nach der Reaktion der politischen Bildner. Das Europa Zentrum befindet sich folglich auch in ständiger Herausforderung auf der Suche nach neuen Methoden politischen und sozialen Lernens. Solange die Beschäftigung mit Europa nicht als existentiell empfunden wird, sollten diese Methoden als zwanglose empfunden werden.

Damit sind wir bei der Beantwortung unserer eingangs gestellten Frage nach dem Interesse des Europa Zentrums Baden-Württemberg an einer Publikation zu den Jakobswegen. Die Suche nach der kulturellen Dimension Europas führte uns zur Suche nach dessen Wurzeln. Einer dieser historischen Stränge reicht tief in das Mittelalter zurück, als ein Bewusstsein von der Besonderheit des Kontinents im Zusammenhang mit dem »christlichen Abendland« entstand. Ganz modern ist dagegen das Anliegen der Kommission der Europäischen Union, grenzüberschreitende Kontakte zu fördern, anzustoßen, zu ermöglichen. Deshalb auch die nachhaltige Förderung unseres Projekts durch INTEREG.

Die tausendjährige Pilgerfahrt zum nordspanischen Santiago de Compostela ist eine solche gemeinsame Wurzel unseres Kontinents. Wurden doch schon im Mittelalter viele Grenzen überwunden, territoriale, fiskalische, politische, sprachliche, mentalitätsbezogene Grenzen. Glücklicherweise sind diese spinnennetzförmigen Jakobswege, die den ganzen Kontinent überziehen, in den letzten Jahren vielerorts neu entdeckt und wieder belebt worden. Sie wurden zweifellos zu den beliebtesten Pilgerwegen Europas. In den direkten Nachbarländern Baden-Württembergs, in der Schweiz und in Frankreich, setzte früh eine engagierte Erkundung, Erforschung und Kennzeichnung der Jakobswege ein. Da lag es nahe, entsprechend der Intention der EU-Kommission die Kennzeichnung der wissenschaftlich bereits gut erforschten Wege zum heiligen Jakobus auch in den grenznahen Regionen östlich des Rheins vorzunehmen. Eine sichtbare kulturelle Brücke zu den westlichen Nachbarn war damit geschlagen. »Europapädagogisch« von großem Reiz ist dabei die Chance, diese völkerverbindende Idee grenzüberschreitenden Pilgerns und Wanderns gerade einer hochsäkularisierten breiteren Öffentlichkeit nahe zu bringen. Haben wir hier doch geradezu einen europapolitischen »Lehrpfad« vorliegen: Die Jakobswege sind mit einer reichen Tradition behaftet, sie sind gleichzeitig schöne und erholsame Spazierwege. Sie vermitteln auf spielerische, freizeitgemäße Art historisches Wissen. Sie regen durch Flur- und Gebäudenamen zu Aha-Erlebnissen an. Sie erscheinen uns eigenartig vertraut altmodisch. Sie lassen sich fast beliebig in Etappen einteilen und dadurch dem persönlichen Bedürfnis anpassen. Und sie machen – aller Erfahrung nach – Lust auf mehr.

Wieder einmal können wir feststellen: »Der Weg ist das Ziel.« Die Jakobswege laden zur Besinnung auf das Wesentliche ein – in der Nachbarschaft auf dem sonntäglichen Spaziergang oder aber auf der großen Pilgerwanderung ins ferne Santiago. So werden Grenzen, Regionen, Nationen im Interesse der Verständigung, des Abbaus von Vorurteilen überwunden, jeder nach seinem Gusto als Spaziergänger, Wanderer oder Pilger – auf jeden Fall als Europäer.

Über Stock und Stein – Pilgerwege durch Europa

Santiago de Compostela in Spanien zählte neben Jerusalem und Rom zu den großen Fernwallfahrtszielen der mittelalterlichen Christenheit. Im äußersten Nordwesten der iberischen Halbinsel gelegen, zog es in seiner Glanzzeit jährlich Zehntausende oder gar Hunderttausende von Pilgern an, die am Grab des Apostels Jakobus zu beten wünschten.

Legendenbildung

Am Anfang stand die Legende: In Erfüllung des Missionsauftrages Jesu verkündete der Apostel Jakobus der Ältere in Spanien den Glauben. Später kehrte er nach Palästina zurück, wo er als erster der Apostel das Martyrium erlitt. Seine Jünger brachten den Leichnam aus Angst vor den Juden auf dem Seeweg nach Spanien und landeten in der Nähe der Küstenstadt Iria Flavia (heute El Padrón). Hier fand der Heilige seine letzte Ruhe. Das Grab geriet in Vergessenheit und wurde erst zu Beginn des 9. Jahrhunderts unter Bischof Theodomir († 841) auf einem Feld (»Compo«) durch den Hinweis eines leuchtenden Sterns (»stela«) wieder entdeckt. Santiago (Sankt Jakob) de Compostela hatte seinen Namen.

Schon 844 soll der Heilige den christlichen Heeren in der Schlacht von Clavijo zum Sieg über die Mauren verholfen haben. Im Laufe der Zeit wurde die Legende immer mehr ausgeschmückt und in ganz Europa verbreitet. Im mitteleuropäischen Raum stammt die älteste Aufzeichnung über den Apostel Jakobus aus dem Martyrolog des Notker von Sankt Gallen von 896. Der Eintrag zum 25. Juli lautet: »Geburtstag des heiligen Apostels Jakobus, Sohn des Zebedäus, Bruder des Evangelisten Johannes. Dieser wurde auf Befehl des König Herodes in Jerusalem enthauptet, wie die Apostelgeschichte lehrt. Seine Gebeine wurden nach Spanien überführt und dort an der äußersten Grenze, nämlich beim britannischen Meer beigesetzt, darauf von den Leuten dort aufs höchste verehrt. Nicht ohne Verdienst, weil durch dessen psychische Anwesenheit und durch dessen Predigt und Wunder die dortigen Völker zum Glauben Christi bekehrt worden sein sollen. Zur Bekräftigung von deren Glauben soll auch der heilige Petrus versprochen haben, dorthin zu gehen.«

Ob der Apostel Jakobus in Spanien wirklich missioniert hat, lässt sich aus der Bibel oder altchristlichen Zeugnissen nicht belegen. Erste Hinweise darauf finden sich erst im »Breviarium Apostolorum« (Ende 6. Jahrhundert), das seit dem 7. Jahrhundert besonders in Galizien verbreitet war.

Gesicherte schriftliche Quellen zur Grabentdeckungslegende stammen aus dem 11. Jahrhundert. Datiert wird die Entdeckung auf das Jahr 813 unter Bischof Theodomir. Seit dem 9. Jahrhundert gab es einen zunächst lokalen, dann regionalen Jakobskult. Grabungen ergaben ein römisches Mausoleum aus dem 1./2. Jahrhundert, das bis ins 5. Jahrhundert als Grabstätte gedient hatte und Spuren frühchristlicher Begräbnisriten aufwies. Es ist durchaus wahrscheinlich, dass im 9. Jahrhundert zur Zeit Theodomirs ein Grab aus christlicher Frühzeit gefunden und als Grab des Apostels angesehen wurde.

»Legenden sind zuweilen einflussreicher als die Geschichte« schreibt Yve Bottineau. Im Motivationsgeflecht der Santiago-Pilgerfahrt verbinden sich Realität und Fiktion zu einer ganz eigenen Wahrheit. So stellt der so genannte »Pseudo-Turpin«, das vierte Buch des Liber Sancti Jacobi, Karl den Großen als Held der Christenheit, als Oberhaupt des abendländischen Imperiums, als einen unbesiegbaren Krieger und großen Staatsmann dar, dem der Apostel Jakobus im Traum erschienen ist und ihm die Bedeutung der Milchstraße enthüllt hat. Mit deren Hilfe sei es ihm gelungen, das Grab des Heiligen in Galizien ausfindig zu machen, es zu befreien, Spanien der islamischen Herrschaft zu entreißen und in die Gemeinschaft des abendländischen Christentums zurückzuführen.

Überregionale Bedeutung gewinnt die Jakobsverehrung und die entsprechende Pilgerfahrt ab dem 10. Jahrhundert. Der erste na-

Silbernes Wetterkreuz mit Reliquien des Apostels Jakobus, Hüfingen

mentlich bekannte Pilger ist Bischof Godeschalk von Le Puy, der 951 Santiago de Compostela aufsucht. Im Hochmittelalter steht die Stadt ranggleich neben den Pilgerzentren Rom und Jerusalem. Jakobus »Matamoros«, der Maurentöter, wird zur spirituellen Symbolfigur der Reconquista, der Rückeroberung des islamischen Spaniens durch die Christen, die sich bald auch mit der Kreuzzugsbewegung verbindet. Die wachsende Mobilität der Gesellschaft ab dem 11. Jahrhundert, die Reliquienverehrung und der Wunderglaube des mittelalterlichen Menschen führen zu einem enormen Anwachsen der Pilgerströme vor allem aus Frankreich, Deutschland und auch England. Gerade Frankreich hat das größte Kontingent der Pilger gestellt. Der spanische Abschnitt des Pilgerwegs trägt deshalb bald den Namen »camino frances«.

Einer der Belege, die einen Eindruck vermitteln von der stattlichen Anzahl der Pilger, die an das Grab des Heiligen reisten, stammt von dem mohammedanischen Almoraviden-Emir Ali Ben Yusuf (1106–1143). Er sandte im Jahr 1121 Boten aus dem südlichen Spanien zur christlichen Königin Uracca. In Navarra sahen diese mit großem Erstaunen Massen christlicher Pilger, die nach Santiago de Compostela unterwegs waren und die Wege verstopften. Als sie nachfragten, zeigte sich, dass die Pilger von jenseits und diesseits der Pyrenäen gekommen waren, um an das Grab des heiligen Jakobus zu pilgern.

Zur Entstehung des Jakobskultes

Die Frage nach der Kultentstehung ist nicht vollkommen schlüssig zu beantworten. Geht man davon aus, dass die Kunde von einer Missionstätigkeit des Apostels im 9. Jahrhundert dazu geführt hat, bei Compostela nach dem erwähnten Marmorgrab zu suchen, ein Grab entdeckt und die Knochenreste mit dem Leichnam des Apostels gleichgesetzt wurden, bleibt doch die Frage, warum im Spanien des 8./9. Jahrhunderts das plötzliche Interesse an dem Heiligen aufkam. Dazu ist ein Blick in die Geschichte erforderlich: 711 erlag in der Schlacht am Guadalete das westgotische Reich dem Ansturm der Mauren. Nur in den Gebirgsgegenden des nördlichen Asturien und in Galizien konnten sich die Christen behaupten. Das Königreich Asturien entwickelte sich seit der Zeit des Königs Alfons II. (791–842) zum Hort der hispanischen Tradition. Allmählich prägte sich bei den Asturiern im Abwehrkampf gegen den Islam ein Sendungsbewusstsein aus, das der Rettung der christlichen Kirche und der Wiedererrichtung ihrer Herrschaft auf der gesamten iberischen Halbinsel galt. Ab der zweiten Hälfte des 11. Jahrhunderts wurde den Reconquistakämpfern der gleiche Ablass wie den Jerusalemfahrern zugesagt. So rückte die Reconquista in die Nähe der Kreuzzüge zur Befreiung des Heiligen Grabes.

Pilgerwege

Unzählige Menschen ergriffen den Pilgerstab: Arme und Reiche, Kleriker wie Bauern, Könige ebenso wie Gelehrte, Männer, Frauen und Kinder. Stand, Herkunft und Bildung spielten keine Rolle. Wir können davon ausgehen, dass fast jedermann im Hoch- und Spätmittelalter, je nach Stand und Vermögen, mindestens einmal in seinem Leben eine Pilgerfahrt zu einem ferneren oder nahe gelegenen Heiligtum unternommen hat.

Der beschwerliche Weg, im übertragenen Sinne auch ein Labyrinth – im Sommer bei brütender Hitze, im Herbst und Frühjahr über vereiste Berge – war nicht nur durch Naturgewalten gefährdet, sondern auch durch Menschen, die vor Betrug und selbst vor Mord nicht zurückschreckten.

Die Bezeichnung Labyrinth wird auch für eine komplizierte geometrische Figur verwendet, die einem als symbolisches Motiv häufig auf den Böden gotischer Kathedralen wie beispielsweise in den Kirchen von Amiens und Chartres begegnet und den strapaziösen Weg der christlichen Pilger zur Erlösung symbolisieren soll.

Die Wallfahrt nach Santiago erforderte also ein Höchstmaß an Disziplin und Askese, an Mut und Ausdauer und vor allem an Bußbereitschaft und Glaubensfestigkeit, denn der Mensch des Mittelalters war in einem Ausmaß von der Religion geprägt, das uns heute weitgehend fremd ist. Andererseits soll aber auch nicht verschwiegen werden, dass oft Gründe wie Abenteuerlust und Flucht vor Strafverfolgung den Antrieb zur monatelangen Wanderung in die Fremde gaben. Aus ganz Europa kamen Pilger zum Ende der Welt, wie das nur noch 60 Kilometer westlich von Santiago gelegene Kap Finisterre schaudernd genannt wurde. Im strengen Sinne hat es einen wirklichen Jakobsweg erst hier in Spanien gegeben: In Puente la Reina vereinigten sich nämlich die vier Hauptrouten, die durch Frankreich nach Überquerung der Pyrenäen dem entfernten Apostelgrab zustrebten. An den noch heute bedeutenden Städten Logrono, Burgos, Sahagún, León und Villafranca vorbei führte der Weg nach Santiago de Compostela.

Im fünften Buch des Liber Sancti Jacobi, das um 1140 von dem Mönch Aimery Picaud als Reisebeschreibung verfasst wurde (vgl. Europäische Wege der Santiago-Pilgerfahrt, hrsg. von Robert Plötz), sind die Hauptrouten beschrieben: die Via Turonensis von Tours über Poitiers und Bordeaux, die Via Lemoviscensis von Limoges, die Via Podiensis von Le Puy über Moissac und die Via Tolosana ab Toulouse. Die drei westlichen Wege vereinigten sich bei Ostabat, um über Saint-Jean-Pied-de-Port im Pass von Roncevalles die Pyrenäen zu queren. Der Weg von Arles über Toulouse führte weiter östlich über den Pass von Somport und dann über Jaca und Monreal nach Puente la Reina. Da tatsächlich Pilger aus ganz Europa zum Apostelgrab pilgerten, können die zuletzt genannten Orte in Frankreich nicht als Ausgangspunkte, sondern eher als Sammelpunkte für eine weiterhin beschwerliche Bußwanderung angesehen werden. Der östlichste bekannte europäische Ausgangspunkt für die Pilgerfahrt war Riga in Lettland. Die Gläubigen aus Köln und Aachen dürften die westliche Route bevorzugt haben, während man von Trier aus wohl über Vézelay oder Le Puy pilgerte.

Eine ganz besondere Rolle fiel dem deutschen Südwesten zu: Für die Territorien in der Mitte und im Osten des Reiches bildete er durch die Rheinschiene und die ausgebauten Handels- und Heerwege das Tor zu Frankreich und zur Schweiz. Die Pilger wanderten auf den Straßen und Wegen zwischen Schwarzwald und Schwäbischer Alb, vereint ab Rottweil und Villingen und weiter nach Konstanz, Schaffhausen oder Basel. Jene aus dem Osten folgten ab Ulm dem alten Heerweg bis zum Bodensee, nach Friedrichshafen, Meersburg und Überlingen, um von dort über den See nach Einsiedeln, einem bedeutsamen Heiligtum der Schweiz, zu gelangen. So kann man von insgesamt 8 000 Kilometer Straßen, Wegen und Pfaden ausgehen, auf denen das kollektive Bewusstsein Europas, die gemeinsame Erinnerung lebendig wird.

Spurensuche

Je weiter man vom Zielort Santiago entfernt ist, umso zahlreicher und gleichzeitig verschlungener sind die Jakobswege. Hier sind es nicht die hohen Dome, die den Pilgern die Richtung weisen. Wer den Zug der Wallfahrer verfolgen und rekonstruieren will, muss genauer hinschauen. Denn nun gilt es, Kirchen, Klöster, Kapellen, Stifte, Hospitäler und Herbergen zu entdecken, die in vielfacher Weise vom Jakobskult zeugen. Oft ist es die Muschel, die bisweilen nur verborgen angebracht ist, manchmal sind es Stein- und Schnitzfiguren, die den Heiligen mit Hut, Wanderstab, Wasserflasche und der unverzichtbaren Muschel zeigen. Auf Altar- und Tafelbildern finden sich Szenen aus dem Leben des Apostels oder aus Wundern, die Pilger auf ihrem schmerzensreichen Weg erfahren haben. Selbst andere Heilige traten im Gewand eines Jakobspilgers auf, wie zum Beispiel Rochus, obwohl er nur einmal nach Rom gepilgert war und Santiago de Compostela niemals gesehen hatte. In neuerer Zeit errichtete Statuen, Wegzeichen und Brunnen belegen eindrucksvoll die ungebrochene Tradition der Verehrung und die Identifizierung mit den Wesensmerkmalen des Jakobus. Ähnlich wie »Georgi« zählte »Jakobi« zu den volkstümlichen Märkten und Festen. Mit dem 25. Juli, dem Tag des Jakobus, wurde die Erntezeit eröffnet, für die bäuerliche Gesellschaft des Mittelalters ein bedeutendes Ereignis.

Die Jakobsmuschel als Pilgerzeichen

Das Zeichen der Santiago-Pilger war die Jakobsmuschel. Sie war nicht nur Pilgerabzeichen, sondern sie hatte auch eine magische Wirkung. Sie heilte Kranke und brachte Glück; eine wahre Jakobsmuschel kaufte man entweder in Santiago oder bei einer der Heiligenstätten am Jakobsweg.

Yve Bottineau schreibt: »Pilgern besteht im Mittelalter darin, sich aufzumachen, um Reliquien und insbesondere einen heiligen Leichnam zu verehren. Man begab sich zum Grab eines Märtyrers, eines Apostels oder sogar Christi.« Seit dem 4. Jahrhundert wurden

Pilgerattribute: Stock, Muschel und Kalebasse oder Wasserflasche (zu sehen in der Jakobskirche in Meckenbeuren-Brochenzell)

den Reliquien von Heiligen Wunderkräfte zugeschrieben. Pilgerabzeichen traten ab der zweiten Hälfte des 12. Jahrhunderts und somit in der ersten Blütezeit der Jakobswallfahrt auf. Bis zum 14. Jahrhundert waren es plakettenartige Flachgüsse aus leichtflüssigen Legierungen, oft aus Zinn und Blei oder Pechkohle, die in der Nähe von Santiago abgebaut wurden.

Der Ursprung dieser Jakobsmuschel findet sich in einer Legende. Es wird berichtet, dass ein Ritter zu Pferd in der Nähe von El Padròn an der Anlegestelle jenes Schiffes stand, welches Jakobus nach Spanien brachte. Als das Pferd den wundersamen und hellen Schein sah, der von einem Stern herab auf den Apostel fiel, war es von dem Anblick so verstört, dass es in das Wasser sprang und den Ritter mit sich in die Tiefe riss. Der Ritter wurde gerettet und an Bord gezogen. Die Retter sahen voller Staunen, dass sein Körper mit Muscheln bedeckt war. Es existieren noch weitere Legenden, die sich um die »Jakobsmuschel« ranken. Alle besitzen im Wesentlichen das gleiche Muster einer Geschichte eines durch Jakobus wundersam geretteten Menschen.

Die Jakobsmuschel wurde von den Pilgern nicht selbst aus dem Meer geholt. Andenkenhändler boten sie in Santiago an. Die Pilgerabzeichen wurden auf Umhänge, Hüte und Geldkatzen genäht. Mit diesen Erinnerungsstücken ließen sich die Pilger nach ihrem Tod begraben. Ausgrabungen auf Friedhöfen brachten in vielen Teilen Europas Jakobsmuscheln zutage, was beweist, wie weit die Pilgerfahrt nach Santiago verbreitet war.

Zum Rechtsschutz des Pilgers

Im Recht des Mittelalters war der Pilger als Fremder aus seinem heimischen Rechtsverband herausgelöst und bedurfte, wie andere Reisende auch, des besonderen kirchlichen Schutzes. Die kirchlichen Bemühungen zum Schutz der Pilger sind alt, aber sie werden ab der Jahrtausendwende intensiviert. Unter Papst Nikolaus II. formuliert eine römische Synode 1059 den Pilgerschutz als päpstliches Recht. 1123 werden bei Strafe der Exkommunikation Leib und Gut des Pilgers unter kirchlichen Schutz gestellt. Bereits um die Mitte des 12. Jahrhunderts gibt es auch im weltlichen Bereich ein geradezu international anerkanntes Pilgerrecht. Die Pilger waren teilweise von Zöllen befreit, Steuern und Schulden konnten für die Zeit der Abwesenheit gestundet werden. Auch das spanische Recht des 13. Jahrhunderts bekräftigt immer wieder den allgemeinen Pilgerschutz und bestätigt den Pilgern die einjährige Aufbewahrung ihrer Habe, falls sie unterwegs ohne Testament stürben. Gleichermaßen drohen Gastwirten hohe Strafen für falsche Maße und betrügerisches Anlocken der Pilger. Zusätzlich existieren in vielen Orten lokale Stadtrechte, die den Pilgerschutz noch weiter konkretisieren.

Schon im 11. Jahrhundert wurden entlang der Pilgerstraßen zahlreiche Hospize gegründet. Im Bild: Der Gasthof »Zur Kapelle« bei der Jakobuskapelle in Nonnenhorn.

Trotz der vielfältigen Bemühungen um Schutz und Rechtssicherheit blieb der Pilger auf seinem Weg durch die Fremde stets gefährdet. In dem berühmten Pilgerführer aus dem 12. Jahrhundert, dem »Liber Sancti Jacobi« beziehungsweise »Codex Calixtinus«, wird ausführlich über betrügerische Wirte, räuberische Kleriker, unehrliche Geldwechsler, ungerechte Zöllner, Straßenräuber und Wegelagerer berichtet. So gebe es auf den Pilgerwegen nach Vézelay, Santiago, Rom und St. Gilles falsche Priester in Menge, die Pilgern die Beichte abnähmen und ihnen dann als Buße auferlegten, zwanzig Messen lesen zu lassen. Dass die bußwilligen Pilger den angeblichen Beichtvater für das Lesen der Messen bezahlten und so von ihm geprellt wurden, braucht kaum weiter betont zu werden.

Versorgung der Pilger

Ein solcher »Massentourismus« bedurfte einer eigenen Infrastruktur. Die alte christlich-abendländische Tradition der Gastfreundschaft sah sich neuen Herausforderungen und entsprechenden Wandlungszwängen ausgesetzt.

Die stetige Zunahme der Pilgerzahl und die wachsende Mobilität im Hochmittelalter machten neue organisatorische Anstrengungen nötig. War die Beherbergung zunächst Sache der Klöster und nächtigten die Pilger oft auch in Kirchen oder deren Vorhallen, so zeichnete sich um die Wende vom 10. zum 11. Jahrhundert eine erste Gründungswelle von Hospitälern und Hospizen ab, die zumeist Klöstern zugeordnet waren. Entlang der Pilger- und Handelsstraßen nach Italien und Spanien wuchs die Anzahl dieser Einrichtungen beständig. Im 13. und 14. Jahrhundert waren fast alle Städte in Europa mit solchen Häusern ausgestattet.

Die Gastfreundschaft für Fremde und Pilger hat biblische Wurzeln. Immer wieder wird die Ermahnung zitiert: »Vergesst die Gastfreundschaft nicht; denn durch sie haben einige, ohne es zu merken, Engel beherbergt.«

Die Benediktsregel ordnet an: »Alle Gäste, die zum Kloster kommen, werden wie Christus aufgenommen; denn er wird einst sprechen: Ich war fremd, und ihr habt mich beherbergt. Allen erweise man die ihnen gebührende Ehre, besonders den Glaubensgenossen und den Pilgern.«

Niedergang des Jakobskultes

Von Peter Kirchmann

Der Höhepunkt der Jakobspilgerfahrt war vom 12. bis zum 14. Jahrhundert. Erste Krisenzeichen zeigten sich im 15. Jahrhundert. Humanismus und Reformation haben dann weiter zum Rückgang beigetragen. Gerade die Reformation schmälerte den Strom der deutschen Pilger erheblich. Die Protestanten kritisierten den Legenden- und Reliquienglauben der Pilger und hielten sich an

Martin Luthers Rat, lieber daheim zu bleiben, als einen so mühsamen Marsch auf sich zu nehmen.

> »Da haben wir nu nichts gewiss von dem:
> etlich sagen, er lieg in Frankreich zu Thalosa,
> aber sie seind ihrer Sach auch nit gewiß.
> Darumb laß man sie liegen und lauf nit dahin,
> denn man weiß nit, ob Sant Jakob oder ein toter Hund
> oder ein tots Roß da liegt ...«

Der Bruch Heinrichs VII. von England mit Rom stoppte die Wallfahrtslust der Angelsachsen. Die Zahl derer nahm zu, die an der Echtheit des Jakobsgrabes zweifelten. Der englische Arzt Andrew Boorde beispielsweise pilgerte zwar noch im 16. Jahrhundert dorthin, verlor aber seinen bereits schwankenden Glauben vollends, als ihm ein Kleriker in der Kathedrale sagte, dass man weder »ein Ohrläppchen noch ein Knöchelchen des Heiligen« besitze. Die Spanier selbst befürchteten ein Überschwappen des Reformationsgedankens auf ihren Camino. Deshalb wurden die Pilger an den Grenzübergängen Kontrollen der Inquisition unterworfen. Sie wurden bespitzelt, verhört und durchsucht. Auch Ludwig XIV. verbot seinen Untertanen unter Androhung lebenslänglicher Galeerenstrafe, nach Santiago zu gehen. Gesetzesbrecher wurden in Frankreich auch »coquillards« genannt – coquille bedeutet Muschel. Kaiserin Maria Theresia versuchte ebenso wie viele andere adlige Herrschaften, die Jakobspilger auf regionale Wallfahrtsorte umzuleiten.

In Spanien selbst war ebenfalls ein religiöser Wandel eingetreten. Mit der Eroberung Granadas, der letzten maurischen Bastion, 1492, waren alle in Jakobus gesetzten Erwartungen erfüllt. Bald schon wandten sich die Spanier mehr der Mystikerin Teresa von Avila (1515–1582) zu. Mit Mühe konnten die Jakobisten verhindern, dass der Apostel Jakobus als Schutzpatron Spaniens von Teresa verdrängt wurde.

Indes ging Jakobus selbst auf die Reise. Zeitgleich mit der Eroberung des letzten maurischen Königreiches auf der iberischen Halbinsel entdeckte Christoph Kolumbus Amerika. Unter Karl V. (Car-

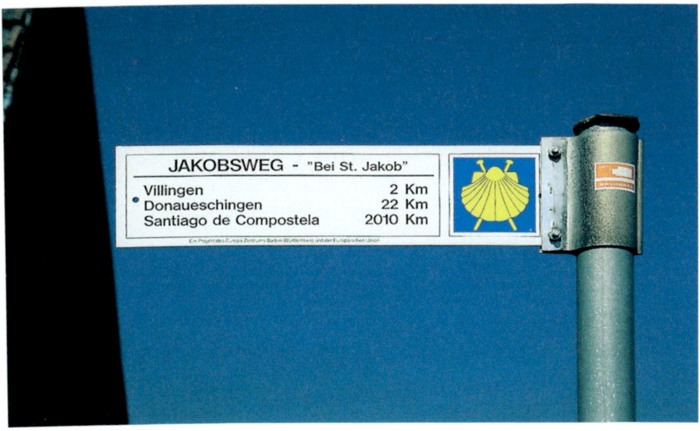

Noch 2010 Kilometer bis Santiago de Compostela: Moderne Beschilderung des Jakobsweges bei Villingen-Schwenningen, angebracht vom Europa Zentrum Baden-Württemberg.

los I. de España) begann die Epoche der Habsburger in Spanien und auch die Wanderung des Apostels rund um den Erdball. Überall, wo es unter spanischer Herrschaft galt, das Christentum mit dem Schwert zu verkünden, erschallte der Schlachtruf »Santiago ultraea«, wie einst in Spanien, als Santiago Matamorus (der Maurentöter) dazu beitrug, die Mauren zu vertreiben.

Die Konquistadoren bedienten sich weiter seines Namens bei der blutigen Christianisierung der Neuen Welt. In Chile, Kuba und in zahlreichen anderen Ländern Lateinamerikas entstanden ihm zu Ehren viele Ortschaften, die seinen Namen tragen: Santiago de Chile, Santiago de Cuba, Santiago de Estero, San Diego.

1589, ein Jahr nach dem Untergang der spanischen Armada, wurden die Reliquien aus Angst vor einer englischen Invasion unter Sir Francis Drake versteckt. Nachdem die Gefahr gebannt war, kannte jedoch niemand mehr den Ort des Versteckes, man wusste nur noch um die Überlieferung, dass sich das Grab in der Krypta der Kathedrale von Santiago de Compostela befinde.

Eine einschneidende Zäsur stellte auch die Französische Revolution dar. Nach diesen gesellschaftlichen Umwälzungen waren die Pilgerfahrten fast gänzlich zum Erliegen gekommen. Erst in der zweiten Hälfte des 19. Jahrhunderts begann sich neues Leben um die Grabstätte des heiligen Jakob zu regen. 1879 wurden die Überreste der Reliquie in der Apsis hinter dem Hauptaltar wieder entdeckt. Papst Leo XIII. erklärte 1884 die Reliquien für echt.

Zuletzt setzte General Franco im Bürgerkrieg 1937 den fast schon vergessenen Kämpfer wieder in seine alten Rechte als Schützer Spaniens gegen die »gottlosen« Republikaner ein.

Jakobspilgern heute

Von Peter Kirchmann

Seit über tausend Jahren wandern Gläubige auf Pilgerpfaden zum Grabmal Jakobus des Älteren. Wer sich heute aufmacht, um über einen der uralten Pilgerwege nach Santiago zu kommen, wird das sicher nicht immer in jener bedingungslosen Frömmigkeit tun, die unsere Vorfahren dazu trieb, Gefahren und Entbehrungen jeglicher Art auf sich zu nehmen. Vielmehr sind es heute auch Kulturtouristen und die sportlich Ehrgeizigen, die mit guter Ausrüstung und ausgeprägtem Geschwindigkeitsrausch eher einen neuen Rekord aufstellen wollen, als sich dem zeitlosen Pilgern hinzugeben.

Das Jahr 1999 war ein Heiliges Jahr, da der Namenstag des Patrons auf einen Sonntag fiel. So spricht man von beinahe 13 Millionen Besuchern, wobei nur ein kleiner Teil von etwa 40 000 zu Fuß in Santiago de Compostela angekommen ist. Deshalb ist eine intensive Vorplanung notwendig geworden, ohne eine Buchung der Nachtquartiere geht es inzwischen nicht mehr. Aber es werden Unterkünfte für jeden Geschmack und jeden Geldbeutel angeboten. Die Infrastruktur entlang der Wege ist inzwischen verbessert worden, so dass Tagesetappen von manchmal bis zu 40 Kilometern nicht mehr eingeplant werden müssen. Der Jakobsweg hat offensichtlich zur Dynamisierung einer Region beigetragen, doch nicht immer nur im Guten. Inzwischen berichten Pilger über eine zunehmende Kriminalität auf den Wegen.

Der Jakobsweg im Herzen Baden-Württembergs

Von Rothenburg ob der Tauber über Rottenburg am Neckar nach Waldshut in achtzehn Etappen

Von Norden kamen die Pilger über den fränkischen Raum von Würzburg, Bamberg und Nürnberg zu den Jakobswegen von Rothenburg ob der Tauber nach Winnenden. Von dort setzte sich der Weg in südwestlicher Richtung über Esslingen am Neckar und Tübingen fort. Weitere Stationen waren Hechingen, Balingen und Rottweil oder Stationen auf dem Weg durch den Schwarzwald wie Rottenburg am Neckar, Horb am Neckar, Haslach im Kinzigtal und Schutterwald.

Einschränkend muss an dieser Stelle ganz deutlich gesagt werden, dass es historisch gesehen »den« Jakobsweg nicht gab. In unserer Region führen viele Wege in Richtung Santiago de Compostela.

Seit 2004 ist nun ein Weg von Rothenburg ob der Tauber ausgehend über Winnenden nach Rottenburg am Neckar als Jakobsweg ausgeschildert worden. Danach

Gesamtstrecke: Rothenburg ob der Tauber bis Waldshut-Tiengen: 406 Kilometer

Karten: Topographische Karte 1 : 50 000 des Bayerischen Vermessungsamts und des Landesvermessungsamtes Baden-Württemberg, L6726, L6724, L6924, L6922, L7122, L7320, L7322, L7520, L7518, L7718, L7916, L8116, L8316, L8516, L8314

Unterkunft: Eine Beherbergungsliste und weitere Informationen zum Weg bis Rottenburg finden Sie im Internet unter www.occa.de oder www.kirche-winnenden.de/Jakobsweg/quartiere.htm

findet der Wanderer bis kurz vor Villingen nur kurze markierte Strecken; so ab Hirrlingen bis Hechingen, wo der Hohenzollerische Jakobsweg nur auf einer Variante in Richtung Burladingen markiert ist (vollständige Fertigstellung nach Überlingen im Sommer 2005). So bleiben ab Hechingen die aufgeführten Stationen eine historisch begründete Diskussionsgrundlage für eine spätere Kennzeichnung. Erst bei Nordstetten finden sich wieder Hinweistafeln. Ihren Anfang nehmen sie an der Stelle einer abgegangenen Jakobskapelle, wenige Kilometer nordöstlich von Villingen. Eine weitere Auszeichnung der Wege von Norden her ist zum Teil schon in Arbeit. So wird der interessierte Pilgerwanderer in den kommenden Jahren immer mehr gekennzeichnete Wege vorfinden.

Erste Etappe: Rothenburg ob der Tauber – Schrozberg

Markantester Punkt Rothenburgs ist die als gotische Basilika erbaute evangelische Stadtpfarrkirche Sankt Jakob mit ihren mächtigen Türmen. Ihre gesamte Bauzeit erstreckte sich über mehr als 170 Jahre. Der Ostchor entstand zwischen 1311 und 1322, das Hauptschiff zwischen 1373 und 1436. Der Westchor, der die Straße überbrückt, wurde zwischen 1450 und 1471 errichtet. Die Weihe erfolgte 1485 durch den Bischof von Würzburg. Im Brennpunkt des Ostchores steht der farbenprächtige Zwölfbotenaltar von 1466, Friedrich Herlins wohl bedeutendstes Werk. Die Darstellung in der Predella, Jesus und die zwölf Jünger, gab dem Altar seinen Namen. Links vom Kruzifix befinden sich die Figuren der Maria, des Kirchenpatrons Jakobus und der Elisabeth,

Wegstrecke:
Rothenburg ob der Tauber – Schrozberg-Enzensweiler – Schrozberg

Länge:
19 Kilometer

Zeit:
5 Stunden

Informationen:
Stadtverwaltung Rothenburg ob der Tauber, Tourismus Service, Telefon (0 98 61) 40 48 00; Stadtverwaltung Schrozberg, Telefon (0 79 35) 70 70

rechts die der Heiligen Johannes, Leonhard und Antonius. Die Gemälde auf der Vorderseite der Altarflügel zeigen Szenen aus dem Leben Mariens. Auf der Rückseite stellte der Maler den Tod des Jakobus und seine Legende dar. Die Plastiken im Schrein beiderseits des Kreuzes werden der Ulmer Werkstatt Hans Multschers zugeordnet. Auf der Empore des Westchores befindet sich der berühmte Heilig-Blut-Altar, eines der bedeutendsten Meisterwerke des Holzschnitzers Tilman Riemenschneider vom Anfang des 16. Jahrhunderts. Das Hauptbild zeigt die Abendmahlszene. Ungewöhnlich ist dabei die Verteilung der Personen. Nicht Christus steht im Mittelpunkt, sondern Judas, der Verräter. Ihm reicht Jesus das Brot und kündigt seinen Verrat an. (Die Besichtigung der Kirche ist für Pilger kostenlos!)

Unser Weg beginnt bei der Jakobskirche, dort, wo die moderne Stahlplastik des heiligen Jakobus die Blicke auf sich zieht. Die ersten Wegezeichen, eine stilisierte Muschel auf blauem Grund, finden wir aber erst nach dem Verlassen des Ortes durch das historische Stadttor. Dazu folgen wir der Klostergasse nach Westen, biegen nach links in die Trompetergasse und verlassen die Altstadt nach links. Wir folgen dem Weg weiter, links an der Blasius-Kapelle vorbei, bei beiden Abzweigungen immer rechts haltend (»Weinsteige«) abwärts bis zur Talsohle. Nach der Kirche geht es über die steinerne Doppelbrücke, auf der wir die Tauber queren.

Hier treffen wir auf den Frankenweg, einen Hauptwanderweg (HW 8) des Schwäbischen Albvereins, gekennzeichnet mit einem roten Strich, dem wir bis Langenburg am Ende unserer zweiten Etappe treu bleiben. Wir folgen dem weichen Waldweg aufwärts, halten uns bei der ersten Verzweigung rechts, bis wir die Straße nach Leuzenbronn erreicht haben. Für Radfahrer ist sie als Radweg nach Schrozberg ausgeschildert. Für die Wanderer geht es über die Straße, weiter auf dem Waldweg, an einer Sprungschanze und einem Bismarck-Denkmal vorbei, bis der Waldrand erreicht und in einem Linksbogen ein Feldweg betreten wird, der geradeaus nach Westen führt. Nach etwa einem Kilometer geht es links-rechts-links wieder zur schmalen Teerstraße nach Leuzenbronn. Knapp einen halben Kilometer später verlassen wir die Straße nach links, gehen am Waldrand entlang, überqueren die Straße nach Brundorf und erreichen eine landwirtschaftliche Piste mit zwei Betonspuren. Weiter geht es rechts an drei Windrädern vorbei und auch über die unsichtbare Grenze zwischen Bayern und Baden-Württemberg. Auf einem geteerten Feldweg betreten wir nach insgesamt acht Kilometern Enzenweiler.

Der Straße folgen wir kurz nach rechts und biegen am Ortsende nach links ab. Auf schmalen Wegen setzen wir unsere Wanderschaft fort, lassen den Weiler Spindelbach rechts liegen, gehen aber auf der Teerstraße einige Schritte nach links, verlassen die Straße nach rechts und erreichen den Wald, der uns bis kurz vor Schöngras Schatten spenden wird. Dazu müssen wir auf der Landstraße wenige Meter nach rechts gehen und zweimal links abbiegen, bis das Gehöft erreicht wird.

Weiter geht es auf Feldwegen über Wiesen bis zum Wald, dort nehmen wir den nach rechts weisenden Weg und biegen kurz vor dem Waldrand nochmals rechts ab. Geradeaus geht es zur Verbindungsstraße zwischen Obereichenrot und Funkstatt. Dort sollte man nach links und einen halben Kilometer weiter nach rechts abbiegen, um wieder den Wald zu erreichen. Später halten wir uns rechts und nach einem Kilometer links, passieren einen Wanderparkplatz und erreichen kurze Zeit später nach insgesamt 19 Kilometern Schrozberg.

Zweite Etappe: Schrozberg – Langenburg

Wir verlassen Schrozberg auf dem Weg links der Eisenbahnlinie. Wenn unser Wiesenweg auf eine Teerstraße trifft, wenden wir uns nach links und setzen unseren Weg bis zum Waldrand hinter einem Bauernhof fort, betreten rechts einen Waldweg, der uns aber gleich wieder auf das Sträßchen zurückführt, und stoßen danach auf die Gleise. Wir bleiben links der Bahnlinie, aber beim nächsten Übergang überqueren wir die Trasse auf einer Brücke und wandern im Wesentlichen nach Westen, bis wir auf die Bundesstraße B 290 treffen. Kurz nach ihrer Überquerung erreichen wir Erpfersweiler. Im Ort wenden wir uns nach links, biegen vor einem Weiher nach rechts ab und setzen unseren Weg auf die Anhöhe fort, bis wir auf eine Querstraße nach Lentersweiler treffen. Wir gehen zuerst rechts und gleich darauf links, auf Feldwegen die Wiese hinunter und ein Stück den Wald hinauf, dort nach rechts, über eine kleine Kreuzung, bis wir einen See erreichen, der zur Rast einlädt.

Nach einem Kilometer erreichen wir Billingsbach. Wir verlassen den Ort in südwestlicher Richtung, passieren ein Sägewerk, gehen hinunter zum Rötelbach (hier finden Sie rechts das Gasthaus Hertensteiner Mühle) und steigen den Waldweg links hoch. Wir queren ein ausgedehntes Wald-

Wegstrecke:
Schrozberg – Blaufelden-Erpfersweiler – Blaufelden-Billingsbach – Langenburg-Atzenrod – Langenburg

Länge:
18 Kilometer

Zeit:
5 Stunden

Informationen:
Stadtverwaltung Langenburg, Telefon (0 79 05) 91 02-0; Pilger finden im Familienferiendorf Roseneck Unterkunft und Verpflegung und sind herzlich willkommen, Telefon (0 79 05) 91 08-0

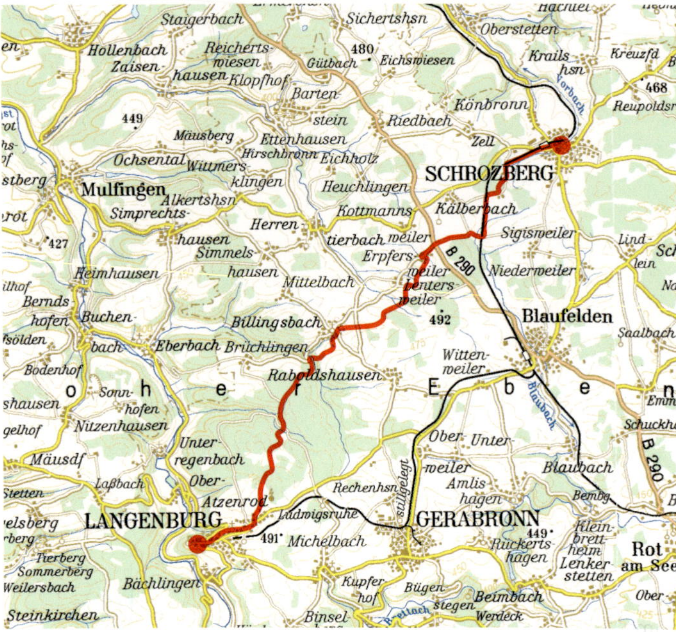

gebiet, gehen vor dem Bach nach rechts, erreichen eine Lichtung, halten uns rechts am Wald und laufen in beinahe südlicher Richtung weiter, überqueren noch eine Kreuzung, passieren den Ortsteil Atzenrod und erreichen nach weiteren zwei Kilometern Langenburg. Dort können das Schloss Langenburg und ein Automuseum besichtigt werden.

Dritte Etappe: Langenburg – Schwäbisch Hall

Wir folgen der Hauptstraße über den breiten Platz (ab hier bewegen wir uns zunächst auf dem HW 3, der sich später längs der Jagst fortsetzt) und biegen kurz nach der scharfen Linkskurve nach rechts ab, folgen einem schmalen, später etwas breiteren Weg hinab nach Bächlingen. Dort gehen wir wenige Meter auf der Durchgangsstraße, biegen aber vor der Brücke nach rechts ab und gelangen so zu einer überdachten Holzbrücke. Diese überqueren wir und wenden uns nach links. Hier verlassen wir den HW 8 und steigen rechts der Straße auf und erreichen nach 140 Höhenmetern Nesselbach. Dazu überqueren wir aber zuerst die Kreisstraße, gehen auf einem landwirtschaftlichen Weg auf Nesselbach zu und kommen nach wenigen Metern auf die Straße nach Jungholzhausen, um dann nach links auf einen Weg abzubiegen, der rechts an einem kleinen Stausee vorbeiführt. Nach einem Kilometer links, dann rechts abbiegend und dabei links vom Wald bleibend, so erreichen wir einen Taleinschnitt, in dem wir aber rechts von Orlach bleiben und schließlich Braunsbach im Tal des Kochers erreichen. Hier finden wir wie in Bächlingen Einkaufs- und Übernachtungsmöglichkeiten (Telefon (0 79 06) 9 40 94-0, E-Mail: info@braunsbach.de) sowie einen Campingplatz, Telefon (0 79 06) 5 40.

Von der Geislinger Straße geht rechts der Kocher-Jagst-Radweg ab, dem wir unter der hohen Autobahnbrücke hindurch bis in die Höhe von Geislingen folgen, dort auf den Wanderweg Baden-Württemberg treffend. Wir bleiben an der Uferböschung, überqueren den Diebach und steigen auf einem schmalen Pfad rechts vom Bach ein langes Tal hinauf und erreichen Eltershofen.

Nach dem Ort geht es rechts und gleich wieder links parallel zur Straße. Die Kreisstraße wird unterquert und danach biegen wir rechts ab nach Breitenstein. Über die Schlehengasse und den Akazienweg geht es abwärts. Danach folgen wir einem Weg, der nach 600 Metern in den Brunnenweg führt. Wir passieren die Diakonissenanstalt und das Kreiskrankenhaus auf der Rückseite. Nach einem steilen Abstieg stehen wir an einer Straße, der wir nach links folgen, bis wir nach der Fußgängerunterführung links die Altstadt von Schwäbisch Hall betreten.

Wegstrecke:
Langenburg – Langenburg-Bächlingen – Braunsbach – Braunsbach-Geislingen – Schwäbisch Hall-Eltershofen – Schwäbisch Hall

Länge:
23 Kilometer

Zeit:
6 Stunden

Informationen:
Stadtverwaltung Schwäbisch Hall, Telefon (07 91) 75 12 46

Rechts beginnt die Gelbinger Gasse, eine Fußgängerzone, die in der Fortsetzung bis zum Marktplatz führt.

Urkundlich ist ein durch Schwäbisch Hall führender Jakobsweg nicht erwähnt. Pilger gab es trotzdem, denn zur Josenkapelle in der Gelbinger Gasse – wo auch einst ein Jakobsaltar stand – gehörte auch eine Pilgerherberge. Da arme Pilger auf die Wohltätigkeit anderer angewiesen waren, stiftete ein Haller Ehepaar schon 1385 das »Seelhaus«, eine Herberge für mittellose Pilger. Später unterstand es dem Rat und war Obdachlosenheim für kranke und schwache Bettler. Das Haus selbst beherbergt heute einen türkischen Gemüseladen und unterscheidet sich in nichts von den

Der Josenturm mit seinem Fachwerkaufsatz von 1686 in der Gelbinger Vorstadt von Schwäbisch Hall war einst der Turm der Kapelle St. Jodokus

benachbarten Häusern. Der Jakobimarkt und die Jakobskirche am Markt bezeugen, dass Sankt Jakob auch im mittelalterlichen Schwäbisch Hall populär war.

Wann nun die älteste Jakobskirche entstanden ist, bleibt fraglich. Es fehlen urkundliche und archäologische Belege. Die früheste Erwähnung der Kirche stammt von 1236, als Abt Konrad von Comburg sie auf Wunsch der Haller Bürger den Franziskanern übergab. Die Kirche wurde in einer ungünstigen Position am Hang errichtet, so gab es im Innenraum einen etwa eineinhalb Meter hohen Absatz. Der Grundriss des dreischiffigen Baus zeigt ein leicht geknicktes Kreuz. 1534 brach man einen Teil des Chores für die Erweiterung des Marktplatzes ab. Die Kirche wurde ab und zu für

Gottesdienste genutzt, etwa im Dreißigjährigen Krieg, als kaiserliche Offiziere »samt bey ihnen gehabtem übergroßen Schwall der Pfaffen« katholische Messen feierten. Schließlich fiel Sankt Jakob dem Stadtbrand von 1728 zum Opfer – der Turm brach auf spektakuläre Weise in sich zusammen. Statt sie wieder aufzubauen, ließ der Rat die »alte, überflüssige« Kirche beseitigen und an ihrer Stelle den Neubau des Rathauses errichten. Während die Kirche verschwunden ist, gibt es den mit ihr verbundenen Jakobimarkt bis heute.

Besuchenswert ist auch die auf dem Marktplatz hochaufragende, mit einer breiten Freitreppe versehene Kirche Sankt Michael aus dem Jahr 1156. Dort finden wir rechts vom Latein-Portal eine Gedenktafel (um 1600) mit einer Jakobspilgerdarstellung. Die übersetzte Überschrift: »Der Erzvater Jakob – das Leben des Christen ist eine Wanderschaft, 1. Mos. 47, 9.« Und weiter: »Diese Personen, dem Großvater, Vater, den Oheimen, haben die in Ulm in Schwaben lebenden Enkelkinder (der Familie Regulus Villinger), Söhne und Töchter von David (diese Denktafel gesetzt).«

Vierte Etappe: Schwäbisch Hall – Murrhardt

Wir folgen der Neuen Straße bis zur Henkersbrücke über den Kocher, gehen die Heimbachergasse hinauf, biegen dann links in die Lange Gasse ein und passieren die Katharinenkirche. Anschließend bleiben wir auf dem Gehweg links der Steinbacher Straße. Hier taucht nun das rote Kreuz als Wegezeichen eines Albvereinsweges auf. Nach dem Bahnhof führt eine Fußgängerbrücke über die Gleise. Bei der nächsten Möglichkeit gehen wir nach links über eine Treppe hinauf bis zu einer kleinen Straße, der wir nach links folgen. Ein Spielplatz gibt uns die weitere Richtung vor, dann ein Sportplatz, und der Weg senkt sich steil und erreicht bei einer Eisenbrücke wieder die Straße. Gleich darauf sind wir in Tullau. Ein in der Vegetationsphase zugewachsenes Jakobswegszeichen macht es uns schwer, gleich nach rechts abzubiegen. An der Kirche und an dem Tullauer Schlösschen vorbei gelangen wir am Ortsende auf den Kocher-Jagst-Radweg. Bei einer Rechtskurve geht es links ab und nach zwei Kilometern erreichen wir Uttenhofen und haben den

Radweg schon wieder verlassen. Wir nehmen den schmalen Kapellenweg nach rechts zur Hauptstraße.

Bevor wir auf die Bundesstraße B 19 kommen, steht links noch eine kleine Kapelle, die dem heiligen Sigismund gewidmet ist. Wir gehen über die Straße und folgen dem Vaihinger Gässle, dann rechts der Etzgasse. Links auf dem Kornweg verlassen wir wieder Uttenhofen. Rechts von uns sehen wir den Wasserturm, der der ersten Straße in Rieden ihren Namen gibt. Danach folgen wir halblinks der Kreisstraße, die uns zur Marienkirche hinunterführt. Wir durchqueren vor der Kirche einen Torbogen und gehen gleich danach einige Stufen hinunter, die uns nach links wieder auf die Kreisstraße und über den Bach Bibers bringen. Von hier sind es noch 18 Kilometer bis Murrhardt.

Wegstrecke:
Schwäbisch Hall – Rosengarten-Tullau – Rosengarten-Uttenhofen – Rosengarten-Rieden – Murrhardt-Siegelsberg – Murrhardt

Länge:
26 Kilometer

Zeit:
7 Stunden

Informationen:
Stadtverwaltung Murrhardt, Telefon (0 71 92) 21 30, E-Mail: info@murrhardt.de

Vor dem Feuerwehrhaus wenden wir uns nach rechts und der Weg beginnt etwas anzusteigen. Nach den letzten Häusern geht es links weiter, auf der Höhe zweier Birken nochmals nach links und ein kurzes Stück später rechts hinauf zu einem Kinderspielplatz. Weiter geht es geradeaus, aber in der Rechtskurve des Weges nehmen wir einen schmalen, bergauf durch den Wald führenden Pfad. Auch sehen wir hier die Markierung – blauer Punkt – eines Weges des Schwäbischen Albvereins. Wir halten uns dabei rechts und queren einen breiteren Schotterweg, um gleich einen schmalen steilen Pfad hinaufzugehen, der uns links eines tiefen Hohlwegs auf die Höhe bringt.

Oben geht es auf breiter, ausgefahrener Traktorpiste weiter. Wir halten uns bei der folgenden Gabelung halbrechts. Ein schmaler ver-

wachsener Weg geht dann links und trifft auf einen Kiesweg, dem wir etwa 200 Meter folgen, um anschließend in einer Linkskurve nach rechts abzubiegen. Gleich nach einem Jagdstand wenden wir uns nach rechts, der Weg wird unwirtlich, rechts von einer Senke geht es bergab, es wird steiler. Nach 200 Metern kommt man auf eine Schotterpiste. Wir halten uns bergab und kommen auf den Sellbachweg, dem wir bis »Obermühle« folgen. An der Straße geht es einige hundert Meter nach rechts, bis wir nach einer Abzweigung nach links erst die Rot überqueren und dann die Ebersberger Sägemühle erreichen.

In dieser Außenstelle des Jugendhauses Fellbach kann nach Voranmeldung auch übernachtet werden, Telefon (0 79 77) 2 65, E-Mail: ebersbergersaegemühle@yahoo.de

Wir nehmen den bergauf führenden Teerweg und biegen nach einer Ziegenweide nach rechts ab. Im Wesentlichen steigt der Weg weiter an und wir bleiben in der Richtung, passieren den Prügelteich und lassen uns von weiteren Abzweigungen nicht beirren. Hier findet sich das Wanderzeichen rotes Kreuz. Wir verlassen den Wald, stoßen dann auf einen Teerweg, dem wir links folgen, und erreichen nach kurzer Zeit die scheinbar höchste Stelle der Region. Nach wenigen Metern bergab erreichen wir Wolfenbrück. Ab hier können wir wieder den Spuren des Albvereins folgen, der diesen Weg mit einem roten Punkt versehen hat. Wir gehen weiter halbrechts auf der Oberroter Straße und biegen in einer Linkskurve nach etwa einem halben Kilometer nach rechts ab. Auf Höhe des Waldes geht es links weiter, in den Wald hinein, leicht rechts und nochmals rechts einen schmalen Pfad hinunter. Wir überqueren drei Kieswege. Dann wandern wir nochmals rechts steil hinunter und sehen die Häuser von Murrhardt.

Wir erreichen Siegelsberg und überqueren bei einem Brunnen und einer Steinsäule den Limes. Wir setzen den Weg geradeaus fort und kommen zu einer größeren Kreuzung, die wir nach halblinks überqueren. Die nach links ansteigende Kampfberger Straße führt zur Murrhardter Jugendherberge (Telefon (0 71 92) 75 01, E-Mail: info@jugendherberge-murrhardt.de). Wir unterqueren die Eisenbahn und stehen nach insgesamt 26 Kilometern vor der Altstadt von Murrhardt.

Wir begeben uns weiter zum Marktplatz, biegen in der Höhe des Rathauses nach rechts ab und erreichen die Januarius-Kirche. Angebaut finden wir eine romanische Kapelle mit einem wunderschönen Portal. Weiter geht es am Friedhof und an einem Park vorbei und durch ein Schulzentrum, links lassen wir die Festhalle von Murrhardt liegen und passieren die Marienkirche, an deren Portal ein Übernachtungsangebot für Pilger angebracht ist (Nachfrage im Pfarrhaus gegenüber oder Telefon (0 71 92) 77 10 oder (0 71 92) 52 70).

Fünfte Etappe: Murrhardt – Winnenden

Wir bleiben in dieser Richtung auf der Kaiser-Ludwig-Straße, bis wir eine Kreuzung erreichen, von der die Hörschbachstraße nach links abzweigt. Dieser folgen wir, bis die Siebenkniestraße nach links abbiegt. Inzwischen begleitet uns der rote Punkt des Schwäbischen Albvereins wieder. Es dauert einige Zeit, bis die letzten Häuser von Murrhardt hinter uns liegen. Nach insgesamt 2,5 Kilometern folgen wir hinter dem Hasenhof in einer spitzen Linkskurve dem Kiesweg nach rechts. Der Weg steigt weiterhin an und erreicht nach weiteren drei Kilometern das Wanderheim Eschelhof. Da sich dieses Haus im Besitz des Schwäbischen Albvereins befindet, kann nach Voranmeldung hier übernachtet werden, Telefon (0 71 93) 66 60.

Wir setzen den Weg erst halblinks, aber im Wesentlichen geradeaus fort. Der Weg führt nach einiger Zeit immer steiler bergab. In einer scharfen Linkskurve geht ein schmaler Pfad geradeaus steil hinab, trifft auf einen Weg, dem wir nach links folgen; so erreichen wir den Waldrand. Rechts gehen wir weiter über die Wiese und befinden uns auf einem Feldweg, dem wir beständig abwärts folgen. Nach einigen Kurven erreichen wir nach etwa elf Kilometern Oppenweiler. Nach einem kurzen Stück nach links an der Bahnlinie entlang überqueren wir diese nach rechts über eine schmale Fußgängerbrücke. Ein Stück geradeaus, rechts durch einen schmalen Durchgang in einen Park, und wir stehen vor einem achteckigen Wasserschloss. Linker Hand sehen wir, etwas höher gelegen, die Jakobskirche. Ein Besuch lohnt sich, vorausgesetzt, in der daneben gelegenen kirchlichen Gemeindeverwaltung ist ein Schlüssel zu bekommen.

Wegstrecke:
Murrhardt – Oppenweiler – Winnenden

Länge:
31 Kilometer

Zeit:
8 Stunden

Informationen:
Stadtverwaltung Winnenden,
Telefon (0 71 95) 13 106,
E-Mail:
Rathaus@Winnenden.de

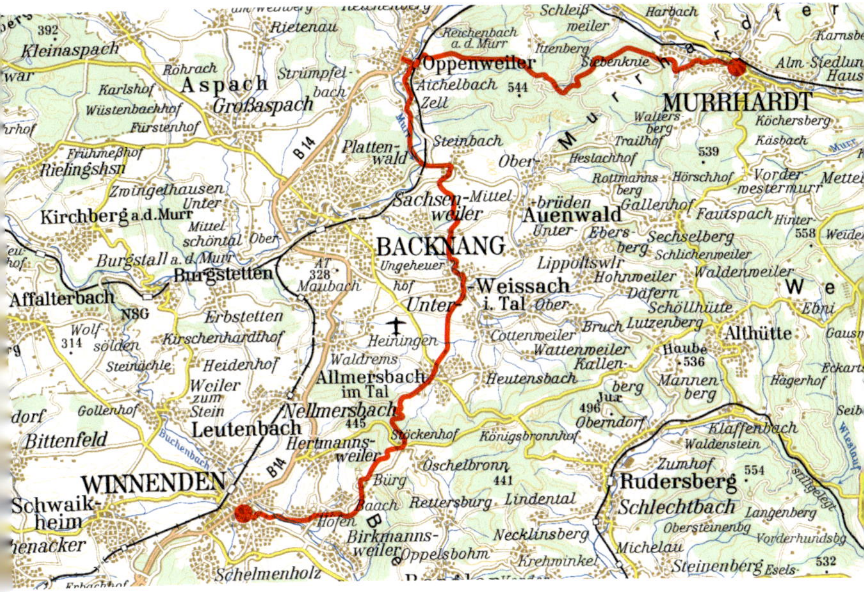

Die im spätgotischen Stil errichtete evangelische Jakobskirche entstand zwischen 1460 und 1511. In ihr finden wir Grabdenkmäler der Herren von Sturmfeder, die einst mit dem Markgrafen von Baden ins Land gekommen waren. In den Wappen erkennt man die so genannten Sturmfedern oder Fußangeln, ein Marterwerkzeug, mit dem der Feind herangezogen und entsprechend malträtiert wurde.

Der Hochaltar stammt aus der Zeit um 1465. Er wird der Ulmer Schule zugeschrieben und zeigt mit geöffneten Flügeln in der Mitte rechts eine Jakobusdarstellung. Bemerkenswert ist auch links die Darstellung des Christophorus. Er soll, so der Glaube, nach dem Betrachten den ganzen Tag über vor dem »Jähtod«, einem plötzlichen Tod, schützen. In der Predella sehen wir Jesus und die zwölf Apostel mit den Marterwerkzeugen, mit denen sie getötet wurden. Auf der Rückseite erkennen wir das Jüngste Gericht.

Wir gehen zurück zum Bahnhof und biegen nach der Überquerung der Murr nach rechts ab, gehen ein Stück bis zur Bahn hinauf, dann rechts, und auf dem Fuß- und Radweg geht's dann nach Aichelbach und wenig später durch Zell. Bei einem Brunnen biegen wir nach rechts ab und überqueren die Murr und die folgende Straße und biegen nach links auf den schmalen Kirchweg ein. Wir bleiben vorerst parallel zur Straße, wenden uns aber vor der nächsten Brücke nach halbrechts und wandern auf den Wald zu. Wir halten uns bergauf und erreichen den Wald und folgen kurze Zeit einem Naturkundelehrpfad. Kurze Zeit später biegen wir in einen kleinen Hohlweg nach links ab. Der Pfad geht nach rechts und schlängelt sich an der Murr entlang.

Aber schon an der nächsten Brücke verlassen wir dieses wunderschöne Stück Weg nach rechts und überqueren die Murr nach links. Geradeaus geht es nach Steinbach bis zur zweiten Kreuzung, dem Lindenplatz. Ganz scharf rechts geht es über die Bachstraße und anschließend nach links über die Kirschengasse bergauf weiter. Nach der evangelischen Kirche halten wir uns halbrechts und erreichen einen Kreisverkehr, den wir diagonal überqueren. Dann geht es den linken Asphaltweg, den Rems- und Murr-Radweg, hinauf, oben angekommen über eine Wegeverzweigung hinweg. Danach folgt eine Rechtskurve und wir wandern genau nach Süden. Dann folgt ein Schotterweg, später ein Wiesenweg, bergab, bis er kurz vor der Waldkante nach links abzweigt. Nun geht es über den Bach und weiter hinauf zum Dresselhof. Dahinter folgen wir dem Weg erst nach rechts, dann nach links und erreichen nach kurzem Gefälle Unterweissach.

Vor der Brücke folgen wir der Straße nach links, gehen an einem Spielplatz vorbei und erreichen nach wenigen Minuten die Kirche. Anschließend geht es den Kirchberg nach rechts hinunter zur Brücke, in einem Rechtsbogen an der Straße weiter, bis wir nach links in die Welzheimer Straße einbiegen können. Es geht über den zweiten Bach nach halblinks weiter und über die nächste Straße hinweg nach rechts hinauf zum Sportgelände. Dazu lassen wir ein größeres Fabrikgelände links liegen. Weiter oben gehen wir durch eine Birkenallee an Sport- und Tennisplätzen links vorbei. Dann spaltet sich der Weg auf. Wir nehmen den linken Weg, steigen etwas aufwärts und können über das nächste Tal schauen. Geradeaus weiter geht es dann nach Allmersbach im Tal. Dort folgen

Jakobusaltar in der Jakobskirche von Winnenden mit Darstellungen des Galgen- und Hühnerwunders

wir der Landesstraße L 1080 nach links, um vor der Kirche nach rechts abzubiegen. Die Friedhofstraße steigt an, wir lassen die letzten Häuser von Allmersbach hinter uns, passieren rechts einen Parkplatz und wenden uns in der Wegverzweigung nach halbrechts und kurz vor dem Wald nach links und nehmen dann den schmalen Pfad, der rasch an Höhe gewinnt und direkt zu einem Spielplatz, der Freizeitanlage »Hörnle«, führt.

Kurz bergauf, auf einem schmalen Teerweg an Obst- und Nussbäumen entlang, in Serpentinen an Höhe gewinnend, erreichen wird den Wald. Bei der Sitzeiche (HW 10, ein roter Strich) geht ein schmaler Waldweg weiter, kreuzt einen breiteren Weg und erreicht den Waldrand. Rechts am Waldrand entlang nach oben wandernd, stoßen wir auf einen schmalen Teerweg, kommen am Stöckenhof vorbei, über Anemonen- und Dahlienweg bis zur Straße, der wir nach rechts folgen müssen. An einem Gasthof vorbei geht es nach etwa 60 Metern links in der Begonienstraße weiter. Auf schmaler Teerstraße verlassen wir gleich wieder den Ort – hier folgen wir dem Albvereins-Weg mit dem roten Punkt weiter bis zu Waldkante, dann links, einen kleinen Anstieg von etwa 100 Meter hinauf, dann wieder rechts. Dabei öffnet sich auf der rechten Seite ein weiter Blick, wir gehen aber weiter geradeaus.

Bald erreichen wir die ersten Häuser von Bürg, folgen dem oberen Weg in einem Bogen parallel zur Hauptstraße. Bei der nächsten Gabelung wählen wir den linken, abwärts führenden Weg und gehen direkt auf den Turm zu. Wir passieren einen Wehrturm mit Glockengeläut und dem Versprechen einer besonderen Aussicht. Wenige Schritte weiter steigen wir viele Stufen nach rechts hinab, queren eine Teerstraße, halten uns links, überschreiten nochmals eine Straße und betreten einen landwirtschaftlichen Weg, der sich in einem weiten Rechtsbogen fortsetzt. Hier haben wir wieder das rote Kreuz des Albvereins als zusätzliches Wegezeichen. Es geht bergab; von hier sind es nach Winnenden nur noch vier Kilometer. Noch ein Stück weiter passieren wir rechts eine Einfahrt, die auf den ersten Blick ein Friedhof zu sein scheint, sich aber doch als eine Steinmetzwerkstatt entpuppt.

Wir folgen dem Teerweg weiterhin abwärts, betreten den Ortsteil Höfen, halten uns auf der nun breiteren Berglenstraße halblinks, überqueren in einer Rechtskurve einen Bach und passieren einen Sportplatz an seiner linken Seite und gehen direkt auf die evangelische Friedenskirche von Höfen zu. Hier biegen wir auf die vielbefahrene Winnender Straße ab, um kurz danach gleich nach rechts die Wiesgartenstraße zu nehmen, die an Gärten entlang zum Mineralfreibad führt. Bei dem angedeuteten Kreisverkehr wenden wir uns nach links und nach dem Bach nach rechts. Es folgt später ein Fußgängerüberweg links, dann geht es hinter dem Lärmschutzwall auf der Eugenstraße rechts weiter, am Friedhof vorbei und dann die Seegartenstraße links hinauf, bis wir oben rechts die Fußgängerzone und damit das Zentrum von Winnenden erreichen. Einige Querstraßen weiter biegen wir links ab in die Schlossstraße und erreichen das Psychiatrische Krankenhaus, auf dessen rechter Seite sich die Schlosskirche Sankt Jakobus befindet. Den Kirchenschlüssel gibt an der Pforte des Krankenhauses. Sehenswert ist auch das auf dem Gelände des Krankenhauses befindliche Mopsdenkmal.

Sechste Etappe: Winnenden – Esslingen am Neckar

In der Schlosskirche zu Winnenden steht einer der schönsten dem heiligen Jakobus geweihten Altäre, ein eindrucksvolles Zeugnis gotischer Kunst in höchster Blüte, »in dessen Figuren und Reliefs in einem für uns unvorstellbaren Maß dem spätmittelalterlichen Menschen« die Jakobswunder Wirklichkeit geworden sind. In der Mitte des Retabels thront auf einem breiten Podest ein Jakobus, der seine Hände segnend über zwei Jakobspilger breitet. Der Heilige ist mit seinen üblichen Attributen versehen: dem breitkrempigen, umgeschlagenen Pilgerhut mit Muschel, dem Pilgermantel und der Pilgertasche.

Wegstrecke:
Winnenden – Korb-Kleinheppach – Weinstadt-Endersbach – Kernen im Remstal-Stetten – Esslingen am Neckar

Länge:
21 Kilometer

Zeit:
6 Stunden

Informationen:
Stadtinformation im Kielmeyerhaus, Marktplatz 2, 73728 Esslingen am Neckar, Telefon (07 11) 39 69 39-69, E-Mail: info@esslingen-tourist.de

Diese Kleidungsstücke waren für das Wohlergehen eines Pilgers von außerordentlicher Bedeutung: Sie mussten jeder Witterung standhalten. Auch die über den Mantel gehängte Pilgertasche war ein unentbehrliches Utensil, denn in ihr verbarg sich die Büchse mit den wichtigen Pilgerpapieren. Es wird berichtet, dass sie von einem kirchlichen und einem weltlichen Amt beglaubigt sein mussten. In der Tasche waren auch die unterwegs zu signierenden Zertifikate, die zu Hause zeigten, dass der Pilger tatsächlich alle vorgeschriebenen Stätten aufgesucht hatte.

Auf den vier Reliefs der Altarflügel sind Szenen aus der Legende des Heiligen und seiner Pilger dargestellt: die Predigt des Jakobus und die Verbrennung der Bücher des Zauberers Hermogenes, die Enthauptung des Heiligen und die Verschiffung des Leichnams nach Spanien, die deutschen Pilger in der Herberge des betrüge-

Das Hühnerwunder

In Santo Domingo de Calzada in Nordspanien hat Jakobus einst einen frommen Pilger vor dem Tode bewahrt.

Der junge Mann war mit seinen Eltern vom Rheinland nach Santiago de Compostela unterwegs. In Santo Domingo de Calzada übernachteten die drei bei einem Wirt, dessen Tochter dem Jüngling schöne Augen machte. Doch der wies sie ab. Aus verletztem Stolz und aus Rache behauptete die Wirtstochter, der Pilger habe sie bestohlen. Die Falschaussage führte dazu, dass der Rheinländer zum Tod verurteilt wurde und man ihn an den Galgen brachte.

Die trauernden Eltern setzten ihre Pilgerfahrt fort, um in Santiago für ihren Sohn zu beten. Auf ihrem Rückweg, 36 Tage später, besuchten sie wieder die Hinrichtungsstätte und stellten mit Erstaunen fest, dass ihr Sohn noch am Leben war. Sankt Jakobus hatte ihn die ganze Zeit gestützt.

Daraufhin eilten sie zum Richter, um die Freilassung ihres Sohnes zu erreichen. Jener saß gerade hungrig an seinem Mittagstisch, wo unter anderem auch zwei gebratene Hühner auf ihren Verzehr warteten. Der von dem Pilgerpaar beim Essen gestörte Mann sprach, nachdem er ungläubig den Bericht der aufgeregten Eltern vernommen hatte, die Worte: »Wenn all dies so geschehen ist, dann müssten sich ja auch diese beiden gebratenen Hühner sofort erheben und davonfliegen.«

Vor den Augen der Beteiligten bekamen die Hühner wieder Federn, erhoben sich und flatterten davon. Der Richter hat sich für seinen Irrtum sicherlich sofort entschuldigt, den Pilgersohn aus seiner misslichen Lage befreit und die Wirtstochter einsperren lassen.

Diese Legende war im Mittelalter weit verbreitet. Man findet sie auf Abbildungen in vielen Kirchen und Kapellen. So zum Beispiel auch in der Schlosskirche in Winnenden, der Jakobskirche in Rothenburg und der Sankt-Jodok-Kirche in Überlingen.

rischen Wirts und ihre Abreise sowie das Galgen- und das Hühnerwunder.

Seit dem 13. Jahrhundert im Besitz des Deutschen Ritterordens, dessen Aufgabenbereich die Betreuung und Versorgung von Pilgern umfasste, war Winnenden sicherlich eine Station der Jakobspilger mit entsprechenden Einrichtungen auf dem Weg nach Santiago. Dass der Jakobskult hier auf einem breiten Fundament der Zustimmung ruhte, lässt sich auch an dem gegen Ende des 15. Jahrhunderts vorgenommen Patroziniumswechsel der Deutschordenskirche erkennen – von Peter und Paul zu Jakobus.

Westlich der Schlosskirche setzt sich der Weg fort. Wir sehen hier Weintrauben und den blauen Punkt des Albvereins als ergänzende Markierung. Es geht unter einer Fußgängerbrücke hindurch zunächst leicht abwärts, später steigt der Weg sanft, aber kontinuierlich an. Es geht an Sportplätzen vorbei und anschließend unterqueren wir die Südumgehung von Winnenden. Auf dem Radweg erreichen wir Hanweiler.

Auf der Rieslingstraße setzen wir unseren Weg fort, bis wir nach kurzer Steigung nach links in die Kreisstraße einbiegen und den Ort über die Weinstraße verlassen. Nach etwas mehr als hundert Metern zweigt ein Weg nach links hinauf in den Wald ab. Nochmals rechts, ein Anstieg, und wir erreichen einen Parkplatz. Hier geht es in Richtung der Hinweistafel und weiter zum Schützenhaus mit seinem Rast- und Spielplatz. Hier können wir schon das Remstal und den Höhenzug des Schurwaldes erkennen. Weiter geht es rechts den Hörnleskopf hinab auf Steinreinach zu, dann aber bei den ersten Häusern nach links weiter, bis wir Kleinheppach erreichen. Am Friedhof und einem Brunnen vorbei geht es zur Hauptstraße nach links, an der Kirche vorbei und rechts in die Schulstraße. Auf der Endersbacher Straße verlassen wir diesen Ort. Im Wesentlichen geradeaus, links am Wolfshof vorbei (nur einmal rechts-links) führt uns ein landwirtschaftlicher Weg mit leichtem Gefälle hinab nach Endersbach. Auf der Birkelstraße überqueren wir die Rems und erreichen nach einer Unterführung unter der Bundesstraße B 29 und einer weiteren unter den Gleisen hindurch nach insgesamt zehn Kilometern den Bahnhof von Endersbach.

Wir folgen der Theodor-Heuss-Straße, lassen die Kirche links liegen und stehen kurze Zeit später an einer Kreuzung, an deren gegenüberliegender Seite sich der Jakobsweg spaltet. Der geradeaus weitergehende Jakobsweg führt mit einer Länge von 44 Kilometern über Strümpfelbach, Schanbach, Plochingen (nach 14 Kilometern), Wernau, Bodelshofen, Reudern, Frickenhausen und Großbettlingen nach Neckartailfingen.

Wir aber biegen gegenüber nach halbrechts in die Schulstraße ein, gehen an einer weiteren Kirche vorbei, nach links in die Traubenstraße, anschließend nach halbrechts in die Auberlenstraße, danach am Ortsrand links-rechts und auf zum Teil landwirtschaftlichen Wegen weiter, über die Straße zur Seemühle. Wir überqueren einen kleinen Bach und gehen links weiter zu der Kläranlage und den Tennisplätzen. Es geht am Zulauf zum Strümpfelbach weiter, an Industriebetrieben vorbei nach Stetten. Wir überqueren die Bühlackerstraße, passieren die Sportanlagen und erreichen die evangelische Veits- und Marienkirche. Links oben erhebt sich die Yburg.

Auf der Hindenburgstraße geht es weiter, am Friedhof vorbei zu einem Wanderparkplatz. Kurze Zeit später verlassen wir den Albvereins-Weg mit dem blauen Strich halblinks und passieren einen Rast- und Grillplatz. Später erreichen wir den Wald und auch wieder den Albvereins-Weg mit dem blauen Strich. 170 Höhenmeter müssen nun überwunden werden. Auf halbem Weg geht's aber nach rechts (SAV-Weg, blaues Kreuz) und weiter hinauf bis auf den Höhenzug des Schurwalds.

Unterweissach im Tal

Über die Römerstraße, rechts an Sportanlagen vorbei, gehen wir auf dem HW 3 nahezu immer geradeaus und lassen uns durch Abzweigungen nicht beirren. Manchmal sehr steil geht es nun über annähernd 230 Höhenmeter mit kurzem Zwischenaufstieg bis hinab nach Esslingen – durch Hohlwege, über einen Bach und über die Rotenackerstraße. Entlang der Straße »Auf dem schönen Rain« ein Stück hinauf und wieder hinab, links ein paar Meter auf dem Schönenbergweg, vorbei an Platanen erreichen wir die Esslinger Burg. Der Weg setzt sich rechts herum fort und durch einen schmalen Mauerdurchlass erreichen wir den so genannten Sailergang, der mit 280 Stufen zur historischen Altstadt nach Esslingen hinunter führt. Vorher geht es links in die »Obere Beutau«, über die Augustinerstraße und die Geiselbachstraße zur Frauenkirche.

Die bekannteste unter Esslingens Kirchen ist die evangelische Frauenkirche, ein Meisterwerk der Spätgotik. Baubeginn war 1325. An der Außenseite der Kirche finden wir die zwölf Apostel. Jakobus wird hier, wie üblich, als Pilger dargestellt. Bemerkenswert sind die zwei südlichen Portale mit einer Marien- und einer Weltgerichtsdarstellung. Im Inneren ist eine beschädigte Jakobus-Steinplastik an einer Säule angebracht. Sie befand sich einst in der Gesellschaft anderer Apostelfiguren an der Außenseite. Dort finden wir jetzt eine Kopie.

Über eine Betonbrücke und eine Holztreppe kommen wir zum Münster Sankt Paul, der ehemaligen Kirche des Dominikanerklosters, 1268 geweiht und damit die älteste erhaltene Bettelordenskirche Deutschlands. Wenige Schritte weiter erreichen wir den Marktplatz mit der Stadtkirche Sankt Dionys. Dort finden wir links hinten neben dem Hochaltar, oberhalb eines Torbogens, das mit drei Jakobsmuscheln auf rotem Grund versehene Wappen der Unternehmerfamilie Merkel. Auch die im 13. Jahrhundert entstandenen drei Chorfenster mit jeweils vier Bahnen zahlreicher übereinander angeordneter Glasscheiben laden zum längeren Betrachten ein. Ein Fernglas könnte hier gute Dienste leisten.

Siebte Etappe:
Esslingen am Neckar – Neckartailfingen

Die erste urkundliche Erwähnung Esslingens stammt aus dem Jahr 777. Abt Fulrad von Saint Denis verfügte, dass im Falle seines Ablebens die »Cella nomine Ezelinga« mit dem Leichnam des heiligen Vitalis dem merowingischen Hauskloster bei Paris zu vermachen sei. Um 800 erhielt Esslingen das Marktrecht, 1298 wurde Esslingen erstmals als Reichsstadt urkundlich erwähnt. 1418 bis 1443 schlossen sich Esslingen, Reutlingen, Weil der Stadt, Heilbronn, Wimpfen und Rottweil zur »Esslinger Einung« zusammen, einem Städtebund unter Esslingens Führung. 1531 nahm die Stadt den evangelischen Glauben an.

Wegstrecke:
Esslingen am Neckar – Denkendorf – Neckartailfingen

Länge:
23 Kilometer

Zeit:
6 Stunden

Informationen:
Rathaus Neckartailfingen,
Telefon (0 71 27) 18 08-0

Wir beginnen unsere Etappe am Westportal der Dionyskirche, gehen nach links über die Agnesbrücke durch die Fußgängerzone am Schelztor vorbei auf der Bahnhofstraße bis zur Neckarstraße, wo wir gegenüber einen nach links abbiegenden Radweg finden, der uns zuerst zum Pliensauturm führt und danach in dem Färbertörlesweg mündet. Es geht den Neckar aufwärts an der Städtischen Galerie (ehemals Villa der bereits erwähnten Industriellenfamilie Merkel) vorbei durch den Merkel-Park. Anschließend überqueren wir auf dem Alicensteg den Neckar und die Bundesstraße B 10. In der Esslinger Region befand sich wohl eine Furt, an der die Pilger den Neckar überqueren konnten.

Die nun folgenden Treppenstufen führen uns nach links den Eisberg hinauf. Auf dem folgenden Kilometer halten wir uns

Blick auf die Doppeltürme der Esslinger Stadtkirche Sankt Dionys. Sie wurde im 13. Jahrhundert erbaut.

links, kommen auf die Straße »Bangert«, unterqueren die folgende Straße hin zur Seestraße und erreichen Berkheim, einen Ortsteil von Esslingen. Wir erreichen die Straße »Am Ziegelbrunnen« und passieren die Michaelskirche. Weiter einmal links und rechts auf die Jakobsstraße und bald nach rechts entlang der Moltkestraße auf die Christian-Knayer-Straße, der wir an den Sportplätzen vorbei folgen. Bei der Vereinsgaststätte wenden wir uns nach links, später noch rechts-links und erreichen über die Lenaustraße Denkendorf. Bei der Albert-Schweitzer-Schule biegen wir nach rechts ein und gelangen über die Eichersteige und die Karlstraße hinunter in das Zentrum von Denkendorf. Ab hier können wir bis kurz vor Neckarhausen dem roten Strich mit grünem Baumsymbol des HW 3 folgen. Die Kirchstraße bringt uns dann direkt zur romanischen Klosterkirche Sankt Pelagius, die in ihrem Inneren eine Nachbildung des heiligen Grabes Christi in Jerusalem birgt. Die Kirche ist tagsüber geöffnet.

In der Veröffentlichung der Fortbildungsstätte Kloster Denkendorf wird von einem Edlen Bertholdus berichtet, Besitzer einer dem heiligen Pelagius gewidmeten Kirche (fertiggestellt um 1100), der sich zu einer »teuren« Pilgerfahrt ins Heilige Land aufgemacht hat. Seine Kirche in Denkendorf schenkte er mit allen Einkünften den Chorherren vom Heiligen Grab, die dem Patriarchen von Jerusalem unterstanden.

Dieser beauftragte anschließend einige Chorherren, in Denkendorf eine Unterkunft zu errichten. So entstand das erste Kloster im romanischen Stil, von dem aber heute nichts mehr erhalten ist. Auch andere Schenkungen haben den Orden vermögend gemacht, sodass bis auf den Turm alles abgerissen wurde. Die größere Klosterkirche entstand zwischen 1200 und 1250. In ihr hat man, um die Verbundenheit des Ordens mit der Grabeskirche in Jerusalem zum Ausdruck kommen zu lassen, eine Krypta errichtet, in der die Chorherren besondere Gottesdienste abhielten.

Als das Heilige Grab in Jerusalem nicht mehr zugänglich war, erhielten Pilger für eine Wallfahrt am Karfreitag nach Denkendorf den gleichen Ablass wie für eine Pilgerfahrt nach Jerusalem. So entstand wohl auch der Name »Klein-Jerusalem« für die Kirche.

Später wurde Denkendorf evangelisch und das Kloster eine evangelische Klosterschule. Der große Präger des schwäbischen Pietismus, Johann Albrecht Bengel, hat hier von 1713 bis 1741 gelehrt. Später hat ein ganz anderer in den Jahren 1784 bis 1786 hier die Schulbank gedrückt. Es war der wohlbekannte Friedrich Hölderlin.

Wir überqueren die Straße nach Neuhausen auf den Fildern und unterqueren die Autobahn, wandern durch Obstwiesen und wählen kurz vor der Überquerung des Sulzbaches den halblinken zum Wald führenden Weg. Der Weg steigt an, quert einen Weg, und biegt kurz vor Erreichen der Anhöhe in einen schmalen Pfad nach rechts ab. Es geht dann kurz auf einem Wirtschaftsweg weiter, wir verlassen ihn nach halblinks und erreichen kurz nach dem Waldrand und einer Links-rechts-Kombination die Lindenhöfe.

Der Weg führt weiter in den Wald. Der ersten Abzweigung folgen wir nach rechts. Kurz darauf passieren wir das rechts gelegene

Steinskulptur des heiligen Jakob (Figur links) an der Esslinger Frauenkirche

so genannte Waldhauser Schloss. Dort liegt ein ehemaliger römischer Gutshof (villa rustica), von dem aber nahezu nichts mehr zu sehen ist. Wir wenden uns nach links und erreichen nach einer Links-rechts-Kombination den Hopfenhof auf der Oberensinger Höhe. Wir müssen nur noch ein Stück geradeaus, halbrechts bis über die Straße nach Wolfschlugen, und wir erreichen nach insgesamt 16 Kilometern den Nürtinger Ortsteil Hardt.

Wir folgen dem HW 3 und biegen beim Dorfbrunnen nach links ab. Der Weg, der anschließend in den Wald führt und nach links weitergeht, verliert nun beinahe 60 Höhenmeter, bis wir eine Straße und die Aich überquert haben. Danach geht der Weg bergauf weiter, es folgt eine Rechts-links-Kurve; auf dem Fahrweg angekommen geht es nach rechts und nach 500 Metern weiter nach links über die Wegkreuzung aus dem Wald heraus. Wir lassen einen Aussiedlerhof links liegen und befinden uns an einem Aussichtspunkt, der einen weiten Blick bis zum Albtrauf ermöglicht.

Kurz vor Neckarhausen, bei einer großen Eiche, biegt der Pilgerweg nach rechts ab. Nach einem kurzen Stück verlassen wir diesen Weg und damit auch den HW 3, um links weiterzugehen. Danach erreichen wir, uns zuerst rechts, dann geradeaus haltend, die Lutherlinde. Hier führt links ein schmaler Weg direkt nach Neckartailfingen. Der Jakobsweg selbst setzt sich aber geradeaus fort und trifft nach 700 Metern mit der Jakobswegsvariante über Plochingen zusammen.

Achte Etappe: Neckartailfingen – Tübingen

Wir setzen unseren Weg an der Lutherlinde fort und kommen auf den Aspweg, der uns wenig später über die Brücke der Bundesstraße B 312 direkt zu einem Parkplatz führt. Nach einem kurzen Abschnitt im Wald geht unser Weg nach links ab, danach nach rechts und immer weiter geradeaus, bis wir der Markierung nach links folgen. Nach wenigen Metern biegen wir nach rechts ab, verlassen kurz danach den Wald und gehen durch Obstwiesen hinauf nach Schlaitdorf. Weiter geht es über die Vogelsangstraße, zur Webergasse hinab und dann links einen Wiesenweg hinunter bis zur nach Neckartenzlingen führenden Straße. Hier treffen wir wieder auf den HW 3 (dem wir mit Unterbrechungen bis Bebenhau-

Wegstrecke:
Neckartailfingen – Schlaitdorf – Pliezhausen – Pliezhausen-Rübgarten – Einsiedel – Tübingen-Bebenhausen – Tübingen

Länge:
26 Kilometer

Zeit:
7 Stunden

Informationen:
Bürger- und Verkehrsverein, An der Neckarbrücke 1, 72072 Tübingen, Telefon (0 70 71) 91 36-0, E-Mail: mail@tuebingen-info.de

sen folgen können). Aber nun halten wir uns links, gehen nach 120 Metern über die Straße und nach rechts auf einen Weg, der anschließend auf einer schönen Brücke über den Höllenbach führt. Danach steigen wir wieder 60 Höhenmeter auf, folgen den Markierungen einmal nach links und anschließend nach rechts und erreichen über die Friedrichstraße nach insgesamt vier Kilometern Altenried.

Wir wenden uns nach rechts auf die Kelterstraße und weiter auf die Walddörfer Straße und die Uhlandstraße und verlassen links über die Lindenstraße nach 500 Metern den Ort. Wenn der Weg durch die Felder aufhört, wenden wir uns nach links, bleiben kurze Zeit am Waldrand, bis wir einen Wiesenweg nach rechts zum Bach hinunter einschlagen. Auf einer Metallbrücke wird er überquert und kurz danach führt uns der Weg zu einer Straße, der wir nach Süden (links) folgen. Aber kurz bevor wir Dörnach erreichen, biegt unser Weg nach links, anschließend nach rechts ab und führt ansteigend am Waldrand entlang. Wir erreichen eine Straße, folgen ihr nach links und betreten einen Weg, der uns durch einen kleinen Wald zum Industriegebiet von Pliezhausen bringt.

Auf dem Teerweg gehen wir nach rechts weiter immer geradeaus über die Felder zum Wald. Dort angekommen, geht es nach halbrechts abwärts, über eine Brücke und über die Hauptstraße betreten wir Rübgarten. Weiter oben im Ort geht es nach links hinunter in die Gromergasse, danach aus dem Ort heraus und über den Bach.Bei der ersten Verzweigung geht es nach links, dann wieder nach rechts hinauf. Durch Obstwiesen steigt der Weg bis zum Waldrand deutlich an. Wir betreten den Wald und wandern auf beinahe ebenen Wegen auf den Gutshof und das ehemalige Jagdschloss von Einsiedel zu.

Die Domäne verlassen wir auf der Bebenhäuser Allee in nordwestlicher Richtung und treffen den HW 3 wieder. Links in den Wald, bei der »Zeitungseiche« über die Schweizer Straße, der Straße nach Tübingen, durchs Ziegelhäule hinunter, über den Kirnbach. Wir folgen dem HW 3 durch den Schönbuch, der uns zur Mauterwiese bringt. Nach einem kurzen Stück am Waldrand verlassen wir die Lichtung, biegen nach links ab und folgen ein Stück

der Einsiedler Straße hinunter, bis wir uns oberhalb der verkehrsreichen Straße nach rechts, am König-Wilhelm-Stein vorbei, hinunterbegeben. An der Bushaltestelle überqueren wir die Straße und kommen nach insgesamt 20 Kilometern in Bebenhausen an.

Rechts geht es am Silberburg-Verlag vorbei, geradeaus durch die Schönbuchstraße – rechts erkennen wir das Schloss und ehemalige Zisterzienserkloster.

Das Kloster wurde 1187 von Prämonstratensern gegründet, ab 1190 von Zisterziensern weiter aufgebaut und beherrschte Bebenhausen für viele Jahrhunderte. Nach der Reformation wurde das Kloster – so wie viele andere – als Schule genutzt. Ab 1807 reservierten sich die württembergischen Könige einen Teil als Jagdschloss.

Eduard Mörike weilte einst auch hier in Bebenhausen und schrieb darüber, wovon die weiter oben im Schönbuch gelegene

Schlussstein mit Jakobusdarstellung in der Tübinger Jakobskirche

»Mörike-Ruhe« kündet. Nach dem Zweiten Weltkrieg wurde, wohl auf Anregung der französischen Besatzungsmacht, Bebenhausen Tagungs- und Wohnort der Abgeordneten und damit Parlamentssitz des Landes Württemberg-Hohenzollern. Diese Phase dauerte bis zur Gründung Baden-Württembergs im Jahr 1952 an.

Weiter geht es an einem Gasthof vorbei über den Goldersbach, kurz danach halbrechts in den Wald und auf ausgetretenen Pfaden hinauf, über den Fahrweg und weiter zum Parkplatz am Waldrand.

Nach rechts über den Parkplatz, am Waldrand weiter, biegen wir nach links auf den Steinigen Weg, dem wir hinauf bis zu einer Wegkreuzung folgen. Nach rechts abgebogen wandern wir bis zum Wald, dann am Waldrand nach links auf dem Maronenweg. Wir überqueren den Heuberger-Tor-Weg. Nach der Unterführung unter dem Nordring geht es an der Hartmeyerstraße links, dann gleich wieder rechts und gegenüber dem Luise-Wetzel-Stift in ein wunderschönes Tal. Am Geografischen Landesmittelpunkt vorbei, wandern wir in Richtung Stadtmitte. Wir treffen auf eine Straße, der wir nach rechts auf den Breiten Weg folgen. Danach unterqueren wir die Schnarrenbergstraße, folgen der Frondsbergstraße nach links und erreichen den Kelternplatz, wo die Tübinger Altstadt beginnt. Wir folgen der Schmiedtorstraße, erreichen den Platz bei der »Krummen Brücke« und folgen nach rechts der Jakobsgasse bis zur Jakobskirche.

Der im 12. Jahrhundert errichtete romanische Bau erfuhr zwischen 1500 und 1520 eine gotische Erweiterung, insbesondere im Chorbereich. Deutlich ist am Kirchenschiff noch das aufgehende Mauerwerk des alten romanischen Baus zu erkennen. An der Außenfassade sind verschiedene Reliefs angebracht, darunter die Abbildung eines Hühnchens. Eine Anspielung auf das Hühnerwunder? Im Innern findet man über dem Taufbecken ein romanisches Steinrelief, das einen Pilger mit Stab abbildet, zudem einen Schlussstein mit einer reliefartigen Abbildung des Jakobus.

Tübingen war im Mittelalter eine Pilgerstation. Die Jakobsbruderschaft, die Reisen organisierte und die Pilger vor Ort betreute, wird noch im 15. Jahrhundert genannt.

Neunte Etappe: Tübingen – Rottenburg am Neckar

Tipp: Eine gut 16 Kilometer lange Variante nach Rottenburg über Weilheim, Kilchberg, Bühl, Kiebingen, Schadenweiler Hof ist möglich. Dieser Weg ist jedoch nicht gekennzeichnet. Er verläuft im Neckartal, ist eben und bleibt immer rechts vom Rammert. Wenn nacheinander alle Orte passiert werden, ist die Gefahr des Verirrens gering. Dafür erspart man sich einige Steigungen.

Wegstrecke:
Tübingen – Rottenburg-Wurmlingen – Rottenburg am Neckar

Länge:
12 Kilometer

Zeit:
3 Stunden

Informationen:
WTG Rottenburg, Telefon (0 74 72) 91 62 36

Wir beginnen auf dem Marktplatz in Tübingen und gehen links am Rathaus vorbei hinauf in die Haaggasse und finden dort einen schmalen Treppenaufgang, der uns in die Burgsteige und weiter zum Schloss bringt. Es geht durch zwei Schlosstore und einen schmalen Durchgang, anschließend folgt eine Treppe, ein Stück in einer Kurve nach rechts hinauf und wir gehen über die Schlossbergstraße, den Lichtenberger Weg, am Bismarckturm vorbei zum Spitzberg –

beinahe immer gerade aus. Bis zur Wurmlinger Kapelle werden wir uns durch lichten Wald auf dem langgezogenen Rücken des Schloss- und späteren Spitzberges bewegen. Auch der rote Strich des HW 3 wird uns bis Rottenburg begleiten.

Vor der Wurmlinger Kapelle senkt sich der Weg etwas, steigt aber nochmals kräftig an, bis wir oben angelangt sind. Aber mit einem weiten Blick auf das Neckartal wird uns gedankt. Wir gehen auf dem Stationenweg hinunter nach Wurmlingen, an der Kirche vorbei und wechseln auf die Almenstraße in Richtung Wendelsheim. In einer Rechtskurve am Wurmlinger Ortsende geht links ein geteerter Feldweg geradeaus ab. Auf ihm erreichen wir nach Unterquerung der Osttangente Rottenburg. Wir folgen der Jahnstraße, wenden uns auf der Seebronner Straße nach links, dann halbrechts über die große Kreuzung und gelangen somit auf den Marktplatz mit dem Dom Sankt Martin.

In einem folgenden Kapitel wird der Jakobsweg über Horb am Neckar durch das Kinzigtal nach Schutterwald und Straßburg beschrieben.

Das römische Rottenburg, Sumelocenna genannt, entstand an der damaligen Fernstraße Cannstatt–Schweiz unter der Herrschaft Kaiser Domitians auf dem Boden des heutigen Rottenburg. Ab dem 13. Jahrhundert lassen sich zahlreiche Klostergründungen beobachten; so hat der Karmeliterorden von Graf Albert II. von

Hohenberg einen Platz in der Stadt zum Bau einer Niederlassung erhalten. 1330 initiiert Graf Rudolf I. von Hohenberg bei der Morizkirche ein Chorherrenstift und um 1361 findet die Gründung des Hospitals zum Heiligen Geist statt, der »ersten und vorzüglichsten Stiftung der Stadt«. Die Reformation findet in Rottenburg eine beträchtliche Zahl von Anhängern, doch die österreichische Landesherrschaft sorgt mit drakonischen Maßnahmen für ein striktes Festhalten am alten Glauben. Und dafür sorgt auch später eine Jesuitenniederlassung, die in Rottenburg bestimmend wird.

Zehnte Etappe: Rottenburg am Neckar – Hechingen

Wir nehmen den Weg über die Fußgängerbrücke, rechts an der Morizkirche vorbei zum Ehinger Platz. Es geht über die Bahngleise und links in die Schadenweiler Straße hinauf, an der Klausenkapelle vorbei bis zum Ortsrand. Wir unterqueren eine Straße nach halbrechts und erreichen schließlich einen Campingplatz. Ein anfangs normaler Waldweg geht halbrechts ab, wird schmaler und steigt an, bis die Höhe des Rammerts überwunden ist. Auf der anderen Seite sehen wir Dettingen, das nach einem Abstieg schnell erreicht ist. Wir bleiben in südlicher Richtung, biegen einmal nach rechts ab und bleiben auf diesem Weg, der an Hemmendorf vorbeiführt. Schnurgerade geht der Weg weiter, bis wir nach insgesamt zwölf Kilometern Hirrlingen erreichen. Ab hier findet der Wanderer bis Hechingen eine gelbe Muschel auf blauem Grund als Wegezeichen.

In Hirrlingen sollten wir bei der Kirche nach einem hohen Steinquader Ausschau halten, auf dem die Lebens- und Sterbedaten des Jakob Beyter aus

Wegstrecke:
Rottenburg am Neckar – Schadenweiler Hof – Rottenburg-Dettingen – Hirrlingen – Rangendingen – Hechingen

Länge:
24 Kilometer

Zeit:
6 Stunden

Informationen:
Tourismusbüro Hechingen,
Telefon (0 74 71) 9 40-2 11 bis -2 14, E-Mail:
tourist-info@hechingen.de

Frommenhausen eingemeißelt sind. Der 1563 Verstorbene hatte als Jakobsbruder 1510 Santiago besucht. Damit ist dieser Grabstein eine der seltenen Spuren eines Pilgers aus dieser Region.

Wir biegen in Höhe der Bäckerei nach links in die Bergstraße ein und gehen hinauf bis zum Ortsrand. Ab hier nennt sich unser Weg »Hohenzollerischer Jakobsweg«. Rechts geht es anschließend auf einem Teerweg durch Wiesen und Felder wieder zur Straße herunter, der wir an der Kapelle vorbei bis Rangendingen folgen. Bei der Brücke treffen wir eine weitere Variante des Jakobsweges, der Rangendingen mit Horb verbindet (siehe Kasten). Wegezeichen ist hier eine stilisierte Muschel. Ein wichtiger historischer Bezug für diese Etappe ist die zwischen Bad Imnau, Horb, Hechingen und Burladingen verlaufende ehemalige römische Landstraße.

Wir gehen über die Kreuzung auf die Kirche zu, kommen in die Ortsmitte und setzen unseren Weg in Richtung der Bahngleise fort. Wir bleiben auf der linken Seite der Verbindungsstraße nach Hechingen, müssen sie aber nach einiger Zeit unterqueren. Rasch ist

Eine Etappe von Rangendingen nach Horb

Diese Variante war gedacht als Zubringer zum Kinzigtalweg. Insgesamt wurde nur sparsam gekennzeichnet, aber der Weg kann in beide Richtungen begangen werden.

Von Rangendingen geht es auf dem Radweg (Hart, Haigerloch) in Richtung Hirrlingen, nach der Unterquerung der Bahngleise nach links auf einen geteerten Feldweg, der uns nach Hart bringt. Wir biegen auf die Bahnhofstraße nach rechts ab, folgen ihr in einem Linksbogen und kommen zur Kirche. Beinahe geradeaus verlassen wir die Ortschaft über die Straße »Im Höfle«, umrunden die vor uns liegenden Hofgebäude auf einem kaum erkennbaren Weg nach rechts und erreichen links durch ein Gatter den Salenhofweg, der dieses Anwesen mit Trillfingen verbindet.

Über die Osterstraße kommen wir zur Kirche und biegen danach in die Obertorstraße nach rechts ab. Kurz nach Ortsende beginnt halblinks ein geteerter Wirtschaftsweg, der uns zur Kreisstraße und bergab nach Bad Imnau bringt. Im Zentrum gehen wir nach rechts zur kleinen Jakobskirche.

Wir bleiben rechts der Straße nach Mühringen, anfänglich auf einem Trampelpfad, später ist dieser auch für Radfahrer geeignet. Schon von ferne sehen wir eine kleine Burg, die wir später nach der Galluskirche rechts umrunden. Dort bringt uns ein leicht zu übersehender schmaler Weg (blaues Kreuz) in den Wald und einige Zeit später zur Autobahn, die sich schon früh akustisch ankündigt. Dazu haben wir aber in einer Lichtung den mit einem blauen Kreuz versehenen Wanderweg des Albvereins nach rechts verlassen. Dann noch nach links;

Wegstrecke:
Rangendingen – Hart – Trillfingen – Bad Imnau – Mühringen – Dettensee – Nordstetten – Horb

Länge:
25 Kilometer

Zeit:
7 Stunden

schon kurze Zeit später kommen wir aus dem Wald und unterqueren die Autobahn. Vor Dettensee biegen wir nach links ein, nehmen die erste Möglichkeit nach rechts und erreichen über die Schlossgartenstraße die Kirche Sankt Cyriacus.

Es geht nun weiter. Erst auf die Neuneckstraße nach rechts, dann links ab auf die Georg-Schorpp-Straße, am Ortsausgangsschild rechts auf den alten Taberwasener Weg zur Wallfahrtskapelle »Unsere Liebe Frau« im Taberwasen. Die Wallfahrtskirche mit der angebauten Einsiedelei liegt an der alten Römerstraße Sulz–Rottenburg.

Nach Verlassen der Kapelle überqueren wir die Kreisstraße 4766 und gehen etwa 400 Meter auf dem Römerweg in Richtung Buchhöfe, biegen rechts ab in Richtung Muldenweg, überqueren diesen und gehen weiter Richtung Nordstetten; dabei passieren wir den alten Judenfriedhof. Auf dem Röhrenbrunnenweg betreten wir Nordstetten und gehen auf der Hauptstraße weiter bis zur Kirche Sankt Mauritius.

Der Pilgerpatron in der Jakobskirche von Bad Imnau

Wir wenden uns nach links auf die Ritterschaftsstraße, passieren das Barockschloss von 1737/40, in dem heute das Berthold-Auerbach-Museum untergebracht ist, danach über einen Kreisverkehr, und es geht wenig später auf der Horber Steige nur noch bergab ins Neckartal nach Horb.

Um nach insgesamt 25 Kilometern zum Anschluss des Kinzigtalwegs zu gelangen, müssen wir nur ein Stück nach links hoch zur Liebfrauenkirche.

In Rottenburg am Neckar. Links die evangelische Kirche, rechts der schlanke Turm von Sankt Moriz.

Hechingen-Stein erreicht. Hier kann man die sehenswerte Rekonstruktion eines römischem Gutshofes besuchen.

Es geht im Ort nach rechts über eine Brücke und wir folgen diesem Weg über die Bahngleise, umgehen einen Sportplatz nach rechts, bis wir einen Busparkplatz erreichen. Noch einmal links über die Straße und wir haben nach insgesamt 24 Kilometern die Altstadt von Hechingen erreicht.

Die Jakobuskirche mag Ausdruck des Jakobskults in Hechingen sein, aber sie hat vermutlich keine Beziehung zu den Jakobspilgern. Einst stand hier eine gotische Kirche mit Friedhof, die zwischen 1472 und 1488 erbaut worden war. 1779 bis 1783 wurde die Kirche jedoch abgerissen und durch eine klassizistische Hallenkirche von Michel d'Ixnard, einem französischen Baumeister, ersetzt. Innen findet der Besucher eine schöne Statue und ein Wandbild des heiligen Jakobus.

In der Unterstadt befindet sich das ehemalige Kloster Sankt Luzen mit einer sehenswerten Kirche aus der Renaissancezeit. Möglicherweise diente das Kloster zusammen mit dem in der Nähe liegenden

Der Johanniter-Orden

Der Ritterliche Orden Sankt Johannis vom Spital zu Jerusalem wird als der älteste geistliche Ritterorden genannt. Den Quellen nach waren es Kaufleute aus Amalfi, die zwischen 1048 und 1071 in Jerusalem ein von einer Laienbruderschaft geleitetes Hospital für arme und kranke Pilger gründeten.

Der Wandel von der Spitalbruderschaft zum geistlichen Ritterorden wurde unter Raimund von Puy (1120–1160) verwirklicht. Über die pflegenden Tätigkeiten hinaus übernahm der Orden auch noch militärische Aufgaben. Von 1206 bis zum Ende des 18. Jahrhunderts blieb diese neue Organisationsstruktur im Wesentlichen unverändert.

Der Johanniterorden lässt sich als erste »übernationale« Gemeinschaft Europas bezeichnen. An der Spitze des Johanniterordens finden wir den Herrenmeister. Seit 1693 wurden ausschließlich Hohenzollernprinzen zu Herrenmeistern gewählt.

Der heute rein evangelische Johanniterorden widmet sich vor allem Aufgaben der Diakonie.

Die Johanniter

Herrlich kleidet sie euch, des Kreuzes furchtbare Rüstung,
Wenn ihr, Löwen der Schlacht, Akkon und Rhodus beschützt,
Durch die syrische Wüste den bangen Pilgrim geleitet
Und mit der Cherubim Schwert steht vor dem heiligen Grab.
Aber ein schönerer Schmuck umgibt euch, die Schürze des Wärters,
Wenn ihr, Löwen der Schlacht, Söhne des edelsten Stamms,
Dient an des Kranken Bett, dem Lechzenden Labung bereitet
Und die niedrige Pflicht christlicher Milde vollbringt.
Religion des Kreuzes, nur du verknüpfest in einem
Kranze der Demuth und Kraft doppelte Palme zugleich!

Friedrich Schiller

Spital den Jakobspilgern als Herberge. In Sankt Luzen kann heutzutage übernachtet werden (Voranmeldung unter (0 74 71) 93 4- 0).

Hier zweigt der Hohenzollerische Jakobsweg ab: an Sankt Luzen vorbei durch das Killertal hinauf nach Burladingen, Sigmaringen, auf den Jakobsweg von Pfullendorf nach Überlingen und Konstanz. Diese Variante ist sinnvoll, wenn der Pilger auf dem schweizerischen Schwabenweg über Einsiedeln nach Genf und Le Puy gehen möchte.

Grabstein eines Jakobspilgers in Hirrlingen

Elfte Etappe: Hechingen – Balingen

Die Jakobuskirche im Stadtzentrum ist unser Ausgangspunkt. Neben der Jakobsmuschel finden wir meist auch den Hinweis auf den Radweg nach Balingen vor.

Wegstrecke:
Hechingen – Balingen

Länge:
17 Kilometer

Zeit:
5 Stunden

Informationen:
Stadtverwaltung Balingen, Kulturamt, Telefon (0 74 33) 17

Wir gehen vorm Kirchplatz nach Süden, dort nach links, durchqueren den Obertorplatz halbrechts und folgen der Zollerstraße, bis wir rechts in den Fürstengarten einbiegen können. Der Weg schlängelt sich durch die Parkanlage auf für Wanderer angenehmen Kieswegen. Wir halten uns anschließend links und folgen kurze Zeit später der Eisenbahnlinie auf der rechten Seite. Wir überqueren eine Straße und folgen danach dem Weg nach links über einen schmalen Steg, der über die Gleise führt. Der Radweg mündet wenig später nach rechts auf eine Straße, die an einem ehemaligen Bahnhof vorbei führt und von rechts auf die Kreisstraße trifft. Diese

führt uns unter der B 27 durch und bringt uns nach vier Kilometern nach Wessingen.

Nun geht es nach rechts unter der Bahnlinie durch, dann folgen wir der Straße bis zu einer Rechtskurve kurz vor Ortsende. Wir gehen geradeaus weiter durch die Taläckerstraße hoch, überqueren die Ortsgrenze und folgen dem geteerten Wirtschaftsweg bis zur ersten Kreuzung. Dort wenden wir uns nach links und folgen dem Weg bis eine scharfe Abzweigung mit einem Hinweisschild auf den Ölschieferabbau im KZ Bisingen nach rechts hinunter geht.

Im Tal rechts befindet sich ein Sportplatz und links anschließend ein Gedenkstein und geradeaus geht es nach Bisingen hinauf. Wir gehen auf der Reutestraße nach links, am Ende auf dem Irisweg, später auf dem Altenweg nach rechts vor und erreichen nach weiteren vier Kilometern den Bahnhof von Bisingen.

Wir überqueren auf dem Bahnübergang die Gleise und folgen dem Weg an der Bahntrasse entlang bis wir den Ort verlassen. Nach einer Linkskurve gehen wir hoch zum Friedhof und wenden uns, wieder am Fuß des kleinen Hügels angelangt, nach rechts in den Baumgartenweg. An der zweiten Abzweigung folgen wir dem Hinweis »Streichen« nach links und später dem Hinweisschild rechts nach Engstlatt. Wir lassen den Seerosengarten links liegen, passieren einen schönen Brunnen.

Kurz vor Engstlatt stoßen wir auf eine weitere Straße. Ihr folgen wir nach links bis zu einer Kneippanlage, wo wir rechts weiter durch einen dichten Tannenwald wandern. Nachdem wir diesen verlassen haben, nehmen wir die erste Möglichkeit nach rechts hinauf und gehen auf einen Sendemast zu. Wir umrunden ihn und steigen hinunter und folgen der Kreisstraße nach links, bis uns eine Unterführung zu den Sportplätzen an der Eyach in Balingen bringt. Bis zum Stadtzentrum bleiben wir links der Eyach. Linker Hand ist der Friedhof mit der evangelischen Friedhofskirche und wenig später sehen wir den Turm der evangelischen Stadtkirche. Dazu überqueren wir die Brücke in Höhe der Agentur für Arbeit nach rechts und stehen nach insgesamt 17 Kilometern vor dem gewaltigen Turm der Stadtkirche, einem Wahrzeichen Balingens. Auf der Empore finden wir eine kleine bemalte hölzerne Jakobusplastik, die um 1516 entstanden ist.

Eine Übernachtungsmöglichkeit bietet die Jugendherberge Balingen unter (0 74 33) 2 08 05 an.

Zwölfte Etappe: Balingen – Rottweil

Eine weitere Möglichkeit nach Konstanz zu kommen wurde durch den Arbeitskreis um Bruder Jakobus vom Kloster Beuron geschaffen. Er hat eine abwechslungsreiche Variante über Tieringen, Nusplingen, Bärenthal, Kloster Beuron und Meßkirch gekennzeichnet. Es handelt sich um einen Wanderweg, der mit einem sehr steilen Teil beginnt und deshalb sicher nicht als wissenschaftlich begründbarer Jakobsweg anzusehen ist, im weiteren Verlauf aber sehr schöne Wegstrecken und eine für Pilger standesgemäße Unterkunft in einem Kloster enthält. Näheres auf Seite 133.

Auf örtlichen Wanderwegen kann der Weg über Balingen nach Rottweil fortgesetzt werden. Weitere Stationen sind Endingen, Erzingen, Dotternhausen und Schömberg. An warmen Tagen lädt in Schömberg ein Stausee zum Baden und Verweilen ein. Wir verlassen den Radwanderweg Baden-Württemberg, gehen weiter über Schörzingen nach Feckenhausen und Göllsdorf und erreichen nach 28 Kilometern und sieben Stunden Fußmarsch Rottweil, das als älteste Stadt Baden-Württembergs bezeichnet wird.

Die Wurzeln der Stadt reichen weit in die Vergangenheit zurück. Schon im Jahr 73 n. Chr. errichteten die Römer einen Militärstützpunkt im Bereich der Rottweiler Altstadt. Rottweil hatte immer enge Beziehungen zur Schweiz, war von 1463 bis zum Ende des Alten Reichs ein der Schweizer Eidgenossenschaft »zugewandter Ort«.

Auf die Verehrung Jakobus des Älteren in Rottweil weist vor allem die Tatsache hin, dass dem Apostel im Heilig-Kreuz-Münster ein Altar geweiht ist. Er wurde bereits 1354 von der vermögenden Mechthild Steinin gestiftet. Mit der Altarstiftung waren Pfründe an ei-

Wegstrecke:
Balingen – Schömberg – Rottweil

Länge:
28 Kilometer

Zeit:
7 Stunden

Informationen:
Tourist-Information Rottweil,
Telefon (07 41) 49 42 80

nen Kaplan verbunden, die auch 1525 noch ausbezahlt wurden. Das Heilig-Kreuz-Münster ist eine als spätromanische Basilika begonnene Kirche und geht zurück bis ins 12. Jahrhundert. Im Innenraum befinden sich einige sehenswerte Darstellungen des heiligen Jakobus. Er ist im Pilgergewand auf einem der Schlusssteine zu sehen und steht – in Stein gemeißelt – auf einer Konsole des Südschiffes. Außerdem finden wir ihn noch im Petrus-Altar dargestellt.

In der Mittelstadt existierte einst die Frauenklause Sankt Jakob. Konrad an der Waldstraße verkaufte ihr 1307 ein Eigengut und zwei Zinsgüter, woraus sich folgern lässt, dass dieses Kloster nicht ganz arm gewesen sein kann.

Die Gründung fand vermutlich schon im 13. Jahrhundert statt. Ab 1438 standen die Frauen, damals lebten in der Klause sechs Schwestern, unter der disziplinarischen Aufsicht der Rottweiler Dominikaner. Der Bauernkrieg zwang die Schwestern 1525 zur Aufgabe des Klosters.

Apostel an einem Altar des Rottweiler Heilig-Kreuz-Münsters

In Rottweil finden sich – nach der Zimmerschen Chronik – viele Belege für Pilgerreisen nach Santiago de Compostela. So ist Peter Letzkopf, Narr von Graf Johann Werner von Zimmern (1480–1548), vier Mal in Santiago gewesen, was er durch zahlreiche Pilgerzeichen nachweisen konnte. Mit ihm war auch ein Heinrich Klenger auf Strafpilgerfahrt unterwegs. Ein weiterer Strafpilger, der eine Anstiftung zum Mord zu sühnen hatte, war Ulrich Stüber. Von Gottfried Werner von Zimmern (1484–1554) ist bekannt, dass er einige seiner Untertanen zur Strafpilgerfahrt verurteilt hat. Die Kirche von Herrenzimmern ist bezeichnenderweise Jakobus geweiht.

Auch ein weiterer Bericht zeugt von der Anwesenheit der Jakobsbrüder in dieser Region: Im Jahre 1595, so schreibt Hedwig Röckelein, wurde ein zunächst wegen Viehdiebstahls in Rohrdorf zum Tode verurteilter Landfahrer von Graf Froben von Zimmern zu einer Sühnewallfahrt nach Rom oder »zu dem verrern s. Jacob« begnadigt. In Geisingen wurde er wieder rückfällig, stahl erneut ein Pferd und wurde in Engen deshalb endgültig zum Tode verurteilt.

Von Wilhelm von Bern ist bekannt, dass er im 15. Jahrhundert seine vier Söhne auf die Namen Jakob, Hans Jakob, Freijakob und Eiteljakob taufen ließ.

Dreizehnte Etappe: Rottweil – Villingen-Schwenningen

Im einstigen Rottweiler Königshof trafen sich damals die großen Fernstraßen, die von Straßburg zum Bodensee, nach Sankt Gallen und Einsiedeln führten. Wir beginnen am Heilig-Kreuz-Münster und gehen auf dem seit 2003 markierten Jakobsweg nach Süden am Krankenhaus Rottenmünster vorbei nach Bühlingen und Bettlinsbad. Wenig später folgen wir dem Albvereinsweg (rotes Kreuz) durch Wildenstein bis kurz nach Heiligenhof. Anschließend zeigt uns die gelbblaue Raute des Schwarzwaldvereins linkerhand den Weg über Weilersbach bis Sankt Jakob kurz nach Nordstetten. Hierher kamen von Norden die Pilger einmal über die »Lange Gaß« vom Schwarzwald, dem Gutach- und Kinzigtal und zum anderen aus Richtung Rottweil.

Wegstrecke:
Rottweil – Bühlingen – Weilersbach – Sankt Jakob bei Nordstetten – Villingen

Länge:
27 Kilometer

Zeit:
7 Stunden

Informationen:
Tourist-Information Villingen-Schwenningen, Telefon (0 77 21) 82 12 08 oder 82 12 09

Hier, eine Tafel markiert den ehemaligen Standort, stand einst eine Kapelle, die den Heiligen Jakobus und Verena gewidmet war. In ihrer Blütezeit vom 13. bis 16. Jahrhundert erfuhr die Kapelle großen Zulauf.

Was war dies nun für ein Kirchlein, das an einer Pilgerstraße gelegen so viele Gläubige anzog und noch heute nicht ganz vergessen ist? Abbildungen sind auf der Rottweiler »Pürschgerichtskarte« von 1564 und der Karte des Villinger Pirschgerichtsbezirks von 1607 erhalten und zeigen eine kleine Kirche mit einer rundumlaufenden Mauer und einem gemauerten Brunnen. Bekannt ist, dass die Kapelle am 5. März 1342 einen päpstlichen Brief durch den Bischof von Konstanz unter Zufügung seines Konsenses erhielt. Darin wird ein Ablass von 40 Tagen jenen bewilligt, die beständig an den verschiedenen kirchlichen Festen teilnehmen, reumütig beichten, den Friedhof besuchen und der Kapelle auch einiges an Gold, Silber und »Gewandern« zukommen lassen.

Die Grenzen des ansehnlichen Grundbesitzes hatte man damals mit Steinen markiert, die mit der Pilgermuschel gekennzeichnet waren. Der Dreißigjährige Krieg, der so viel zerstört hatte, machte auch der Kapelle ein Ende. Lapidar heißt es in einem alten Dokument von 1659: Die Kapelle soll nicht mehr erneuert werden, der Gottesdienst in das Münster verlegt werden,

Das Villinger Münster

wo er »ohne Ärgernuss wie oft ußer der Stadt fürgangen, celebriert werden könnte.« Dankbar war man in Villingen auch für die auf der Kapelle ruhende Stiftung von 2400 Gulden, also das »Vermögen« an Geld und Grundbesitz, das den bedürftigen Münsterfonds stärkte.

Eine Steinstatue mit der Darstellung einer so genannten »Pilgerkrönung« vom letzten Drittel des 13. Jahrhundert blieb erhalten und fand erstmals einen Platz in der Altstadtkirche, von wo aus sie später ins Villinger Münster gebracht wurde. Die so genannte »Pilgerkrönung« – ein Pilgerpaar wird vom heiligen Jakob gekrönt – lässt sich auf die Geschichte mit dem Hühnerwunder (siehe Kasten Seite 46) zurückführen, das sich um das Jahr 1020 ereignet haben soll. Es existieren von der Geschichte mehrere Versionen. In ihrer Urfassung wird sie Papst Calixt II. zugeschrieben und ist in dem »Codex Calixtinus« des 12. Jahrhunderts zu finden. Diese Legende war im Mittelalter weit verbreitet.

Ein Stück des Pilgerwegs, nämlich die nach der Kapelle benannte Jakobsgasse, blieb erhalten.

Heute finden wir nahe dem ehemaligen Standort von Sankt Jakob eine Viehtränke. Bei der Verlegung des Brunnens vor einigen

Der heilige Jakobus und zwei Pilger, die so genannte »Pilgerkrönung«, im Villinger Münster

Jahren waren bei den Grabungen noch hölzerne Wasserrohre, so genannte Deicheln, zum Vorschein gekommen.

Nach Villingen ist es nur eine halbe Stunde Weges. Die Stadt wird durch das Osttor betreten.

Villingen besitzt seit 1000 Jahren das Marktrecht. Aber schon im späten vierten Jahrhundert, in der Zeit der alemannischen Landnahme, wurde die Villinger Altstadt besiedelt. Seit dem späten elften Jahrhundert verlagerte sich die Siedlung allmählich in den Brigachbogen auf der anderen Flussseite. Erstmals schriftlich erwähnt wurde Villingen 817 in einer Urkunde Kaiser Ludwigs des Frommen, in der der Kaiser den Zins der Hufen des Witho und Heimo von Filingun dem

Ausschnitt aus der Villinger Pirschgerichtskarte von 1607. Rechts unten sieht man die Kirche Sankt Jakob.

Kloster Sankt Gallen schenkt. 1999 feierte die Zähringerstadt ein rundes Jubiläum, denn im Jahre 999 erhielt Graf Berthold für den Ort Filingun von Kaiser Otto III. das Recht, einen öffentlichen Markt zu gründen, ihn mit eigenem Geld auszustatten, ferner Finanzzölle abzuschöpfen und die öffentliche Gewalt auszuüben. Um 1270 wurde das Heilig-Geist-Spital als Stiftung der Gräfin Agnes von Fürstenberg gegründet. Es diente der Versorgung von Kranken und Alten. Ein Ablassbrief von 1286 stellte die erste völlig sichere Nennung dar.

Nach wenigen Schritten, einmal nach rechts abgebogen, stehen wir vor dem Villinger Münster. Es ist Johannes dem Täufer geweiht. An einem Pfeiler der Kirche finden sich zwei Tafeln, die auf eine Glocke hinweisen, die 1986 zu Ehren des Jakobus eingeweiht wurde: Das Zusammenkommen der Völker am Grab des Jakobus hat Jahrhunderte lang ihre Einheit im kulturellen und religiösen Leben bestärkt. Das Läuten der Glocke soll nun der Zukunft Europas gewidmet sein – einem Europa, in dem die Einheit und der Frieden der Völker gefördert und erhalten werden.

Vierzehnte Etappe: Villingen-Schwenningen – Hüfingen

Wir verlassen die Kirche nach links, passieren das Verkehrsamt, das Stadttor und folgen den Wanderzeichen, die uns zuerst am Landratsamt, dann an den Schulen vorbei und wenig später aus der Stadt hinausführen. Nach etwa sechs Kilometern trifft der Weg auf eine Römerstraße. Römerstraßen konnten wegen ihrer Pflasterung viele Jahrhunderte überdauern und wurden deshalb bevorzugt von Reisenden und Händlern genutzt. Auf geteerten Wegen, die vom landwirtschaftlichen Verkehr genutzt werden und auch für Radwanderer geeignet sind, erreichen wir nach 7,5 Kilometern und etwa zwei Stunden Gehzeit den Ziegelhof. Der Weg führt nun einige Zeit parallel zur Schnellstraße und trifft auf die noch schmale Donau, die sich gerade an dieser Stelle aus dem Zusammenfluss von Brigach und Breg gebildet hat. Wir folgen der Brigach, überqueren sie und nach einer Biegung nach rechts durchqueren wir die weitläufigen Gartenanlagen des Fürstlich-Fürstenbergischen Parks und erreichen nach vier Kilometern und einer Stunde Marsch Donaueschingen.

Donaueschingen kann, wie andere Städte und Gemeinden im süddeutschen Raum auch, auf die Römer und Alemannen verweisen. Bereits vor über 1100 Jahren wurde der Name der Stadt in einer Königsurkunde erstmals erwähnt. Besondere Bedeutung erlangte Donaueschingen 1723, als Fürst Josef Wilhelm Ernst zu Fürstenberg seine Residenz von Stühlingen nach Donaueschingen verlegte. Donaueschingen war damit »Hauptstadt« des Fürstentums Fürstenberg geworden. Die Residenz erhielt ein barockes Aussehen, eine höfisch-kulturelle Aura

Wegstrecke:
Villingen – Römerstraße – Ziegelhof – Donaueschingen – Allmendshofen – Hüfingen

Länge:
22 Kilometer

Zeit:
5 Stunden

Informationen:
Kultur- und Informationsamt Hüfingen, Telefon (07 71) 60 09 24

und wurde als Sitz des Fürstenbergischen Staatswesens auch zur wirtschaftlichen und kulturellen Metropole der Baar. Ein gewaltiger Bauboom begleitete diese Entwicklung: Durch Trockenlegung eines Sumpfgebietes entstand der fürstliche Park, im Ort wurden das Kavaliers-Palais, das Hoftheater, Wohnungen für Beamte und Diener, Pferdeställe, eine Hofbibliothek und das Archiv gebaut.

In Donaueschingen lädt die Pfarrkirche Sankt Johannes zum Verweilen ein. Von Manfred Hermann wird die von dem Prager Franz Maximilian Kanka geschaffene Kirche »als ein Fremdling« bezeichnet. Mit ihren beiden 1742 fertig gestellten Zwiebeltürmen

passt die Donaueschinger Pfarrkirche eher nach Böhmen denn in den Südwesten Deutschlands. Aber eigentlich soll sie eher als Ausdruck der weitreichenden Beziehungen des Hauses Fürstenberg verstanden werden. Innen finden wir an der Ostseite des Kirchenschiffes eine Jakobus-Statue, die zwischen 1745 und 1749 von Johann Michael Winterhalter (1706–1759), dem bedeutendsten Rokokobildhauer des Schwarzwaldes, geschaffen wurde.

In der Nähe der Kirche, beim Schloss, findet sich eine weitere Donauquelle (für Donaueschinger *die* Donauquelle), die sich wenige hundert Meter weiter mit der Breg und der Brigach vereinigt.

Ein Besuch der Fürstenbergischen Sammlung (ganzjährig geöffnet: Dienstag bis Samstag 10 bis 13 und 14 bis 17 Uhr, Sonntag 10 bis 17 Uhr) lohnt sich.

Etwa zwölf Kilometer westlich von Donaueschingen liegt die kleine Ortschaft Mistelbrunn. Dort wurden vor einigen Jahren bei Ausgrabungen Reste von Jakobsmuscheln gefunden. Muschelfunde gab es, wie bereits erwähnt, immer wieder auf Friedhöfen.

Ab Donaueschingen führt unser Weg zuerst am Bahnhof vorbei, dann über die Eisenbahnbrücke, und einige Schritte weiter queren wir den östlich liegenden Festplatz. Den Radweg entlang erreichen wir in etwa 20 Minuten Allmendshofen.

Die Jakobskirche in Allmendshofen wurde 1721 errichtet, wobei der Turm im 15. Jahrhundert datiert. Von außen wirkt die Kirche sehr unauffällig. Im Innenraum finden wir eine hölzerne Statue des Jakobus, welche die rechte Seite des Altars einnimmt. Auf der linken ruht Maria.

Entlang dem Flusslauf der Breg erreichen wir nach zwei Kilometern und 30 Minuten Gehzeit Hüfingen. Der Ort, von den Römern wurde er Brigobane genannt, liegt an einer damals wichtigen Heer- und Handelsstraße zwischen der Schweiz und Rottweil. Die Hüfinger Region wurde sehr früh besiedelt. Von der Anwesenheit der Römer zeugt die sehenswerte Ruine eines Bades.

In Hüfingen existieren zahlreiche Hinweise und Zeichen, die sich auf die Jakobspilger und den Jakobskult beziehen.

Die Pfarrei Hüfingen wurde urkundlich erstmals im Jahre 1183 erwähnt. Die Stadtpfarrkirche Sankt Verena und Gallus erfuhr wie

Zunftfahne einer Jakobsbruderschaft, Hüfingen

die meisten Kirchenbauten im Laufe der Zeit verschiedene bauliche Veränderungen. Ein erster Hinweis auf einen Jakobusaltar findet sich im Zusammenhang mit der Einrichtung einer Stiftung für die Sankt-Georgs-Kaplanei im Jahre 1383. Eine Jakobus-Kaplanei wurde vermutlich schon 1283 gegründet, aber urkundlich erst 1422 in einer Zusammenstellung der Einnahmen und Ausgaben der »Sankt Jacobs-Pfruendt zu Hüffingen« erwähnt. An der Breg existierte früher eine Jakobswiese, von der anzunehmen ist, dass sie auch zu der Jakobs-Kaplanei gehört hatte.

In der Kirche findet sich ein Altar mit Abbildungen der heiligen Anna mit ihrer Familie sowie von Jakobus dem Älteren mit Wanderstab, der dem Volk predigt. Ein Hüfinger mit dem Namen Franz Josef Weiß (1735–1790) hat diese Gemälde geschaffen. Einen weiteren Beleg des lebhaften Jakobskults in der Vergangenheit finden wir in der Sakristei: ein silbernes Wetterkreuz mit Reliquien des Apostels Jakobus. Es kam vor 1613 nach Hüfingen. 1680 schlossen sich die Handwerker der Baar mit Sitz in Hüfingen zu einer Jakobsbruderschaft zusammen. Auch heute noch ist dem Patron der Handwerker der linke Seitenaltar der Stadtpfarrkirche geweiht. Zu besichtigen ist noch eine Zunftfahne, die Jakobus mit Stab zeigt und auf der die Zunftwappen der Handwerker abgebildet sind.

Wenn wir nun die Kirche verlassen und uns auf der Hauptstraße nach Süden wenden, können wir verstehen, warum Moritz von Schwind (1804–1871) Hüfingen den Namen »Klein-Augsburg« gab: der zahlreichen Brunnen wegen. So passieren wir auf dem Weg zwischen Kirche und Stadttor zuerst einen Brunnen, welcher der heiligen Verena geweiht ist, anschließend einen weiteren, der Maria geweiht ist. Den Abschluss kurz vor dem Stadttor bildet der Jakobsbrunnen mit einer lebensgroßen Darstellung des Pilgervaters.

Fünfzehnte Etappe: Hüfingen – Stühlingen-Lausheim

Ab Hüfingen folgen wir der Straße in Richtung Hausen, verlassen vor der Bahnlinie die Landstraße nach links und durchqueren ein ansteigendes Waldgebiet. Nach fünf Kilometern und einer Stunde Fußmarsch sehen wir schon Hausen vor Wald. Wir gehen erst in Richtung Friedhof, bevor wir Hausen vor Wald betreten. Nachdem wir den Ortsausgang von Hausen erreicht haben, stehen wir vor einer Wegegabel: Der Jakobsweg nach links führt über Blumberg in 43 Kilometern nach Schaffhausen (Richtung Einsiedeln) oder geradeaus über Mundelfingen in etwa 78 Kilometern nach Waldshut (Richtung Basel). Treffpunkt beider Wege könnte Fribourg in der Schweiz sein.

Wir überqueren nun die Kreisstraße, steigen auf Pfaden durch den Wald hinauf, bis wir den Fahrweg erreicht haben. Nach zwei Kilometern treffen wir auf die Kohlwaldhütte und biegen an dieser Stelle nach rechts ab. Ein Stichweg geradeaus kürzt die im weiten Bogen verlaufende Wertgasse ab, und wir erreichen nach etwa 3,5 Kilometern Mundelfingen.

Ab der Straßenkreuzung sehen wir als Markierung den blauen Rhombus des Schwarzwaldvereins und folgen ihm an Wiesen und Feldern vorbei durch die Gauchach-Schlucht hinunter zur Wutach-Schlucht.

Der Fahrweg ins Tal ist sehr steil. Je näher wir dem Bach kommen, umso kühler und feuchter wird es. Abfallende Serpentinen erfordern eine hohe Trittsicherheit. Manchmal hilft nur ein beherzter Griff an einen Ast, um das Abgleiten zu verhindern. An vielen Stellen dringt Wasser aus dem Fels und überschwemmt die Wege. Knöcheltief kann man im Schlamm auf den schmalen Pfaden stehen. Überkragende Felswände zeigen, dass der Bach sich im Laufe der letzten Jahrtausende tief in die Felsschichten eingegraben hat. Aber auch den Brücken ist ihr Alter anzusehen, und sie sollten nur mit erhöhter Vorsicht betreten werden.

Bald passieren wir die Burgmühle, die vor allem durch ihre blendend rote Wandfarbe ins Auge sticht. Es existiert auch ein Ausschank, sodass man hier eine Rast einlegen kann. Wir lassen den Weg über die Brücke links liegen und bleiben rechts. Kurz vor dem Ende der Schlucht wird ein historischer Fahrweg sichtbar. Aus un-

Wegstrecke: Hüfingen – Hüfingen-Hausen vor Wald – Hüfingen-Mundelfingen – Wutach-Ewattingen – Stühlingen-Lausheim
Achtung: Der Schwarzwaldverein empfiehlt für die Gauchach-Schlucht eindringlich gutes Schuhwerk.

Für Radfahrer ist ein Teil des Wegs, die Gauchach-Schlucht, nicht geeignet.

Länge:
23 Kilometer

Zeit:
6 Stunden

Informationen:
Verkehrsamt Stühlingen,
Telefon (0 77 44) 5 32 34

behauenen Steinen ist die Oberfläche zusammengefügt. Er muss als Verbindung zu den Mühlen gedient haben.

Beim Zusammenfluss von Gauchach und Wutach führt eine überdachte Holzbrücke über die Wutach. Wir treffen hier auf den Querweg Freiburg–Bodensee. Hier wenden wir uns nach links und folgen einem nur anfangs ansteigenden Weg, der uns bis zu der Sägerei bei den Gipsmühlen führt. Diese Stelle, an der eine der wenigen Brücken über die Wutach führt, ist auch unter dem Namen »Pilgerfurt« bekannt. Hier verlief einst die Schweizer Landstraße, die ihre historischen Wurzeln in einem römischen Heerweg hat. Wir überqueren die Straße und steigen weiter über die »Steig«, den historischen Verbindungsweg nach Ewattingen, hinauf. In 20 Minuten erreichen wir nach insgesamt drei Stunden und 7,5 Kilometern Ewattingen.

Wer gerne noch der Wutach weiter folgen möchte, dem sei als Station der Gasthof »Scheffellinde« mit Pension in Achdorf emp-

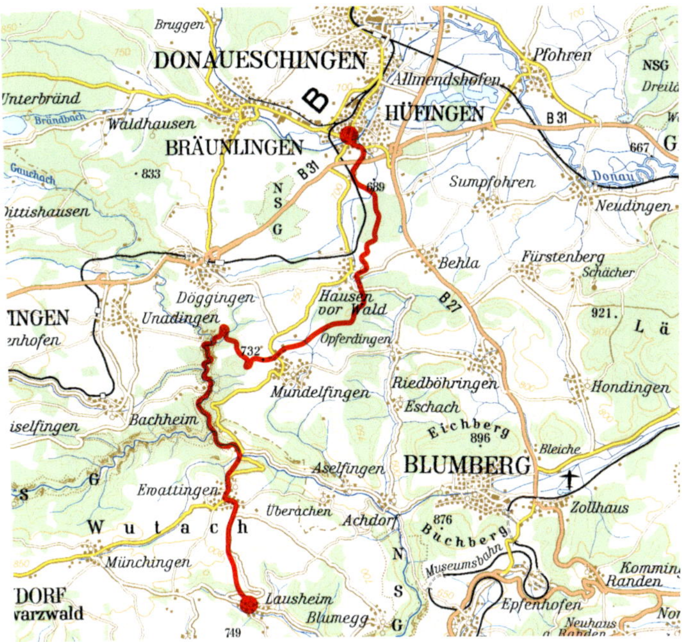

Die Wutachschlucht

Die Wutachschlucht ist ein Naturschutzgebiet, welches sich aus einer tief eingegrabenen Hauptschlucht und einigen Zuflüssen zusammensetzt. Die wilde Schönheit der Natur sowie die artenreiche Tier- und Pflanzenwelt machen dieses Gebiet zu einer einzigartigen Naturerscheinung und die Wanderung zu einem besonderen Erlebnis.

Die Wutach hat in geologisch jüngster Zeit ihren Lauf grundlegend geändert. Aus einem Nebenfluss der Donau wurde ein Zufluss des Rheins. Am Ende der letzten Eiszeit erstreckten sich Gletscher von den Hochlagen des Südschwarzwaldes bis hinab in die umliegenden Täler. Erst vor etwa 20 000 Jahren durchbrach ein Zufluss der Donau vom Feldberg her einen schmalen Talrand, strömte in das Bachbett der damaligen Wutach und floss dann über den Rhein ab. So ist der nach Süden abknickende Verlauf der Wutach entstanden.

Durch die gewaltigen Wassermassen aus den abschmelzenden Gletschern wurde das Bett der Wutach tief ausgeräumt und bildete so eine tiefe und lange Schlucht mit teilweise senkrechten Felswänden.

Die Wälder auf den steilen, felsigen Hängen gehören zu den artenreichsten Süddeutschlands. Am häufigsten kommen Berg- und Spitzahorn, Sommerlinde und Bergulme vor. Durch den lichten Wald gelangt viel Sonne auf den Waldgrund, sodass an diesen Stellen Wärme liebende Pflanzen wachsen können: Mehlbeeren, blutroter Storchschnabel, Ochsenzunge und vieles andere mehr. Im Frühjahr sieht man eine große Zahl von Märzenbechern, Bärlauch, Lerchensporn und gelben Anemonen. Im Sommer finden sich zahllose Stauden wie das Silberblatt, das im Frühjahr lila blüht und dessen Schoten im Herbst silbern schimmern. Auch das Christophskraut, der Waldgeißbart und viele andere Pflanzen sind hier heimisch. Moose und Flechten überziehen die Stämme und das Geäst alter Bäume. In den Auen wächst die Pestwurz; sie ist eine der auffälligsten Pflanzen in der Schlucht. Sie breitet sich in großer Zahl über die Flusslandschaft aus. Im Sommer nach der Blüte entfaltet sie ihre breiten Blätter.

Auch für viele Vögel ist die Wutachschlucht wichtiger Lebensraum geworden. Dort leben der Schwarzspecht, die Hohltaube, der rote und schwarze Milan und in den Felswänden der Schluchten brüten die Kolkraben. Den blau gefiederten Eisvogel kann man hier gelegentlich mit den Blicken erhaschen, wenn er pfeilschnell über die Wasseroberfläche schießt und sich kopfüber in die Fluten stürzt. Seine Jungen zieht er in selbstgegrabenen Erdhöhlen am Ufer auf. Die Wasseramsel, die hier sehr häufig vorkommt, jagt ebenfalls unter Wasser.

In der Auenlandschaft finden sich auch viele Kleinlebewesen. Amphibien wie Feuersalamander und Erdkröten, aber auch Schnecken, Käfer, Libellen und Köcherfliegen tummeln sich an verschiedenen Standorten.

fohlen. Dazu folgt man dem Querweg Freiburg – Bodensee noch eine Stunde weiter wutachabwärts. Die »Scheffellinde« befindet sich schon seit 450 Jahren im Familienbesitz; sie erhielt ihren Namen nach dem Dichter Joseph Victor von Scheffel (1826 bis 1886). Von Achdorf aus findet man bei Stühlingen wieder Anschluss an den Pilgerweg.

Der Jakobsweg trifft nach dem Anstieg auf die Hauptstraße von Ewattingen. Das Gasthaus zur Burg (1876) liegt ein Stückchen weiter auf der rechten Seite. An der ersten großen Kreuzung führt der Weg nach links in Richtung Rathaus. Von dort geht es durch den Ort über das Gewann »Löbern« auf den Gemeindeverbindungsweg nach Lausheim. Leider ist es unumgänglich, etwa einen Kilometer lang den Gemeindeverbindungsweg zu benutzen. Er ist aber kaum frequentiert. Auf dem ausgebauten Weg erreichen wir nach insgesamt 2,5 Kilometern und 30 Minuten Lausheim.

In Lausheim übten die Grafen von Nellenburg lange Zeit das Vogteirecht aus, später ging der Ort an die Herren von Blumegg über.

Kapelle auf dem Kalvarienberg bei Stühlingen

über. Graf Eberhard von Nellenburg, Gründer der Stadt Schaffhausen und des Benediktinerklosters Allerheiligen, war es, der mit seiner Gemahlin Ita 1072 nach Santiago de Compostela gereist war.

Die Nikolauskirche weist im Innern eine sehr farbenfrohe Bemalung auf. Die Fresken, die bei den Renovierungsarbeiten im Jahr 1968 freigelegt wurden, zeigen Szenen aus dem Leben des heiligen Nikolaus und lassen sich auf das 15. Jahrhundert datieren. Es soll sogar, so berichtet die Überlieferung, früher einmal ein Messgewand des Heiligen in der Kirche aufbewahrt worden sein. Hier laden die Gaststätten »Kranz« und »Hirschen« zur Einkehr ein.

Sechzehnte Etappe: Stühlingen-Lausheim – Stühlingen

In Lausheim führt die Hinter-der-Burg-Straße auf die Abt-Meister-Straße. Wir folgen dem Wanderzeichen »Roter Kreis« (ab 2006 gelbe Raute), schlagen einen Bogen um das Bannholz, steigen den Gelstieg hinunter und erreichen nach sieben Kilometern und fast zwei Stunden Weizen. Über die Sonnenbergstraße kommen wir in den Ort. Wir gehen durch die Strickgasse, überqueren die Lembacher Straße und biegen in die Buchwaldstraße ein.

Weizen ist eine sehr alte Niederlassung, wie der Fund eines Kriegergrabes aus der Bronzezeit zeigt. Es wird 781 in Sankt Gallener Urkunden als »Wizia im Alpegauia« erwähnt. Ein gewisser Walter de Wizen, der 1107 genannt wird, gehört zu dem wenig in Erscheinung getretenen Dorfadel. Das Kloster Allerheiligen in Schaffhausen bekam 1350 von Bischof Ulrich von Konstanz das Patronatsrecht der Pfarrei Weizen verliehen. Das Recht zur Besetzung der Pfarrei wurde bis zur Aufhebung des Klosters 1521 ausgeübt. Die Pfarrkirche ist dem heiligen Konrad, einst Bischof von Konstanz, geweiht. Sie wurde 1838 nach einem Entwurf von Heinrich Hübsch (1795–1863) erbaut. Das Attribut des Heiligen ist ein Kelch, welcher auch im Wappen des Ortes dargestellt ist. An der ehemaligen Zehntscheuer ist noch ein runder Torbogen mit der Jahreszahl 1575 zu finden.

Zwei Gaststättennamen fallen dem erfahrenen Pilgerwanderer sofort ins Auge: »Zum Kreuz« und »Sternen«. Beide Bezeichnungen lassen sich gerade auf den Pilgerwegen in der Schweiz in großer Zahl belegen. Der »Sternen« ist geschlossen, aber der Besuch der Gaststätte »Zum Kreuz« lohnt sich. Vor allem, weil die freundliche und interessierte Frage nach dem Mahl nicht wie sonst üblich »War es recht?« oder »Hat es Ihnen geschmeckt?« lautet. »Sind Sie satt geworden?« hieß die Fragestellung, die doch für einen vom langen Wandern hungrigen Pilger eine deutlich größere Bedeutung hat.

Wegstrecke:
Stühlingen-Lausheim – Stühlingen-Weizen – Kalvarienberg – Stühlingen

Länge:
16 Kilometer

Zeit:
5 Stunden

Informationen:
Verkehrsamt Stühlingen,
Telefon (0 77 44) 5 32 34

Weizen ist auch Endbahnhof der 26 Kilometer langen Wutachtalbahn. Sie wurde 1887 bis 1890 von den Großherzoglichen Badischen Staatsbahnen erbaut. Inzwischen ist die Strecke reaktiviert, und an den Wochenenden von Mai bis Oktober fahren Dampfzüge durch das Wutachtal und über mehrere Viadukte.

Wir folgen anfangs dem Zeichen »gelbe Raute« (das uns ab 2005 bis zur Ziegelhütte nach Stühlingen begleiten wird) und erreichen nach 3,5 Kilometern den von Linden beschirmten Kalvarienberg.

Kalvarienberge sind dem Gedankengut des Spätmittelalters entsprungen, das sich mit Vorliebe dem Leiden Jesu widmete und die »Schädelstätte«, wo sich die Passion abspielte, gerne bildlich darstellte oder als Bauwerk nachahmte.

Die zu Schwaningen gehörende Kapelle auf dem Kalvarienberg ist der mündlichen Überlieferung nach von einem Seemann gestiftet worden und soll auch eine Station auf dem Pilgerweg nach Santiago de Compostela gewesen sein. Den ersten Hinweis auf die Stiftung und den Bau der Kapelle gibt ein vom Konstanzer Weihbischof Konrad Ferdinand Geist von Wildegg beurkundetes Schreiben von 1709. Darin ist verzeichnet, dass J. G. Widmer einige Jahre zuvor 100 Gulden zum Bau einer Kapelle bei Schwaningen gestiftet habe. Die über dem südlichen Kapellenfenster eingemeißelte Jahreszahl 1709 hält das Baujahr fest, doch ist zu vermuten, dass der jetzige Fenstersturz bereits vor der Erweiterung der Kapelle über der Eingangstür angebracht war.

Belegt ist, dass im Altar Reliquien der Heiligen Martin, Anna und Jakobus eingelassen sind. Urkunden von 1736, 1737 und 1738 bestätigen ihre Echtheit. Bei der letzten Renovierung wurde im Altar ein Buntsandsteinblock mit einer quadratischen Vertiefung gefunden. Darin eingepasst fand sich ein Glasbehälter mit einem Holzdeckel, worin sich vermutlich die Reliquien befinden.

Der mündlichen Überlieferung nach soll es auf dem Kalvarienberg eine Vorläuferkapelle aus dem

Reliquienverehrung

Einst stand für die »reliquiae«, wörtlich mit »Überbleibsel« übersetzt, die geistige Hinterlassenschaft eines Menschen. In der Frühzeit des Christentums war eine Reliquienverehrung nicht üblich, da die Herausnahme der Gebeine als Störung der Totenruhe angesehen wurde. Ab dem 4. Jahrhundert änderte sich diese Praxis: Die geschlossenen Reliquienschreine und Särge wurden geöffnet und die Gebeine der Heiligen zum Teil durch solche aus Glas ersetzt. Dadurch entwickelte sich auch eine Schau- und Berührfrömmigkeit, weil man der Ansicht war, dass durch das Berühren der Reliquien eine Übertragung der innewohnenden Kräfte stattfinden würde. Nach und nach setzte ein reger Handel zum einen mit Reliquien, zum anderen mit Objekten, die mit diesen Reliquien in Berührung gekommen waren, ein. So legte die Kirche damals fest, dass selbst im kleinsten Teil einer Reliquie die helfende Kraft des Heiligen innewohne.

12. oder 13. Jahrhundert gegeben haben. Autoren des 19. Jahrhunderts haben dies ohne Angabe von Belegen oder Urkunden aufgegriffen. In Karten von 1513 und 1684 ist die Kalvarienbergkapelle jedoch nicht verzeichnet. Zu dieser Kapelle wurde auch ein Weg mit 16 Stationen aus Stein mit dem Leiden Christi gestiftet. Er verläuft auf dem Verbindungsweg von Schwaningen zur Kapelle.

1732 baute Christian Widmer aus Schwaningen ein Mesnerhaus neben die Kapelle. Aber schon 1740 wurde der einfache Holzbau erweitert. Bis 1776 wurde der gegenüberliegende Hof von der Familie Widmann und danach bis heute von der Familie Büche bewirtschaftet, die auch immer den Mesner gestellt hat. Als Dokument dieser Tradition ist auf dem Hof ein altes Brett mit den Initialen M W (Widmer) und den Jahreszahlen 1709 und 1740 erhalten geblieben. Als Besoldung erhält der Mesner heute wie früher die Nutzung eines etwa 150 Ar großen Grundstücks.

Wir folgen kurz dem »blauen Rhombus« die »Stieg« hinunter. Rechts unten im Tal liegt der Weilerhof (siehe Seite 94). Durch das Weilertal und über die Rappenhalde erreichen wir nach fünf Kilometern und etwa einer Stunde Stühlingen.

Der Ort wurde urkundlich erstmals im Jahre 1093 erwähnt. Im Oberdorf wurde 1848 ein Mosaikboden ausgehoben, der von der Anwesenheit der Römer zeugt. Die Alemannen vertrieben später die Römer und ließen sich in der Talsohle nieder. Die Geschichte der Stadt Stühlingen ist eng verbunden mit der des Ritterschlosses zu Stühlingen, später Hohenlupfen genannt. Ein Teil des Ortes verdankt seine Entstehung dem Schloss, das die Ansiedlung von Handwerkern begünstigt hat. Maximilian von Papenheim ließ in den Jahren 1619 bis 1623 Teile der Burg niederreißen und das Schloss in seiner heutigen Gestalt wieder aufbauen.

Einen Besuch wert ist die Pfarrkirche Heilig-Kreuz, die 1785 von Franz Josef Salzmann aus Donaueschingen – einem bedeutenden Baumeister des Frühklassizismus – entworfen und durch Franz Xaver Fritschi errichtet wurde.

Zeit nehmen sollte man sich für das Kapuzinerkloster. Landgraf Maximilian Franz zu Fürstenberg war auf einer Italienreise schwer erkrankt und versprach, der Jungfrau von Loretto eine Kapelle zu errichten, wenn er gesund in die Heimat zurückkehren würde. Dieses Gelübde erfüllte er zuerst in Haslach im Kinzigtal, später in Stühlingen. Der Auftrag zum Bau wurde am 29. Dezember 1679 erteilt, der Grundstein am 8. April 1680 durch den Abt von Sankt Blasien gelegt. Um der im »Balbachschen Garten« erbauten Lorettokapelle den Besuch der Gläubigen zu sichern, genehmigte Papst Innozenz XII. im Jahr 1693 eine fromme Bruderschaft der Ewigen Anbetung und stattete sie mit zahlreichen Ablässen aus.

So nahm die Stühlinger Wallfahrt nach den Wirren und Zerstörungen des Dreißigjährigen Krieges ihren Anfang. Die Kapuziner, die schon längere Zeit vom Kloster in Engen aus seelsorgerisch tätig waren, baten den Landgrafen Maximilian Franz um die Genehmigung, sich in Stühlingen niederlassen und die Betreuung der Wallfahrt übernehmen zu dürfen. Schon kurze Zeit

Kreuz bei Stühlingen

später, am 1. Juli 1738 begann man, eine neue Wallfahrtskirche zu bauen und die Lorettokapelle in den Bau einzugliedern.

Der Baustil der Kapuziner ist – auch im Barock – geprägt durch ihre Armutstradition. Dies bedeutete, dass vor allen Dingen ortsübliche Materialien zum Bau verwendet wurden. Vorherrschend sind die naturfarbenen Holzarbeiten, die dem ganzen Raum einen warmen Charakter verleihen. Die Innenarbeiten führte der Schreiner Hans Michael Hofacker aus. Die ursprüngliche Lorettokapelle zeigt sich im Gegensatz zur übrigen Innengestaltung der Kirche sehr üppig mit kostbarem Schmuck, meist in Goldfassung. Ein Eisengitter bildet die Trennung zwischen der Kapelle und der neuerbauten Kirche. Das Fürstenbergische Wappen auf dem Gitter deutet auf die vom Haus Fürstenberg ausgehende Gründung hin. Die Ausmalung der Fresken erfolgte durch Johann Nikolaus Spiegel (1706–1759).

Rechts sieht man die sitzende Mutter Gottes mit ihrem Kind. Der auffliegende Storch ist Sinnbild für Tugend und Gerechtigkeit. Weitere Gestalten gruppieren sich um die sitzende Madonna. Jakobus hält schützend die Hand über Ludwig IX. von Frankreich, von dem berichtet wird, dass er 1251 nach einem missglückten Kreuzzug und der Gefangenschaft das Geburtshaus in Nazareth besuchte und sein Bild dort anbringen ließ.

Das Kloster wurde 1802 aufgehoben, der letzte Kapuziner, Pater Marx Jacob Rehm von Amtenhausen, starb am 10. April 1831. Nach der Versteigerung sämtlichen Inventars standen Kirche und Klostergebäude zunächst leer. Nach Jahren unterschiedlicher Nutzung erwarben die Kapuziner 1927 wieder Kloster und Kirche. Heute finden wieder wöchentlich Wallfahrtsgottesdienste, an Feiertagen auch Festgottesdienste statt. Außerdem wird das Kloster heute als Einkehrhaus genutzt. Interessierte können eine Woche oder auch längere Zeit dort mitleben.

Eine weitere Wallfahrt der Menschen in und um Stühlingen galt der Weilerhofkapelle des heiligen Antonius im Weilertal. Erwähnt wurde sie schon 1360 in einer rheinauischen Urkunde. Antonius wurde in Ägypten als Sohn reicher christlicher Eltern geboren. Mit zwanzig Jahren übernahm er nach dem Tod der Eltern die Verwaltung der Familiengüter und kümmerte sich um die Erziehung seiner jüngeren Schwester. Dann aber verkaufte er alles, was er hatte und gab das

Der verschollene Pilgerweg

In einer 1975 erschienenen Novelle »Die Sichel« der Schriftstellerin Ruth Blum wird der verschollene Pilgerweg literarisch verarbeitet:

»Es ist ungefähr achtzig Jahre her«, begann Gertrud, »als in meiner Heimat das Korn zum letzten Mal mit der Sichel geschnitten wurde. Die letzten Schwabenschnitterinnen kamen damals über die Grenze und verdingten sich bei den reichen Bauern im Tal. Unter ihnen befand sich meine Urgroßmutter. Sie hieß Gertrud wie ich und war sehr arm, aber schön und fromm. Die Leute, denen sie sich angeschlossen hatte, zogen über einen uralten Pilgerweg, den die katholischen Schwarzwälder benützten, wenn sie nach Einsiedeln wallfahrteten. Nach Schilderungen der Urgroßmutter, die ich als Mädchen noch oft besucht habe – sie wurde fünfundneunzig Jahre alt –, war dieser Pilgerweg nichts anderes als ein schmaler Feldweg, an welchem sich in regelmäßigen Abständen schlichte Holzkreuze erhoben. Und kurz vor der Grenze musste noch ein so genannter Ölberg überstiegen werden, ein steiler Hügel, der besäumt war mit den vierzehn Leidensstationen. Zuoberst stand ein Marienkirchlein. Vor Kreuzen und Bilderstöcken beteten die Pilger den Rosenkranz, und die Schnitter und Schnitterinnen sangen ein altes Schnitterlied ...«

Natürlich wird in Ruth Blums Novelle »Die Sichel« dieser Pilgerweg ausfindig gemacht und ein Abschreiten beschrieben. Doch die Dichterin lässt das Geheimnis um den Weg bestehen, denn die beiden Wanderer aus ihrer Novelle kommen vom Weg ab, verirren sich und finden nur mit Mühe zurück.

Geld den Armen. Er verzichtete auf Reichtum, Privilegien und Sicherheit und lebte als Einsiedler abgeschieden und in Armut.

Die Schweine, mit denen er dargestellt wird, stehen für seine berühmten Versuchungen. So erschien ihm der Teufel in Gestalt einer oder mehrerer schöner Frauen. In anderen Fällen wurde er mit

Krallen, Zähnen und Hörnern verwundet, zu Boden geschlagen, an den Haaren gerissen und, während seine Zelle in Flammen aufging, schließlich in die Lüfte gehoben und von allen Seiten bedrohlich angegriffen.

Alljährlich, bis zur Aufhebung der Kapelle im Jahre 1834, zogen die Wallfahrer von Schwaningen und Weizen zuerst zur Lorettokapelle in Stühlingen und anschließend zu der schlichten Wallfahrtsstätte im Weilertal.

Siebzehnte Etappe: Stühlingen – Klettgau-Bühl

Von der Hauptstraße im Zentrum von Stühlingen setzt sich der Weg nach links in den Raingarten, dann über die Hallauer Straße fort. Auf der anderen Seite der B 314 führt der Jakobsweg an der Ziegelhütte vorbei und biegt nach links ab und überschreitet die schweizerische Grenze. Bei den hinteren Berghöf biegt der Pilgerweg nach rechts in Richtung Südwesten ab. Wir passieren die Hallauer Berghöf und erreichen nach 13 Kilometern und etwa drei Stunden Trasadingen (Schweiz).

Wegstrecke:
Stühlingen – Trasadingen (Schweiz) – Appollonia-Kapelle – Klettgau-Bühl

Länge:
23 Kilometer

Zeit:
6 Stunden

Informationen:
Verkehrsamt Stühlingen, Telefon (0 77 44) 5 32 34; Gemeinde Dettighofen, Telefon (0 77 42) 9 20 70

Die Landschaft des Klettgaus, südlich des Randen gelegen, ist geprägt durch ein fruchtbares, flaches Tal, welches vor über 50 000 Jahren durch den Urrhein geformt wurde.

Kurz vor Trasadingen führt der Pilgerweg am Bauernhof der Familie Gysel vorbei. Hier kann der Wanderer – ähnlich den mittelalterlichen Pilgern – im Stroh übernachten. Am nächsten Morgen wird er aber nicht mit einer Brotsuppe abgespeist, sondern erhält ein ordentliches Frühstück, und eine Dusche steht ebenfalls zur Verfügung. (Werner Gysel (junior), Berghaus 208, CH-8217 Wilchingen, Telefon (00 41) (0) 5 26 81 28 71 (Voranmeldung erwünscht); Internet-Adresse: www.farmer.ch)

Wir folgen dem markierten Wanderweg, biegen aber in Richtung Kirche nach links ab. Der Weg führt zur Bahnstation, knickt nach links ab und folgt ein kurzes Stück den Gleisen. Nach 200 Metern geht es rechts ab bis zum Ortsanfang von Osterfingen. Nach der Abzweigung nach rechts in Richtung des Wangentals verlassen wir nach einem kurzem Aufstieg schweizerisches Territorium und erreichen nach 7,5 Kilometern und eineinhalb Stunden die Apollonia-Kapelle von Baltersweil.

Die Anwesenheit zahlloser Pilger hat sich hier in dem Flurnamen »Pilgerhag« niedergeschlagen. Der älteste Hinweis auf Pilger und Wallfahrer, die sich der Apollonia-Kapelle als Raststätte bedienten, stammt aus der Zeit des Waldshuter Krieges von 1468.

Die Inschrift an der Kapelle lautet: »Ihr Vorbeigeher und Schauer, sagt mir, wer ist Fürst, Bettelmann oder Bauer?« Im Tode werden sie alle gleich sein. In früheren Zeiten ein gutes Mittel, Ungleichheiten im Leben nicht zu hinterfragen. Derselbe Text findet sich auch an der Jakobskapelle in Ühlingen.

An heißen Tagen lässt es sich angenehm unter der großen und sehr alten Linde rasten, die bei der Kapelle steht. Nach Süden öffnet sich an klaren Tagen ein weiter Blick über die

Die heilige Apollonia

Der Namenstag der heiligen Apollonia ist der 9. Februar. Die Legende nennt sie »eine betagte christliche Jungfrau«, die 249 in Alexandria den Märtyrertod erlitt. Den Berichten nach wurde Apollonia bei Ausschreitungen von der aufgehetzten Menge zusammen mit anderen Christen verschleppt. Es wurden Häuser geplündert, Wertsachen gestohlen, Möbel flogen auf die Straße. Ihr wurden während ihres Martyriums die Zähne ausgeschlagen und die Kinnlade zertrümmert. Man drohte ihr mit Verbrennung auf dem Scheiterhaufen und verlangte, dass sie dem Glauben abschwöre. Sie aber soll sich laut betend freiwillig in die Flammen gestürzt haben. Die Frage, ob diese Tat als Martyrium oder als Selbstmord zu werten sei, beschäftigte die damals noch junge Kirche sehr lange.

Seit dem 14. Jahrhundert wird die Heilige häufig mit Palmzweig, Buch und Zange, die einen Zahn hält, dargestellt. Unter ihren Füßen lodert ein Feuer. Sie wird bei Zahnleiden angerufen und gilt als Schutzpatronin der Zahnärzte. Eine Bauernregel lautet: »Ist's an Apollonia feucht, der Winter sehr spät entfleucht.«

Hügellandschaft der Schweiz. Der Rhein hat sich so tief eingegraben, dass er noch nicht zu sehen ist.

Mit großer Wahrscheinlichkeit sind in den letzten 350 Jahren Wallfahrer von hier aus über Rafz und Eglisau nach Einsiedeln gezogen. Mehrere Hinweise auf andere Routen deuten darauf hin. So wird südlich von Eberfingen am Scherrersgraben ein Flurstück »Am Einsiedler Weg« bezeichnet.

Die Reformation, mit der eine Ablehnung der Pilger- und Wallfahrten einherging, hat dafür gesorgt, dass die Jakobspilger im 16. Jahrhundert rar geworden sind. So ist zu vermuten, dass sämtliche Spuren der Jakobspilger, die nicht über Einsiedeln, sondern auf kürzerem und teilweise bequemerem Wege über Basel gezogen sind, verdeckt wurden.

Da für Einsiedeln schon drei Zugangswege existierten, wurde in Abstimmung mit Archivaren und Historikern entschieden, diesen Weg nun in Richtung Waldshut weiterzuführen. Der Streckenabschnitt nach Basel bietet gleichwohl einige bedeutende Heiligtümer, die von Pilgern als Etappenziel angenommen wurden. Gleichfalls sind Pilgerberichte aus dieser Region erhalten.

Schon vor der Apollonia-Kapelle biegt der Weg nach rechts ab, und wir folgen dem Wanderzeichen »Roter Rhombus« des Schwarzwaldvereins über Vordereichberg und erreichen nach drei Kilometern und einer Dreiviertelstunde Bühl. Schon 1275 als Bule erwähnt, gehörte Bühl einst den Herren von Balm, seit 1514 war der Ort im Besitz der Landgrafschaft Klettgau. Das Pfarrhaus stammt aus dem Jahre 1510 (Jahreszahl im Türsturz) und wird von einem schönen Garten mit Maueranlage umgeben. Imposant ruht die Notburga-Kirche auf einer Anhöhe. Im Innenraum rechts steht der von Josef Auer (1718) gestaltete Notburga-Altar (siehe auch den Kasten auf Seite 101). Außerdem ist ein Altarbild des Konstanzer Hofmalers Jakob Karl Stauder zu sehen.

Achtzehnte Etappe: Klettgau-Bühl – Waldshut

Wieder auf dem Pilgerweg folgen wir weiterhin dem roten Rhombus und gelangen auf den Küssabergweg, der uns bis vor die Tore der Stadt Waldshut begleiten wird. Nach zwölf Kilometern und beinahe drei Stunden Fußmarsch erreichen wir Bechtersbohl.

Nördlich, am Fuße des Anstiegs nach Bechtersbohl hinauf, wurden bei Ausgrabungen Fundamente aus der Römerzeit entdeckt. Dies lässt vermuten, dass die römische Landstraße

Wegstrecke:
Klettgau-Bühl – Küssaberg-Bechtersbohl – Waldshut

Länge:
25 Kilometer

Zeit:
6 Stunden

Informationen:
Tourist-Information Waldshut, Telefon (0 77 51) 83 32 00

hier entlang zum Rhein in Richtung Rheinheim führte. Schon damals existierte dort ein Übergang nach Zurzach. Bei Niedrigwasser sollen noch Fundamente im Wasser zu sehen sein. Am Eingangsportal des dortigen Gasthauses Engel befindet sich ein schön behauener Schlussstein mit Engelsköpfchen und der Jahreszahl 1761. Darüber ist eine steinerne Muschel angebracht. Es wird angenommen, dass es sich beim Gasthaus Engel und vielleicht auch bei dem Haus Hug um frühere Pilgerherbergen handelt.

Der Weg führt weiter auf dem landschaftlich sehr reizvollen Küssabergweg. Am Ende dieses Wegstücks muss die Wutach überquert werden. Am Bahndamm wendet sich der Weg nach links und nach 13 Kilometern und drei Stunden sind wir an unserem Zielort Waldshut angelangt. Hier enden die Markierungen des Jakobswegs. (Eine Kennzeichnung der Wege wird vermutlich in den nächsten Jahren fortgesetzt.) Wanderern wird empfohlen, die Wege des Schwarzwaldvereins zu benutzen, um über Basel weiter auf einem der folgenden Pilgerwege zu wandern und noch die eine oder andere Spur des Jakobskults zu entdecken.

In Waldshut wird der Wanderer auf der Brücke vor dem Stadttor von Sankt Rochus begrüßt.

In Waldshut bestand einst eine Jakobusbruderschaft der Schuhmacher. Sie war eine Gebets- und Totengedenkbruder-

Die heilige Notburga

Die heilige Notburga ist der Legende nach eine Königstochter aus Schottland, geboren 796, jung verheiratet mit dem Herzog Alboin. Die Überlieferung berichtet, dass Notburga nach der Ermordung ihres Gemahls fliehen musste. Sie kam schwanger, von einer Magd begleitet, an den Oberrhein, zunächst nach Säckingen zum Grab des heiligen Fridolin und nach Bühl im Klettgau. Dort gebar sie am 24. Juni 820 neun Kinder. Acht blieben am Leben, eines war tot. Sie wollte ihre Kinder kurz nach der Geburt taufen, es war aber kein Wasser da. Sie gab der Magd einen Stab und befahl ihr, damit an den Felsen zu schlagen, und sogleich entsprang daraus eine klare Quelle. Diese Quelle wurde später berühmt und häufig besucht, aber von den Bewohnern Bühls verunreinigt. Notburga hatte genug von den Querelen und dem Neid und »entrückte« die Quelle in das nahe Wäldchen an den Fuß des Eichberges, wo dieses Notburgabrünnlein tatsächlich noch heute fließt.

Notburga widmete sich der Erziehung ihrer Kinder und der einheimischen Jugend und der Bekehrung des Volkes. Dabei wurde sie vom Kloster Rheinau unterstützt. Sie baute eine Schule, eine Fremdenherberge und eine Kapelle, die 832 vom Konstanzer Bischof eingeweiht wurde. Sie starb am 26. Januar 840. Bald nach ihrem Tod wurden Wallfahrten nach Bühl abgehalten. Durch ihre Gebete erhofften sich die Pilger Hilfe bei Trockenheit, bei Schwangerschaft und eine glückliche Entbindung ohne Schmerzen – besonders bei Mehrlingsgeburten.

Notburga gehörte zu der beträchtlichen Schar iroschottischer Persönlichkeiten der frühchristlichen Zeit, die vom 6. Jahrhundert an nach Mitteleuropa gewandert sind, um den christlichen Glauben zu verbreiten. Es wird vermutet, dass die Notburga-Legende aus der Umdeutung der Legende um eine heidnische Fruchtbarkeitsgöttin entstanden ist.

Der heilige Rochus

Der heilige Rochus gilt als Helfer gegen die Pest, die Cholera und andere Seuchen. Sankt Rochus wurde in Montpellier im 13. Jahrhundert geboren. Der Legende nach verschenkte er sein ganzes Vermögen an Arme und begab sich auf eine Pilgerfahrt nach Rom. Schon während seiner Reise pflegte er Pestkranke, erkrankte selbst und wurde im Spital nicht geduldet. Er zog sich in eine Hütte im nahen Wald zurück. Dort erschien ihm ein Engel, der ihn pflegte. Der Hund eines benachbarten Edelmanns versorgte ihn mit Brot. Von der Krankheit genesen, beschloss er, heimzukehren. In der Heimat aber wurde er für einen Spion gehalten und ins Gefängnis geworfen, in dem er bis zu seinem Tode blieb. Erst danach wurde er an einem Muttermal wiedererkannt.

Seit der ersten Hälfte des 15. Jahrhunderts taucht Rochus als Fürbitter vor allem gegen die Pest auf. Er wird aber auch gegen alle anderen Seuchen angerufen. Oftmals wurden Spitäler nach ihm benannt. Darstellungen zeigen ihn in Pilgertracht mit Hut, Stab und Flasche und Jakobsmuscheln auf seinem Mantel. Seine Pestwunde auf dem Oberschenkel wird durch den zurückgeschlagenen Rock sichtbar. Er selbst war aber nie am Grab von Jakobus in Santiago de Compostela.

schaft. In den Statuten von 1513 ist vermerkt, dass die »Aufseher« am Johannestag und an Weihnachten gewählt wurden. Crispin (Krispinus) und Crispinian (Krispinianus) sind Schutzpatrone der Schuster. Bei diesen Patronen handelte es sich um ein vornehmes Brüderpaar, das als Christen verfolgt wurde. Sie fertigten unentgeltlich Schuhe für die Armen und konnten viele zum Glauben bekehren. Sie mussten bis zu ihrem gewaltsamen Tod eine Reihe von Martyrien erdulden. Ihre Reliquien kamen schon im 9. Jahrhundert in den Dom zu Osnabrück. Der Versammlungssaal der Schuhmacher selbst wurde mit einer Statue des heiligen Georg geschmückt.

»Ich streich das Geld in meinen Hut, die Stadt soll heißen Waldeshut.« Mit diesem Spruch half der Legende zufolge ein schlaues Bäuerlein aus dem Hotzenwald den Stadtvätern aus der Verlegenheit, der Stadt einen Namen geben zu müssen, und bekam dafür die ausgesetzte Belohnung von zehn Goldgulden.

Sankt Rochus im Pilgergewand mit Muscheln, Waldshut

Von Graf Albrecht von Habsburg Anfang des 13. Jahrhunderts gegründet, wurde Waldshut von seinem Sohn Rudolf, dem späteren deutschen König, zum Schutz der umliegenden Habsburger Besitztümer befestigt. Die Stadt entwickelte sich rasch und wurde Sitz des Waldvogts der oberen vorderösterreichischen Verwaltungsbehörde. – Im Jahr 1468 belagerten 16 000 Eidgenossen die Stadt. Nachdem die Stadt mit nur 800 Mann Besatzung sechs Wochen lang den Angreifern trotzte, wurde Friede geschlossen. Die Stadt und der Südschwarzwald entzogen sich damit dem Zugriff der Eidgenossen. In Erinnerung an das glückliche Ende der Belagerung 1468 wird alljährlich im August die Waldshuter Chilbi, das große Heimatfest, gefeiert.

Von Rothenburg ob der Tauber nach Schaffhausen in sechzehn Etappen

Gesamtstrecke:
366 Kilometer

Karten:
Topographische Karte 1 : 50 000 des Landesvermessungsamtes Baden-Württemberg, L8116, L8316

Die ersten vierzehn Etappen der Strecke (Rothenburg ob der Tauber–Hüfingen) sind auf den Seiten 27 bis 83 beschrieben. Der Weg nach Schaffhausen (mit dem Nahziel Einsiedeln) beginnt in Hüfingen und zweigt in Hausen vor Wald in Richtung Blumberg ab.

Fünfzehnte Etappe: Hüfingen – Blumberg

Die Routen-Verzweigung befindet sich am südlichen Ortsausgang von Hausen vor Wald. Nachdem wir links auf die schmale Landstraße eingebogen sind, müssen wir ihr eine Viertelstunde lang folgen, bis wir nach links in den Wald abzweigen können. Nach einer weiteren Viertelstunde betreten wir den Wendtweg und folgen ihm durch eine wunderschöne Landschaft, bis er sich mit dem Ostweg des Schwarzwaldvereins vereint. Der Wendtweg selbst setzt sich mit einem steilen Abstieg noch etwa 2,5 Kilometer bis Achdorf fort.

Wegstrecke:
Hüfingen – Hausen vor Wald – Schutzhütte Eichberg – Blumberg

Länge:
19 Kilometer

Zeit:
5 Stunden

Informationen:
Verkehrsamt Blumberg, Telefon (0 77 02) 5 12 03

Wir folgen jedoch dem Ostweg nach links, zuerst in Serpentinen den Berg hoch, dann 20 Meter auf einem Fahrweg weiter nach rechts und erreichen wenige Minuten später – nach insgesamt zehn Kilometern und zwei Stunden – die

Museumsbahn Wutachtal

Der Name ist merkwürdig, doch die »Sauschwänzlebahn« hat unter den Freunden historischer Dampfzüge einen besonderen Klang. Im gemächlichen Tempo geht es durch die wildromantische Wutachschlucht und das geologisch interessante Mühlbachtal. Großartige Viadukte, die idyllische Dörfer und Wildwasser überspannen, Brücken und viele Kehrschleifen finden sich hier. Die Bahnstrecke kringelt sich wie ein Sauschwänzle – daher der Name. Besondere Attraktion ist Deutschlands einziger Kreiskehrtunnel, in einer reizvollen Landschaft zwischen Buchberg und Randen nahe der Schweizer Grenze gelegen. Die Museumsbahnstrecke hat eine Länge von 25 Kilometern. Zu Zeiten der ehemals Großherzoglichen Badischen Staatsbahn erbaut, fuhren Tausende von Zügen auf dieser Strecke. Am 1. Mai 1976 legte die damalige Deutsche Bundesbahn diese Strecke still. Freunde historischer Dampfzüge, die jetzt wieder diese Strecke befahren, können sich auf eine unvergessliche Fahrt freuen.
Weitere Informationen zur Wutachtalbahn unter Telefon (0 77 02) 47 76 04 oder unter www.sauschwaenzlebahn.de

914 Meter hoch gelegene Schutzhütte Eichberg.

Richten wir den Blick nach Süden, breitet sich das ganze Land zu unseren Füßen aus. Deutlich erkennen wir den Verlauf der Wutach und den kleinen Ort Achdorf. Bänke, Tische und Feuerstelle laden zu einer Rast ein. Auch die Drachenflieger haben hier einen Startplatz angelegt. – Wir folgen dem Ostweg und finden nach einer halben

Stunde eine Abzweigung, die stark abfallend nach Blumberg führt. Nach vier Kilometern und einer Stunde Gehzeit stehen wir im Zentrum von Blumberg.

Das Städtchen zwischen Schwarzwald und Hegau hat vor allem wegen des Doggererzabbaus vor und während des Zweiten Weltkriegs ein ungewöhnliches Schicksal erfahren. Beinahe über Nacht verwandelten die Nationalsozialisten das verträumte Bauerndorf in eine Bergbaustadt. Menschen wurden angesiedelt, Häuser reihenweise hochgezogen, Straßen gebaut. Die Nationalsozialisten benötigten das Bohnerz für die Rüstung. Im April 1942 wurde das Erzbergwerk wieder geschlossen, was die Menschen, die aus vielen Teilen Deutschlands, Polens und Italiens angeworben oder abkommandiert worden waren, in große Not brachte.

Zu den ältesten Siedlungen der Umgebung gehört der Steppacher Hof. Blumberg ist eher eine Niederlassung, die eng mit der Burg der Herren von Blumberg verbunden und nicht als Handelszentrum in Erscheinung getreten war. Deshalb lassen sich hier auch keine Spuren der Jakobspilger auf dem Weg nach Schaffhausen finden.

Sechzehnte Etappe: Blumberg – Schaffhausen

Unser Weg führt zunächst entlang der Hauptstraße und biegt kurz nach dem Rathaus links in die Friedhofstraße ein. Inzwischen sind wir auf den Europawanderweg E 1 mit dem Zeichen eines roten Rhombus auf weißer oder gelber Fläche gelangt und bleiben auf ihm bis kurz vor Randen. Noch vor den ersten Häusern nehmen wir die Abzweigung nach rechts, folgen kurze Zeit der Bundesstraße, um auf der Höhe nochmals nach rechts abzubiegen. Nach zehn Kilometern und zwei Stunden kommen wir zum

Wegstrecke:
Blumberg – Europawanderweg E1 – Klausenhof – Schaffhausen

Länge:
28 Kilometer

Zeit:
7 Stunden

Informationen:
Tourismus Schaffhausen, Telefon (00 41) (0) 5 26 25 51 41

Klausenhof. Wir folgen dem Zeichen des roten Rhombus und treffen den Ostweg wieder, auf dem wir in südwestlicher Richtung weiter wandern. So erreichen wir nach 14 Kilometern und drei Stunden unsere letzte Station: Schaffhausen.

1049 gründete Graf Eberhard von Nellenburg die Stadt und das dortige Benediktinerkloster Allerheiligen. Mit seiner Frau Ita unternahm er eine Pilgerfahrt nach Santiago de Compostela. 1072 trat Eberhard in das eigene Kloster ein, wo er 1078 starb.

Im Jahr 1080 gründeten Ita von Nellenburg und ihr Sohn Burkhard das Frauenkloster St. Agnes in Schaffhausen. Jakobus ist dort Altar-Kompatron.

Schaffhausen ist eine architektonisch bemerkenswerte Stadt. Besondere Beachtung sollten Sie der Außengestaltung der Häuser schenken, die häufig mit Erkern und farbenfrohen Fresken verziert sind. Die zwischen 1568 und 1570 fertig gestellten Fresken auf dem Haus »Zum Ritter« gelten als die bedeutendsten Renaissancefresken nördlich der Alpen. Sie stellen verschiedene Themen dar. Heute sieht man jedoch nur noch eine Nachbildung auf dem Haus. Das Original befindet sich im nahe gelegenen »Museum zu Allerheiligen«.

Einen Besuch wert sind die Sammlungen des Klosters Allerheiligen und die oberhalb der Stadt liegende Festung Munot aus dem 16. Jahrhundert. Die bekannteste Sehenswürdigkeit befindet sich außerhalb der Stadt: der Rheinfall von Schaffhausen – der größte Wasserfall Mitteleuropas.

Der Pilgerweg setzt sich von Schaffhausen in südöstlicher Richtung fort und erreicht nach etwa vier Tagesetappen Einsiedeln.

Blick auf Einsiedeln

Der Kinzigtäler Jakobsweg

Von Rottenburg am Neckar bis Straßburg in neun Etappen

Der Schwarzwald stellte für die Menschen des späteren Mittelalters ein erhebliches Hindernis dar. Dichte Wälder, tiefe Schluchten, reißende Bäche und nicht zuletzt steile Aufstiege erschwerten das Vorwärtskommen erheblich. Was für einen Jakobspilger noch machbar war, zwang dem Händler, der Wirtschaftsgüter mit sich führte, eine Menge Schweiß ab. Daher wurden die Bäche und Flüsse mit ihren Wassermassen als wichtige Verkehrswege genutzt.

Gesamtstrecke: Rottenburg am Neckar bis Straßburg: 183 Kilometer

Karten: Wanderkarten des Landesvermessungsamtes/Topographische Karten: L7518 und Karten des Schwarzwaldvereins, Blatt 4 und 5. Die Markierungen bestehen aus der gelben oder orangen Muschel auf weißem Grund.

Die 95 Kilometer lange Kinzig entspringt südlich von Freudenstadt im Schwarzwald und mündet unterhalb von Kehl in den Rhein. Sie entwässert den mittleren Schwarzwald. Die größte Tallandschaft des Schwarzwalds diente schon den Römern als wichtige Verkehrsachse. Jahrhundertelang wurden schwere Baumstämme auf den Wasserwegen bis nach Holland geflößt. Heute noch sind in den Seitentälern Reste der Stauanlagen erkennbar. Nach dem Öffnen der Stauwehre konnten die plötzlich abfließenden Wassermassen die Stämme mitreißen. Nachdem die Konkurrenz von Eisenbahnen und Schwerlasttransportern zu groß geworden war, musste die Flößerei aufgegeben werden.

Schon immer haben sich Menschen gern dort niedergelassen, wo es Wasser und Wege gab. Doch das ist nicht allein der Grund,

»Da du Sankt Jakob mögest mit Andacht finden«

Nach dem Pilgerführer des Hermann Küng von Vach von 1495 galt es für den Pilger, Folgendes zu beherzigen:

»Zu dem ersten wenn du willst losgehen,
so sollst du Gott um seine Hilfe bitten
Danach Maria aller Gnaden Schrein
Dass sie dir wollen fröhlich helfen dahin
Da du St. Jakob mögest mit Andacht finden
Maria mit dem lieben Kinde
Römische Gnade und Ablass zu verdienen
Dass du mögest behütet werden vor der Hölle Pein
Darum sollst du es fröhlich anfangen und erst zu den Einsideln gehen.
Da findest du römische Gnade über alle Maßen
Da kommst du dann auf die obere Straß
Darauf findest du viel Heiliger Stätten
Danach manchem Bruder das Herz übergeht.«

warum im Kinzigtal im Lauf der Jahrhunderte zahlreiche Städte entstanden sind. Der Reichtum an Holz und Bodenschätzen zog die Menschen an, und die Wasserkraft lieferte die nötige Energie – etwa für Sägewerke.

Neben dem Kinzigtal bietet sich für die Durchquerung des Schwarzwalds das Höllental an, das nach Freiburg führt. Beide Wege wurden vermutlich gerne von Jakobspilgern benutzt, die sich die vorhandene Infrastruktur zugute kommen ließen. In der Rheinebene boten sich die links- und rechtsrheinischen Handelswege nach Basel an. Weiter führte der Weg entweder durch die Burgundische Pforte über Belfort zur Rhône oder über Fribourg nach Genf.

Die Jakobs-Patrozinien der Kirchen in Loßburg, Wolfach, Gengenbach und Schutterwald lassen die Vermutung zu, dass diese Kirchen Stationen eines Pilgerwegs durch das Kinzigtal gewesen sein könnten. Auch gibt es Aufzeichnungen von Pilgerfahrten einiger Haslacher und Zeller Bürger, die diese Annahme untermauern. Ehemalige Santiagopilger um den Schwarzwälder Kurt Klein haben 1992 begonnen, einen Jakobsweg durch das Kinzigtal zu markieren. Es ist beileibe nicht die kürzeste Streckenführung, der Wanderer wechselt ständig die Talseiten und muss kräftig ausschreiten, um Höhe zu gewinnen. Dafür wird er aber durch einen weiten Blick, den Klang der Stille und durch eine überquellende Natur reichlich belohnt. Der Gang durch das Kinzigtal soll, so formuliert es einer der Begründer, »ein geistiger Nachvollzug der Reise nach Santiago sein« (Kurt Klein) und dem Wanderer einen Ausstieg aus

Gedenkstein von 1993 am Kinzigtäler Jakobsweg

seinem Alltag ermöglichen. Der Kinzigtäler Jakobsweg ist durch die Verlängerung des Weges nach Norden hin nun Teil des europäischen Wegenetzes geworden, welches bis vor die Kathedrale von Santiago de Compostela führt.

Durch diesen Weg angeregt schuf später eine Gruppe begeisterter Jakobsanhänger um den Ihlinger Albert Eberhardt einen nordöstlichen Zugang von Horb nach Loßburg. Auch auf diesem Streckenabschnitt lassen sich einige bedeutsame Stationen der Jakobsverehrung festmachen: So war die Jakobuskirche in Ihlingen einst die Mutterkirche von Horb. In Leinstetten findet sich die Stiftung eines Jakobspilgers, der sich um 1550 auf den Weg nach Santiago machte und nie wieder zurückkehrte. Sein Testament verhalf der Kirchengemeinde zu einem erklecklichen Erbe. In Rodt, einem Ortsteil von Loßburg, gab es eine Jakobuskirche, die aber Anfang der Dreißigerjahre niedergerissen wurde. In Loßburg selbst zeugt noch eine zum Bürgerhaus profanierte Jakobuskirche vom Jakobskult im Schwarzwald.

Erste Etappe: Rottenburg am Neckar – Horb am Neckar

Wir gehen über die Marktgasse zum Dom Sankt Martinus, anschließend nach rechts weiter über den Eugen-Bolz-Platz, nach links in die Weggentalstraße bis zur Wallfahrtskirche Weggental. Diese barocke Kirche wurde 1695 geweiht. Die Marienwallfahrt erreichte unter dem Einfluss der Jesuiten ihren Höhepunkt. Auch heute noch ist diese Kirche ein beliebtes Ziel.

Weiter geht es am Flurstück Sieben Forchen vorbei in Richtung Kelterhöfe. Dort nach links abbiegen und weiter nach rechts ins Eisental, dann unter der Bundesstraße B 28a durch; wir erreichen Seebronn und seine Jakobuskirche nach acht Kilometern. Von dort aus geht es über die Feuerseestraße Richtung Remmingsheim. Nach 500 Metern geht es rechts ab, dann wieder unter der B 28a durch. Später wandern wir über einen asphaltierten Feldweg an Wolfenhausen vorbei, dann nach links und wieder nach rechts. So erreichen wir die Liebfrauenhöhe mit ihrer Gnadenkapelle und die Waldkapelle der Gemeinde Ergenzingen nach weiteren acht Kilometern.

Die Wallfahrtskirche Weggental. Hier wird jedes Jahr von den Franziskanern »s Weggetaler Kripple« aufgebaut, das den Rottenburger Mundartdichter Josef Eberle alias Sebastian Blau 1947 zu seiner gleichnamigen Weihnachtsgeschichte inspirierte.

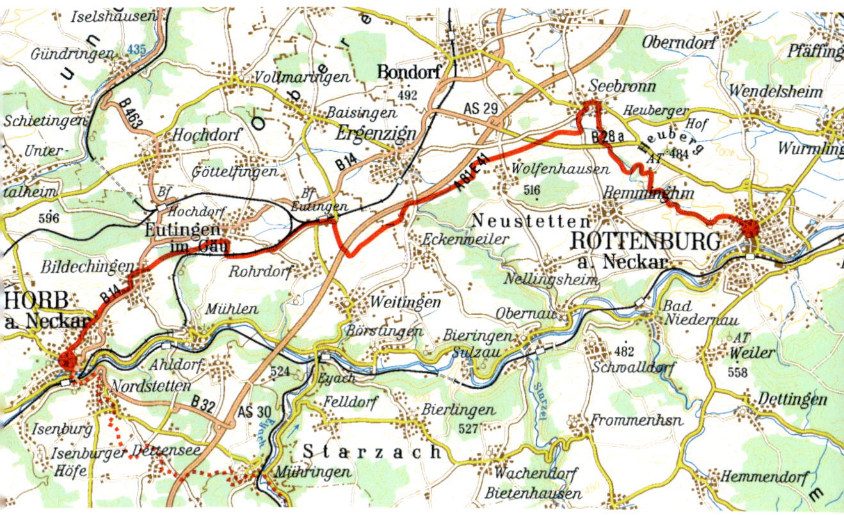

Wegstrecke:
Rottenburg am Neckar – Rottenburg-Seebronn – Eutingen im Gäu – Horb-Bildechingen – Horb am Neckar

Länge:
29 Kilometer

Zeit:
8 Stunden

Informationen:
Stadtinformation Horb, Telefon (0 74 51) 36 11, E-Mail: stadtinfo@horb.de

Übernachtungen:
Internet: www.people.freenet.de/Jakobusgruppe.Horb/Aktuell.htm oder www.iq-net.de/jakobusweg/index.html

Weiter geht es über die Autobahn A 81 bis zum Eutinger Bahnhof, an der Bahnstrecke Stuttgart–Horb nach links entlang bis zur zweiten Unterführung in Richtung Eutingen, links um die Sportplätze (geradeaus wäre ein Besuch der Stephanuskirche möglich), dann an der Kläranlage entlang. Wir halten uns geradeaus, streifen im Wald den Eingang vom Eutingertal und erreichen Bildechingen mit seiner Wallfahrtskirche »Zur Schmerzhaften Muttergottes«. Wir überqueren dann die Bundesstraße B 14 beim Gasthaus Löwen und gehen die Marienstraße weiter entlang bis zur Kreuzung. Dann folgt die Hartmannstraße, danach geht es nach rechts und ein Rad- und Fußweg längs der B14 bringt uns an der Antoniuskapelle vorbei bis Horb-Hohenberg. An der zweiten Ampel rechts und danach folgen wir der Bildechinger Steige nach links hinunter in die Stadtmitte. Wir erreichen nun Horb nach weiteren 13 Kilometern.

Zweite Etappe: Horb am Neckar – Loßburg

Tipp: Eine weitere Variante des Jakobswegs verbindet Rangendingen mit Horb und ist als wechselseitiger Zugang zu den beiden Hauptwegen gedacht. Im Sommer 2005 soll der Weg voraussichtlich eröffnet werden. Ein Rundwanderpilgerweg führt von Horb über Salzstetten und Heiligenbronn nach Pfalzgrafenweiler und über Dornstetten nach Loßburg zurück auf den Kinzigtäler Jakobs-

weg. Er ist ebenso mit der symbolischen Muschel auf weißem Grund markiert.

Ausgangspunkt dieser Etappe ist die Liebfrauenkirche in Horb. Ihr Vorläuferbau wurde um das Jahr 1280 vom Kloster Reichenbach begonnen. Im Volksmund wird sie auch »Kappel« genannt. Im Inneren findet sich neben kostbaren Fresken auch ein geschnitzter gotischer Flügelaltar, in dem die Marienkrönung dargestellt ist. Er stammt aus der Zeit um 1520. Gestiftet wurde er von den Horber Tuchmachern.

Auf der rechten Seite steht Johannes der Täufer, und auf der linken Seite des Altars finden wir eine Figur des Jakobus. Der rechte Seitenaltar zeigt die Enthauptung des Apostels und oben die in vielen Varianten verbreitete und häufig dar-

Wegstrecke:
Horb am Neckar – Horb-Ihlingen – Dornhan-Leinstetten – Loßburg

Länge:
26 Kilometer

Zeit:
7 Stunden

Informationen:
Tourist-Information Loßburg, Telefon (0 74 46) 95 04 60

gestellte Legende des Hühner- oder Galgenwunders von Santo Domingo de la Calzada (siehe Seite 46). An der Wand finden sich zahlreiche spätmittelalterliche Grabdenkmäler von Horber Bürgern, die aus der 1852 abgebrochenen Johanniskirche stammen. Wir folgen dem Weg weiter an der Stiftskirche und dem Schurkenturm vorbei. Kurz vor der Panoramastraße stößt man auf die alte Bezeichnung »Pilgerweg«. Nahe dem Gasthof »Zum Sankt Jakobusbad« stand einst eine Siechenkapelle (erwähnt 1383) mit einem Nikolausaltar. Dort wurden sicherlich auch bedürftige und kranke Pilger aufgenommen. Nach etwa 50 Minuten und drei zurückgelegten Kilometern erreichen wir Ihlingen.

Ehemals war die Jakobuskirche in Ihlingen die Mutterkirche von Horb. Einzelne Teile stammen noch aus dem 12. und 13. Jahrhundert. Die Scheiben eines gotischen Fensters an der Ostseite lassen sich in das 14. Jahrhundert zurückdatieren. Das Kirchenpatrozinium ist seit 1400 nachweisbar. In der Kirche findet der Wanderer eine freundliche Statue des Jakobus. Diese Figur, in den Jahren 1680 bis 1690 entstanden, stammt vermutlich aus der Rottenburger Werkstatt

Auf dem Jakobsweg kurz nach Horb

Der heilige Wendelin

Wendelin war der Überlieferung nach ein schottischer Königssohn, der in der zweiten Hälfte des sechsten Jahrhunderts als Einsiedler im so genannten »Waldgebirge« Vosagus lebte, einem Gebiet, das bis in den vorderen Hunsrück reichte und eine größere Region umfasste, als die heutigen Vogesen. Bei einer Reise, wo er heilige Stätten zum Beten aufsuchte, begegnete ihm ein Edelmann, bei dem er Hirtendienste übernahm. Der als räuberisch beschriebene Mann kam angesichts der Demut und Frömmigkeit des Einsiedlers zu der Überzeugung, seiner Dienste unwürdig zu sein. Er zeigte ihm einen abgelegenen Ort und errichtete ihm eine Zelle, nahe des Klosters Tholey. Dessen Mönche wählten Wendelin später zum Nachfolger ihres verstorbenen Abtes, ohne dass Wendelin je Priester geworden war.

Der Heilige wird bei Viehseuchen um Hilfe angerufen; seine Attribute sind Schaf und Schwein, er ist Patron der Hirten und Herden, aber er wird auch als Pilger gezeigt.

Nach jenem Einsiedler Wendelin ist die saarländische Kreisstadt Sankt Wendel benannt.

des Heinrich Carl Amrein (1651–1731). Der Kopf wurde mit großer Wahrscheinlichkeit erneuert, da er wesentlich jüngeren Datums ist. Außerdem ziert jetzt ein Wandgemälde von Sieger Koeder (siehe auch Seite 209 f.) die Kirche. Eine Urkunde von Papst Clemens XII. vom 9. Oktober 1739 gewährte den Kirchenbesuchern, wie in vielen anderen Jakobskirchen, am Jakobustag einen Ablass.

Ab Ihlingen gehen wir auf halber Höhe bis Dettingen. Dahinter steigt der Weg nun an bis Priorberg, und wir erreichen nach zehn Kilometern, also etwa zweieinhalb Stunden Gehzeit, Kaltenhof. Die Wendelinkapelle in Kaltenhof wurde 1714 neu erbaut, der Vorgängerbau war dem Heiligen Kreuz geweiht gewesen. Das Standbild des heiligen Wendelin zeigt die typischen Attribute des Jakobus, es handelt sich wohl um eine umgearbeitete Jakobsfigur.

Nach weiteren zwei Kilometern und etwa 20 Minuten Gehzeit erreichen wir nach einem steilen Abstieg Leinstetten. Auf halber Strecke können wir uns noch an einem Jakobsbrunnen laben. Die Stephanuskirche in Leinstetten ist die Stiftung eines Jakobspilgers, der von der Pilgerfahrt nach Spanien nicht mehr zurückgekehrt war. Hans Marx II. von Bubenhofen (gestorben 1550) war nach dem frühen Tod seiner Ehefrau nach Santiago de Compostela aufgebrochen. Vor seiner Abreise machte er ein Testament und hinterließ zu Gunsten der Pfarrei 7000 Gulden. Davon sollte ein Jakobusaltar errichtet und ein Spital gegründet werden.

Sein Nachruf findet sich gleich links vom Eingang auf dem Epitaph (Grabmal) rechts vom Altar: ANNO DOMINI 1550 AVF DEN AVFFARTAG CHRISTI STARB DIE EDEL VUND DVGENT REICH FRAW CHATHARINA VON BVOBENHOVEN GEBORNE VON HOHENRECHBERG IST NACH DISEM ABLEIBEN IN GEMELTEM IAR DEN ANDERN DAG NACH DER HAILIGEN DREIFALTIGKAIT HAT IM DER EDEL VND VEST HANS MARX VON BVOBENHOVEN ZVO LEINSTETTEN IR LIEBER IUNCKER VND EHGEMAHEL EIN RAISS ZVO DEM LIEBEN SANCT IAKOB ZVO COMPOSTEL FIRGENOMEN VND ALSO AVF DEM WEG VERSCHIDEN DEREN BEDEN ABGESTORBNEN SELEN DER BARMHERZIG GOTT EIN FRÖLICHE AVFERSTEHVUNG VERLEIHEN WOLLE AMEN. Auf der linken Seite steht eine barocke Jakobusfigur, deren Herkunft ungewiss ist.

Seit Mai 2004 hat das Pfarramt Sankt Stephanus im Pfarrhaus eine sehr preisgünstige Herberge für Pilger eingerichtet. Anmeldung beim Pfarramt unter Telefon (0 74 55) 12 31, bei Erwin Haibt (0 74 55) 81 33 oder bei Maria Endres (0 74 55) 87 34.

Jakobsfreunde der Region haben auf dem »Unteren Kapf« ein Pilgerkreuz in Andenken an den Jakobsbruder Hans Marx aufgerichtet. Es ist dem Gipfelkreuz auf dem Rabanal-Pass in Spanien nachempfunden.

In beständigem Auf und Ab erreichen wir nach elf Kilometern und über zweieinhalb Stunden Fußmarsch an Wittendorf vorbei Loßburg.

Loßburg wird in einer Urkunde des Archivs von Sankt Paul in Kärnten im Jahre 1282 erstmals genannt. Sowohl der Ortsname selbst wie ein heute noch sichtbarer »Schloßbuckel« halten die Erinnerung an die 1272 erbaute Burg wach. Während einer Baumaßnahme wurde das Fundament eines mächtigen Rundturmes entdeckt.

Von 1499 stammt eine Jakobskirche, die auf eine Vorgängerkirche gebaut wurde. Es existiert eine Urkunde, in der ein gewisser Hanß von Brandeck zu seinem eigenen Seelenheil jährlich 27 Heller Zins aus seinem Gut in Schömberg dem »lieben« Sankt Jakob von Loßburg spendet. Die alte Kirche wurde 1833 durch eine neue ersetzt. Aus dem Jahre 1499 sind ein Tabernakel und zwei Schlusssteine erhalten. Sie finden sich in einem nahe gelegenen Wohnhaus, welches heute der Gemeinde gehört. Einer der Schlusssteine zeigt eine Darstellung des Jakobus, er ist in einer Garage vermauert. Die Kirche ist inzwischen profaniert und zu einem Bürgerhaus umgewidmet worden.

Auch in dem Teilort Rodt stand einst eine Jakobskapelle. Errichtet wurde sie im Jahr 1520, abgebrochen in den Jahren 1932/33.

Dritte Etappe: Loßburg – Schenkenzell

Für den zehn Kilometer langen Weg nach Alpirsbach muss eine Wanderzeit von etwa zweieinhalb Stunden einkalkuliert werden. Der Weg führt meist an der Kinzig entlang und ist leicht zu begehen.

Bedeutsamstes historisches Bauwerk in Alpirsbach ist die ehemalige Benediktinerabtei, die von Mönchen des Klosters Sankt Blasien 1095 gegründet wurde. Die romanische Klosterkirche, eine Säulenbasilika, ist eine der wenigen unversehrt gebliebenen Schöpfungen der Hirsauer Baukunst. Vom einstigen, in der Reformation 1535 aufgehobenen Kloster sind noch der gotische Kreuzgang (1483), der Kapitelsaal, der Konventsaal und das Dormitorium, der Schlafsaal der Mönche, erhalten geblieben. Im ehemali-

Wegstrecke:
Loßburg – Alpirsbach – Schenkenzell

Länge:
15 Kilometer

Zeit:
4 Stunden

Informationen:
Tourist-Information Alpirsbach, Telefon (0 74 44) 9 51 62 81; Internet: www.iq-net.de/jakobusweg/index.html

gen Refektorium (Speisesaal) befindet sich heute die katholische Kirche Sankt Benedikt, während die evangelische Kirchengemeinde ihre Gottesdienste in der Klosterkirche abhält. Interessierte Besucher können sich in einer Dauerausstellung im Kloster über die Geschichte informieren (geöffnet vom 15. März bis 1. November: Montag bis Samstag 9.30 bis 17.30 Uhr, Sonntag und an Feiertagen 11 bis 17.30 Uhr und vom 2. November bis 14. März: Donnerstag, Samstag und Sonntag 13.30 bis 15.30 Uhr).

Spuren des Jakobus finden sich in einem Schlussstein im Netzgewölbe im Ostteil des Kreuzgangs. Dort ist Jakobus mit der Muschel abgebildet. Eine weitere Jakobusfigur kann man im Museum für Stadtgeschichte besichtigen (geöffnet von Ostern bis Ende Oktober: Donnerstag, Samstag, Sonn- und Feiertage 14 bis 17.30 Uhr).

Nach einer Strecke von 5,5 Kilometern und eineinhalb Stunden Gehzeit – meistens in der Nähe der Kinzig – erreichen wir Schenkenzell.

Der Weg führt durch Schenkenzell an der Ulrichskirche vorbei. Der heilige Ulrich kann an seiner pontifikalen Messkleidung, dem Krummstab, aber besonders an dem Buch mit dem darauf liegenden Fisch erkannt werden. Der Heilige wird erst ab dem 14. Jahrhundert mit dem Fisch dargestellt. Die Legende erzählt, dass Ulrich an einem Freitagmorgen einem Boten als Botenlohn ein am Vorabend nicht verzehrtes Gänsebein reichte. Der Bote brachte es dem Herzog, um den Bischof des Unrechts zu überführen, er esse am Freitag Fleisch. Als der Herzog das Gänsebein aus der Umhüllung nahm, hatte es sich jedoch in einen Fisch verwandelt.

Vierte Etappe: Schenkenzell – Wolfach

Für den sechs Kilometer langen Weg nach Wittichen müssen etwa zwei Stunden Gehzeit gerechnet werden. Der Weg steigt zum Teil steil an: Er beginnt bei einer Höhe von 360 Metern und erreicht beim Teufelstein 750 Meter Höhe.

In Wittichen geht es weiter zu den Resten der Klosteranlagen. Im Jahre 1325 hatten 34 Klarissinnen das neu errichtete Kloster bezogen. Gegenüber der Kirche findet sich im Pferdestall ein Museum.

Auf der »Salzlecke«, wo sich mehrere Wege kreuzen, ist ein eisernes Kreuz aufgestellt, welches dem Kreuz auf dem Rabanal-Pass nachempfunden wurde.

Etwa auf halber Strecke, nach weiteren vier Kilometern, führt der Weg an der Wallfahrtskapelle Sankt Roman vorbei. Schon 1360 wurde sie erstmals erwähnt. Die heutige Form erhielt die Kirche in den Jahren 1922 und 1923.

Nach zwölf Kilometern, 400 Metern Abstieg und etwa drei Stunden Gehzeit kommt man nach Wolfach.

Die Jakobuskirche von Wolfach liegt unweit der Stadt im Wald. Schon von weitem ist die kleine Kirche mit dem Mesnerhaus am Berghang zu erblicken. Man überquert die Kinzig und steigt ein Stück Weg hinauf zur Kirche. Seit vielen Jahrhunderten ist die Kirche von Wolfach ein viel besuchter Anziehungspunkt für Wallfahrer. Hauptsächlich am Jakobstag drängen sich hier die Menschen. An anderen Tagen kann es dort oben sehr still sein.

Wegstrecke:
Schenkenzell – Schenkenzell-Wittichen – Wolfach-Sankt Roman – Wolfach

Länge:
21 Kilometer

Zeit:
6 Stunden

Informationen:
Tourist-Information Wolfach,
Telefon (0 78 34) 83 53 53

Folgendes soll sich in der Entstehungszeit zugetragen haben: Beim Fällen eines Baumes wurde eine Holzstatue entdeckt, die noch heute in der Kirche zu sehen ist. Daraufhin wurde von einem Bruder Con-

rad von Kalbs 1433 eine Kapelle an der Fundstelle der Holzstatue errichtet. Um 1540 wurde sie in den Wirren der Reformation zerstört.

Über hundert Jahre hat es gedauert, bis die Kapelle 1660 wieder neu errichtet wurde. Die Konsekration fand am Jakobstag 1664 durch den Bischof Franz Johann Vogt von Alten-Sommerau und Praßberg statt.

Das verschollene alte Gnadenbild wurde bald danach in einem Brunnen wieder entdeckt. Schon im Jahr der Weihe, 1664, gründete sich eine Bruderschaft zum heiligen Apostel Jakobus, die mit ihren Gebeten um einen guten Tod »für die in Todesnöthen liegenden Brüder und Schwestern« bitten wollten. Schon 1680 hat man die Kirche wieder abgerissen und durch eine noch größere, 1685 geweihte, ersetzt.

An der Außenfassade ist ein rundbogiges Portal und darüber, wie ein Schwalbennest angeklebt, eine aus Sandstein gehauene Außenkanzel angebracht. Darunter befindet sich die Statue des Kirchenpatrons Jakobus aus Ton.

Deutlich sichtbar ist die Lebendigkeit des Jakobskults im Kinzigtal. Die Wolfacher Jakobskapelle war und ist seit vielen hundert Jahren religiöser Anziehungs- und Wallfahrtsort für die Bewohner der umliegenden Gemeinden. Bei Erweiterungsarbeiten wurde eine Quelle am Fuße des Berges durch die Schwestern des Klosters Wittichen zu einem Wallfahrtsbrunnen gestaltet.

Der Weg nach Wolfach führt über den »Jacobusweg« hinab in das Zentrum von Wolfach.

Fünfte Etappe: Wolfach – Haslach im Kinzigtal

Wegstrecke:
Wolfach – Hausach (Schwarzwaldbahn) – Mühlenbach – Haslach im Kinzigtal

Länge:
18 Kilometer

Zeit:
5 Stunden

Informationen:
Tourist-Information Gastliches Kinzigtal, Haslach, Telefon (0 78 32) 70 61 70

Von Wolfach aus führt der Weg weiter Richtung Hausach. Dazu müssen wir 400 Meter auf- und wieder absteigen. Wir erreichen nach neun Kilometern und drei Stunden Gehzeit den Ort, durchqueren ihn und befinden uns wieder auf dem so genannten Hansjakobweg.

Heinrich Hansjakob (1837–1916), Pfarrer und Schriftsteller, hat uns aus dem 19. Jahrhundert einige interessante Milieuschilderungen des bäuerlich-bürgerlichen Alltags überliefert. In seinem Buch »Im Paradies« finden wir in einem Lied einen Hinweis auf die Jakobspilger:

> Wir wollens uns aufmachen zum Reisen,
> fort und fort und gar weit fort,
> wohl in ein unbekanntes Ort,
> nach Sankt Jakobi wollens reisen,
> wird es heißen.

Am Weg liegt der Käppeleshof. Dort steht eine kleine Kapelle, die 1738 von dem Hofbauer Jakob Bächle errichtet wurde. In ihr befindet sich neben zwei Wendelinstatuen auch eine Jakobusstatue in voller Pilgertracht.

Nach weiteren sieben Kilometern bergauf und bergab und zwei Stunden kommen wir nach Mühlenbach, die nächste Station des

Die heilige Afra

Der Legende nach war Afra die Tochter des Königs von Zypern und kam um die Mitte des 3. Jahrhunderts mit ihrer Mutter Hilaria nach Augsburg, wo sie als gewerbsmäßige Dirne lebte. Bei Ausbruch der Christenverfolgung unter Diokletian suchte der Bischof Narzissus in ihrem Haus Zuflucht. Er bekehrte Afra zum Christentum und taufte sie. Weil sie sich in Zeiten der Christenverfolgung mutig zu ihrem Glauben bekannte, wurde sie um das Jahr 304 zum Feuertod verurteilt und verbrannt. Sie wird deswegen gegen Feuersnot angerufen.

Wegs. In der Ortsmitte von Mühlenbach steht eine Kirche, die der heiligen Afra geweiht ist. Im Innenraum finden wir auf dem rechten Seitenaltar eine Statue des Jakobus.

Von Mühlenbach aus führt der Weg weiter nach Haslach. In einem der ältesten Kirchenbücher der Gemeinde Haslach ist vermerkt, dass am 11. März 1610 die Söhne der »Hosenstrickler« Laux Schierer und Hanß Dolden zu einer Wallfahrt nach Santiago aufbrachen. Da es keine weiteren Einträge gibt, können wir von einer gesunden Rückkehr der Jakobspilger ausgehen.

Der heilige Jakob mit Stab, Kalebasse und Muschel am Hut in der Kirche Sankt Jakob in Wolfach

Auf dem Weg kommen wir an der 1990 wieder vollständig neu errichteten Mühlenkapelle vorbei, in deren Innenraum wir eine Jakobusfigur finden.

Wegzeichen am Jakobsweg

Sechste Etappe: Haslach im Kinzigtal – Zell am Harmersbach

Auf dieser Etappe erwarten uns ab Steinach steile Auf- und Abstiege mit 450 Metern Höhenunterschied durch kaum besiedeltes Gebiet.

In Zell am Harmersbach besteht seit dem Ende des 15. Jahrhunderts eine Wallfahrtskirche »Maria zu den Ketten«. Der Legende nach hat ein von Mauren gefangen gehaltener Kreuzfahrer während seiner Haft die Mutter Gottes angerufen und ein Gelübde getan, dass er, nach einer glücklichen Rückkehr in die Heimat, seine Ketten vor dem Marienbild in Zell ablegen wolle. Er wurde erhört, konnte sich aus seiner Gefangenschaft befreien und zurückkehren.

Ein Hinweis auf die Pilgerfahrt von vier Zeller Bürgern nach Santiago de Compostela ist erhalten geblieben: 1610 ersuchten der Maurer Paulus Ritt, der Bäcker Jacob Lehmann, Dieboldt Erb und etwas später Hans Sohler den Gemeinderat um die Genehmigung, zu Sankt Jakob nach Santiago zu ziehen. Die vor der Abreise angefertigten Testamente sind zum Teil noch erhalten.

Wegstrecke:
Haslach im Kinzigtal – Steinach – Birach – Zell am Harmersbach

Länge:
17 Kilometer

Zeit:
5 Stunden

Informationen:
Kultur- und Verkehrsamt Zell am Harmersbach, Telefon (0 78 35) 63 69 47

Siebte Etappe: Zell am Harmersbach – Gengenbach

Von Zell am Harmersbach erreichen wir nach 15 Kilometern Weg über Neuhausen und Nordrach Gengenbach.

Schon von weitem fällt uns die Gengenbacher Jakobskapelle ins Auge. 1289 wird sie »Capella santi Jacobi in Monte Castellberg« genannt. Sie steht auf der als »Gengenbacher Bergle« bezeichneten, von Weinbergen umgebenen Erhebung neben der tiefer gelegenen Altstadt. Die Jakobskapelle, so wie sie heute zu sehen ist, stammt aus dem Jahre 1682. Auf dem Altar steht links die barocke Statue mit Jakobus als Pilger und rechts der Bischof Apollinaris. Jener ist der Legende nach ein von Petrus selbst ausgesandter Glaubensbote, der zwanzig Jahre lang in Ravenna gewirkt hat. Statuen aus dem 16. Jahrhundert zeigen ihn in Pontifikaltracht mit Buch und Stab.

Wegstrecke:
Zell am Harmersbach – Gengenbach

Länge:
16 Kilometer

Zeit:
4 Stunden

Informationen:
Tourist-Information Gengenbach,
Telefon (0 78 03) 1 94 33

Gengenbach selbst ist ein altbesiedelter Ort. Viele Funde, unter anderem eine reich verzierte Votivsäule, Münzen und ein 1974 freigelegter Ziegelofen belegen eine Römersiedlung von 73 bis 260 n. Chr. Die bedeutende Römerstraße von Straßburg nach Rottweil führte durch Gengenbach. 200 Jahre lang hatten die Alemannen die Oberherrschaft, bis sie sich König Chlodwig im Jahre 486 unterwarfen. Die Christianisierung vollzog sich unter dem fränkischen Herzog Ruthard. Dieser

Kirche Sankt Jakob, Gengenbach

betraute damit den Missionsbischof Pirmin, der um 725 nach dem Kloster Reichenau die Benediktinerabtei Gengenbach gründete. Das Kloster war Eigenkloster des Königs, der dazu umfangreiche Ländereien stiftete. Um die Klostermauern ließen sich viele Handwerker und Bauern nieder, die hier einen sicheren Arbeitgeber fanden. Die Entwicklung führte 1230 zur Verleihung der Stadtrechte durch den damaligen Abt Lambert von Brunn, der zugleich Bischof von Brixen, Speyer, Straßburg und Bamberg war. Als Berater von Kaiser Karl IV. gelang es ihm, die Orte Gengenbach, Zell und Offenburg im Jahre 1360 dem Kaiser direkt zu unterstellen, der ihnen die unmittelbare Reichsfreiheit verlieh. Große Unruhen brachten im 16. Jahrhundert die Reformation und später die Gegenreformation. Heute ist Gengenbach immer einen Besuch wert. In den Sommermonaten wird vor der Rathauskulisse Theater gespielt.

Achte Etappe: Gengenbach – Schutterwald

Der Weg nach Schutterwald verläuft erst einige Zeit auf dem rechten Kinzigdamm, vorbei an Ohlsbach und Schloss Ortenberg. Vor Uffhofen überqueren wir die Kinzig,bleiben auf dem linken Damm, wenden uns vor der Eisenbahnbrücke nach links und kommen durch den Offenburger Stadtteil Albersbösch. Danach gehen wir durch den Auwald weiter, unterqueren die Autobahn A 5 und erreichen Schutterwald nach 15 Kilometern.

Wegstrecke:
Gengenbach – Schutterwald

Länge:
15 Kilometer

Zeit:
3 Stunden

Informationen:
Gemeindeverwaltung Schutterwald, Telefon (07 81) 9 60 60

Der Ort wurde 1293 als Rodungssiedlung gegründet. Hier, an der nun vorläufig letzten Station des Kinzigtäler Jakobswegs, finden wir eine Jakobuskirche. Ihre erste urkundliche Erwähnung stammt von 1478, die jetzige Kirche wurde zwischen 1780 und 1786 fertig gestellt. Auch das Altenheim trägt den Namen Sankt Jakob.

Die Pilger bogen hier wahrscheinlich nach Süden hin ab. Vielleicht ließen sich einige von der heiligen Odilie in die Vogesen auf den Odilienberg locken. Ein für den Pilger nahe liegendes Ziel war Freiburg; später ging es weiter in Richtung Basel. Eine zur Verifizierung der Jakobswege bedeutsame

Die Jacobs Brüder

In seiner »Eigentlichen Beschreibung Aller Stände auf Erden ...« vom Jahre 1568 schildert Hans Sachs einen anderen Pilgertypus:

Die Jacobs Brüder

Wir Jacobs brüder mit grossem hauffen
Im Land sind hin und her gelaufen/
Von Sanct Jacob/ Ach und gen Rom
Singen und bettlen one schom/
Gleich anderen presthafften armen/
Offt thut uns der Bettel Stab erwarmen
In Händen/ alsdenn wir es treibn
Unser lebtag faul Bettler bleibn.

Darstellung im Freiburger Münster ist die Krönung eines Pilgers durch den heiligen Jakobus (um 1200). Lange hat man dieses Relief als Salbung Davids durch Samuel verstanden. Pilgerstab und Muschel auf der Reisetasche deuten aber auf Jakobus hin. In der Villinger-Böcklin-Kapelle des Freiburger Münsters befindet sich eine Glasmalerei mit einem segnenden Jakobus von 1524. Dargestellt ist der Stifter Jacob Villinger von Schönenberg mit seiner Ehefrau. Er war Schatzmeister von Kaiser Maximilian und Karl V. Das Ehepaar empfängt von Jakobus den Segen zum Antritt einer Pilgerfahrt. Sie tragen noch keine Muscheln, weil diese erst in Santiago de Compostela erworben werden, wohl aber als Wallfahrtssymbol zwei gekreuzte Wanderstäbe.

Neunte Etappe: Schutterwald – Straßburg

Wir halten uns in Schutterwald weiter an den markierten Weg und gehen in nordwestlicher Richtung. Über die Schutter und durch die Rheinauen führt uns die Route immer näher an den Rhein heran. Auf der Höhe des Kieswerks treffen wir den Rheinaueweg, dem wir bis Kehl folgen. Dort erreichen wir die neue Fußgängerbrücke; überque-

Wegstrecke:
Schutterwald – Straßburg

Länge:
27 Kilometer

Zeit:
5 Stunden

Informationen über den Jakobsweg im Elsass:
Les amis de saint Jacques en Alsace, 9 rue de Lorraine, F-67150 Gerstheim, Telefon (03) 88 98 34 63 oder (06) 88 90 97 65, E-Mail: jbc@chemindecompostelle.info

ren sie, gehen später unter der Eisenbahnbrücke hindurch, dann über einen Rheinarm, an dessen Ufer nach rechts, kurze Zeit später nach links durch die Orangerie und weiter bis zum Zentrum von Straßburg.

Der Weg führt von hier aus nun weiter über Belfort und Besançon nach Le Puy (vgl. Seite 269).

Der Jakobsweg über die Südwestalb

Von Balingen über Beuron nach Konstanz in sechs Etappen

Die seit 2005 bestehende Variante des Jakobswegs über die Schwäbische Alb wird inzwischen fleißig bewandert. Nur wenige Hinweise auf frühere Pilgerwege und auf den Jakobuskult sind hier zu finden. Aber ein wichtiger Höhepunkt kann neben dem Kloster Beuron die Nusplinger Friedhofskirche sein, die interessante Einblicke in die Entstehungsgeschichte eines Sakralbaus ermöglicht.

Gesamtstrecke: 137 Kilometer

Karten: Freizeitkarte 1 : 50 000 des Landesvermessungsamts Baden-Württemberg, Blatt 511, 523, 526

Erste Etappe: Balingen – Nusplingen

Vom Balinger Marktplatz aus wenden wir uns auf der Friedrichstraße nach rechts und gehen wenig später in die Inselstraße nach rechts. Wir bleiben vorerst auf der linken Seite eines Baches, wechseln in der Höhe der Steinachstraße die Bachseite und können nun auch bis Endingen dem blauen Dreieck des Albvereins folgen. Davor unterqueren wir die Eisenbahnlinie, gehen auf dem Weg »Ränkle« entlang der nach rechts verlaufenden Gleise gen Endingen. Dort halten wir uns auf Höhe des Bahnübergangs links und marschieren auf dem Weg »Bruckrain« über die Schömberger Straße in die Straße »Am Wettbach«.

Die Kirche lassen wir links liegen und folgen diesem leicht ansteigenden Weg, der auch mit der blauen Raute markiert ist, aus

Wegstrecke:
Balingen – Weilstetten – Tieringen – Oberdigisheim – Unterdigisheim – Nusplingen

Länge:
22 Kilometer

Zeit:
6,5 Stunden

Informationen:
Tourist-Info, Gemeindeverwaltung Nusplingen, Telefon (0 74 29) 9 31

dem Ort und kommen über die Roßwanger Straße und die Hauptstraße nach etwa sechs Kilometern zur evangelischen Kirche von Weilstetten. In einer Linksbiegung gehen wir ein paar Meter geradeaus weiter und nehmen dann die Lindenstraße nach rechts, der wir bis aus dem Ort folgen. Es folgt ab dem Waldrand rechts ein Stück auf dem Christentalweg. Kurze Zeit später verlassen wir den Asphalt und haben wieder einen Kiesweg unter den Füßen.

Der Albaufstieg von Balingen zum Hörnle durch Bärlauchfelder

Beim Hänsel- und Gretelweg gehen wir halblinks bergauf, immer weiter der Raute nach. Fahrradfahrer müssen sich hier einen anderen Weg suchen. Wir gehen auf einem Hohlweg, der auf einen historischen Wirtschaftsweg hindeutet und erreichen eine zweite Piste, der wir nach links auf der Ebene folgen. Wir erreichen eine Grillhütte und sind nun auf annähernd 900 Metern Höhe. Wir durchqueren auf einem mit Tannennadeln bedeckten Pfad eine traumhafte urwüchsige Naturlandschaft, genannt Felsenmeer, bestehend aus hohen Nadelbäumen und riesigen mit Moos bewachsenen Felsbrocken. Auf einem sehr steilen, durch Treppenstufen unterbrochenen Anstieg erreichen wir die Traufkante, halten uns rechts und erreichen nach etwa 2,5 Stunden zu Fuß das »Hörnle«. Bei gutem Wetter beschert diese Bergkuppe einen prachtvollen Ausblick. Hier haben wir auch die höchste Stelle unseres Weges erreicht – 956 Meter über dem Meer.

Knapp 2,5 Kilometer an der Kante nach rechts entlang, dann stößt man auf die Jugendherberge Lochen, zu erreichen unter Telefon (0 74 33) 3 73 83.

Nun geht es erst einmal abwärts bis zu einem Waldgebiet, wo ein schmaler Weg nach rechts abzweigt (rote Raute). Nach kurzem Abstieg kommen wir in die Straße »Hinterberg«, dann rechts in den »Hohlweg«. Tieringen ist erreicht. Wir setzen unseren Weg über die Marktstraße und Brühlstraße beinahe geradeaus fort. Knapp zwölf Kilometer sind es von Balingen bis hierher. Ein spezielles Übernachtungsangebot für Pilger bietet die evangelische Tagungsstätte Haus Bittenhalde, Telefon (0 74 36) 4 94.

Wir überqueren die Landesstraße und sind im landschaftlich reizvollen Tal der Oberen Bära, umgeben von Buchen- und Fichtenwäldern. Wir bleiben auf einem geteerten Feldweg parallel zur Straße, nur unterbrochen durch einen Abstecher nach rechts und wieder zurück, bis nach Oberdigisheim. Dort finden wir nach 3,5 Kilometern die Johanneskirche, in der wir einen schön gearbeiteten romanischen Taufstein besichtigen können, und den Gasthof Grottental, Telefon (0 74 36) 9 28 66, der Unterkunft anbietet.

Am Ortsende wechseln wir die Straßenseite und erreichen schon nach zwei Kilometern Unterdigisheim. Links sehen wir die 1723 erbaute Kirche Sankt Maria mit einem Jakobus an der Empore, in der Reihe mit anderen Aposteln. Das Ölbild stammt von Stanislaus Stegmüller und ist wohl im Jahr 1793 entstanden. Wir folgen der Hauptstraße nach links und verlassen sie bei einer Linde nach rechts. Dort ist ein großes Schild angebracht, das auch auf eine Gartenwirtschaft verweist. Auf halber Höhe nehmen wir den rechten Weg, haben als Wanderzeichen ein liegendes gelbes Y, passieren eine größere Grillstelle und eine kleine Kapelle mit vielen Mariendarstellungen und erreichen nach insgesamt 22 Kilometern die Friedhofskirche in Nusplingen.

Die Wurzeln dieser Kirche lassen sich bis in das 7. Jahrhundert zurückverfolgen. Ihr Inneres ist mit Wandmalereien aus der Zeit um 1621 geschmückt. Später hat man noch eine bemalte Holzkassettendecke im Barockstil eingebaut. Auf dem Hochaltar sehen wir fünf wertvolle spätgotische Skulpturen, die vermutlich von Nikolaus Weckmann, einem Bildhauer der »Ulmer Schule«, angefertigt wurden. Darunter befindet sich auch die berühmte Nusplinger Madonna mit dem Jesuskind. Jakobus selbst finden wir auf dem Altarsockel und seinen Namenszug an der Wand.

Der heilige Veit »auf dem Häfele« (rechts in der Nische, um 1700 entstanden) soll unter dem römischen Kaiser Diokletian gelebt haben. Er war wie viele andere Christen der Verfolgung ausgesetzt und wurde auf Weisung des Kaisers in einen Kessel mit heißem Pech und Blei geworfen, dem er aber mit der Hilfe eines Engels unversehrt entstieg. Kurz unter dem Glockenstuhl sehen wir drei weitere Heilige. Von links nach rechts: Michael, der Leidensheiland und Agathe. Letztere hält ihre abgeschnittenen Brüste in einer Schale. Der Legende nach ist sie, ohne von ihrem Glauben zu lassen, im 3. Jahrhundert an diesem Martyrium gestorben.

Der Glockenstuhl wurde Ende des 15. Jahrhunderts nach einem Konstruktionsprinzip von Leonardo da Vinci entworfen. Das Kreuz auf dem Kirchturm ist ein so genanntes Caravaca-Kreuz. In dieser Form ist es ein beliebtes Schutzamulett und wahrscheinlich ist der obere, kürzere Querbalken aus dem INRI-Schild hervorgegangen. Schon früh führte der Patriarch von Jerusalem als Zeichen seiner besonderen Stellung ein doppelbalkiges Kreuz. Hatte schon das »einfache« Kreuz Sinn und Bedeutung nicht nur als religiöses Symbol, sondern auch als »Heilszeichen« im weitesten Sinn, so erwartete der Volksglaube von einem doppelbalkigen Kreuz auch die doppelte magische Wirkung. Oftmals waren auf diesen Kreuzen Segensformeln aufgebracht, um wie beim Zachariaskreuz, den Träger vor der Pest zu schützen. Ein solches Kreuz mit einer Partikel vom Kreuz Christi wird im spanischen Wallfahrtsort Caravaca (etwa 70 Kilometer westlich von Murcia) als Heiligtum verehrt.

Die Kirche ist inzwischen auf Initiative eines Fördervereins für beinahe eine Million Euro restauriert worden. Es werden Führungen angeboten – Kontakt zu Herbert Schäfer über die Gemeindeverwaltung Nusplingen Telefon (0 74 29) 9 31 09-20. Ein Gasthof im Ort bietet Übernachtungen an.

Zweite Etappe: Nusplingen – Kloster Beuron

Wir beginnen unsere nächste Etappe unterhalb der Friedhofskirche, an der wir in die Kirchwiesenstraße einbiegen und immer die Richtung beibehalten. Unser zusätzliches Wegezeichen ist das gelbe liegende Y, das uns später in einer Linkskurve auf einem Wie-

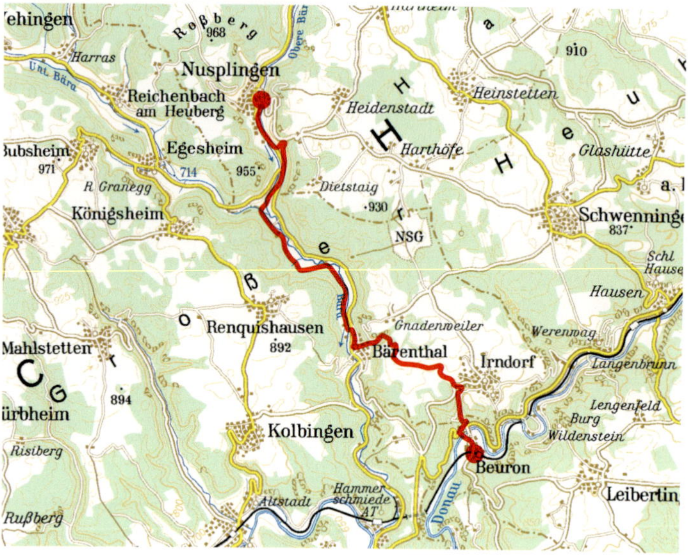

senweg hoch in den Wald in die Richtung der Nusplinger Hütte bringt. Kurz davor biegen wir nach rechts ab. Später stößt unser Weg auf die L 440, wir überqueren sie nach halbrechts und gehen auf dem hinunterführenden Feldweg weiter. Am Talgrund gehen wir durch Wiesen, die je nach Jahreszeit sehr feucht sein können, überqueren eine kleine Brücke und ein Stauwehr. Wir folgen einem Trampelpfad durch den Wald hoch und nehmen den nächsten Weg links. Kurze Zeit müssen wir auf Teer laufen, aber die meiste Zeit sind es breite unbefestigte Wirtschaftswege. Nach über neun Kilometern stehen wir vor einem Steinkreuz am Ortseingang von Bärenthal. Folgende

Wegstrecke:
Nusplingen – Bärenthal – Beuron (Kloster Beuron)

Länge:
16 Kilometer

Zeit:
4,5 Stunden

Informationen:
Tourist-Info Beuron,
Tel. (0 74 66) 2 14

Friedhofskirche in Nusplingen mit Fresken

Inschrift können wir lesen: »Wanderer u. Pilger geh hier nicht vorbei, denke an Gott und deine Pflicht und vergiß auch die Armen Seelen nicht.«

Auf der Nusplinger Straße erreichen wir das Dorfzentrum bei der Kirche. Sehenswert sind auch die Kunstobjekte neben der Kirche. Unser Weg setzt sich nach links fort, also bergauf auf der Gnadenweiler Straße. In einer scharfen Linkskurve gehen wir auf einer Schotterpiste geradeaus weiter. Wir kommen nun in eine sehr felsige Landschaft. Nachdem wir den nächsten Weg nach rechts genommen haben, sehen wir links oben ein kleines Naturwunder, das so genannte Felsentor. Wir steigen weiterhin kräftig an und erreichen eine Straße, der wir nach links folgen. Kurz vor Irndorf wenden wir uns nach rechts, bei einer Kapelle auf der linken Seite nochmals nach rechts und erreichen nach längerem Abstieg das Donautal. Auf einer historischen Brücke wechseln wir die Uferseite und erreichen nach insgesamt 16 Kilometern das Kloster Beuron.

Hier gab es wohl schon seit dem 8. Jahrhundert monastisches Leben. Ab dem 11. Jahrhundert lebten und arbeiteten Augustiner-Chorherren in Beuron. Die Säkularisation beendete auch hier eine über 1000 Jahre alte klösterliche Tradition. Aber schon 1863 wurde in Beuron ein neues Benediktinerkloster begründet. Heute herrscht hier ein sehr reges religiöses Leben. Es finden Wallfahrten statt und das Kloster selbst bietet diverse Veranstaltungen und klösterliche Produkte an. Auch das Tagungshaus ist häufig ausgebucht. Pilger, die an der Pforte klopfen oder die Telefonnummer (0 74 66) 1 71 58 des Gästehauses wählen, werden sicherlich eine Unterkunft für die Nacht erhalten.

Der ehemalige Bahnhof von Beuron ist zum Haus der Natur geworden. Ein Besuch der Ausstellung lohnt sich.

Dritte Etappe: Beuron – Meßkirch

Wir gehen in Beuron die Abteistraße aufwärts, die später in die Buchheimer Straße übergeht, überqueren die Bahngleise und biegen nach rechts in einen Waldweg ab, der uns in das Liebfrauental führt. Hier folgen wir wieder dem roten Dreieck des Schwäbischen Albvereins. Unten im Tal können wir eine Rast bei der Lourdesgrotte machen, ein offenes Häuschen lädt dazu ein. Der Weg steigt an und verlässt den Wald, und wir sehen das Schloss Bronnen vor uns aufragen. Wir halten uns links, passieren die Gebäude eines landwirtschaftlichen Anwesens. Eine kurze Serpentine bringt uns wieder in den Wald, und wir steigen in einem Rechtsbogen in Richtung Schloss auf. Wir verlassen den Albvereinsweg nach links, folgen dem liegenden roten Y und erreichen nach sechs Kilometern Buchheim.

Blick auf Renaissanceschloß und Martinskirche von Meßkirch

Wir behalten unsere Richtung bei und gelangen am Ortsende zu einer Friedhofskirche mit Wehrturm. Erst immer nach links um das Gelände herum, dann überqueren wir nach rechts die Kreisstraße nach Talheim, biegen an der ersten Abzweigung nach rechts und folgen dem blauen Y bis wir im Wald auf einen Weg stoßen. Wir wandern rechts weiter, überqueren nochmals die Kreisstraße und kommen im Katzental an, dem wir nach links folgen. Hier finden wir das blaue Dreieck als Wegezeichen vor, ihm können wir bis Meßkirch folgen. Auf Höhe der ersten Häuser nehmen wir den Weg nach rechts hoch, folgen ihm bis wir uns wieder entscheiden müssen. Dann nach links, und wir betreten nach weiteren knappen sieben Kilometern die Palaststraße in Altheim.

Wegstrecke:
Beuron – Buchheim – Heudorf – Meßkirch

Länge:
19 Kilometer

Zeit:
5 Stunden

Informationen:
Tourist-Info Meßkirch, Telefon (0 75 75) 2 06-46,
E-Mail: info@messkirch.de

Wir folgen der Hirschkopfstraße, anschließend der Palaststraße aus dem Ort und biegen zur Kläranlage nach links ab. Anschließend gehen wir aber geradeaus auf dem Feldweg weiter in den Wald, folgen unserem blauen Dreieck und erreichen nach etwas mehr als drei Kilometern Heudorf. In der Kirche hat Sieger Köder die Kreuzwegstationen gestaltet. Sein Stil ist unverkennbar.

Auf der Kapellenstraße verlassen wir Heudorf, nehmen aber gleich den Weg nach links über die Brücke, gehen durch Wiesen und unterqueren nach einiger Zeit die B 311. Ein geteerter Wirtschaftsweg bringt uns dann schließlich nach insgesamt 19 Kilometern nach Meßkirch.

Vierte Etappe: Meßkirch – Stockach

Vom Kreisverkehr aus, an dem sich beide Wege treffen, geht es zunächst in östlicher Richtung über die Ablachbrücke zur Meßkircher Frauenkirche. Sie besitzt einen gotischen Chor von 1356 und ist 1576 von Jörg Schwarzenberger umgestaltet worden. Gegenüber der Kirche mündet die Schnerkinger Straße ein. Schon nach 20 Metern biegen wir nach links in den Sandbühlweg ein und erreichen auf einem steiler werdenden Weg nach einer Rechtskurve das Schützenhaus. Von dort hat man den schönsten Ausblick auf die Martinskirche und das Zimmernschloss von Meßkirch. Am Schützenhaus vorbei führt der Weg rechts abbiegend bergab in den dörflichen Stadtteil Schnerkingen. Vor der Gaststätte »Rathaus« geht es links auf dem Hinteren Stockertweg hoch, bis wir auf den Vorderen Stockertweg stoßen, dem wir links weiterhin bergan bis zum Wald folgen. Ziemlich eben geht es geradeaus durch den Wald, den seltener

Wegstrecke:
Meßkirch – Wald – Sentenhart – Mindersdorf – Stockach

Länge:
33 Kilometer

Zeit:
8 Stunden

Informationen:
Gemeinde Hohenfels, Telefon (0 75 57) 9 20 60; Verkehrsamt Stockach, Telefon (0 77 71) 92 02 40

werdenden Muschelzeichen und den häufigeren Albvereinszeichen blaues Dreieck nach.

In einer scharfen Rechtskurve, bei einem Hochstand, bleiben wir in unserer Richtung und folgen einem schmalen, etwas sumpfigen Pfad, der uns später wieder auf eine breite Waldpiste führt. Kurz danach kommen wir zum Waldrand und wählen den Weg halbrechts und bleiben darauf, bis wir wieder an eine Kreuzung kommen. Wir gehen den Waldweg links, es kann danach etwas sumpfig werden, verlassen den Wald und betreten nach insgesamt zehn Kilometern das hohenzollerische Örtchen Wald. Hier folgen wir dem Weg »Annenesch« nach rechts und biegen vor einem Schulzentrum nach links auf einen schmalen Teerweg ein und erreichen die Bushaltestelle.

Kloster Wald spiegelt sich im Klosterteich.

Hier trennen sich die beiden Jakobswege wieder: Geradeaus geht der Weg über Pfullendorf nach Überlingen (siehe Seite 176).

Von der Bushaltestelle, die neben dem Weiher liegt, gehen wir auf der Hohenzollerstraße in südlicher Richtung. Nach einem Kilometer geht vor einem Bauernhaus ein Weg nach rechts ab, dem wir erst durch Wiesen, dann durch den Wald folgen. An der ersten Kreuzung der befestigten Waldwege wenden wir uns nach links und bei der nächsten Kreuzung nach rechts. Noch ein kurzes Stück im Wald, und wir erreichen eine kleine Ansiedlung. Wir gehen auf einen Weg zu und folgen ihm nach rechts, bis wir in die schmale geteerte Sentenharter Straße gelangen. Diese geht in die Ruhestätter Allee über, und wir erreichen nach sieben Kilometern die kleine Ortschaft Sentenhart. Dort geht es auf der Auenbachstraße weiter bis links die Römerstraße beginnt.

Nach wenigen Metern geht der schmale Mußnauenweg nach rechts zur Kneipp-Anlage ab. Erst folgt ein großer Bogen zum Wald, an dessen Rand wir bis zur Straße nach Roth gelangen. Hier laufen wir ein kurzes Stück nach rechts, biegen aber bei der nächsten Möglichkeit nach links ab, gehen durch den »Rother Platz« und dann weiter links nach Sattelöse. Bevor der Weiler beginnt, folgen wir dem Schotterweg nach links zum Wald und wandern dort nach rechts weiter, überqueren die Straße nach Sättelöse und gehen nach dem Wald nach rechts auf dem Albvereinsweg mit der blauen Raute weiter. Wenn wir Mindersdorf sehen, verlassen wir den Weg des Albvereins und gehen geradewegs auf die Ortschaft und die Kirche zu, die wir nach gut sieben Kilometern erreichen.

Mindersdorf war schon im frühen Mittelalter eine wichtige Reisestation auf der alten Reichsstraße zwischen Ulm und Zürich. Es diente bereits den karolingischen Kaisern und Königen als Herberge. Wohl kein anderer Ort in dieser Region hatte in alter Zeit so viele belegbare kaiserliche Besuche wie Mindersdorf. Mindersdorf lag günstig und gestattete nach allen Seiten eine weite Sicht und damit eine bessere Kontrolle der Umgebung. Zwei Urkunden des Karolingers Karl III. von 883 für Sankt Gallen zeigen, dass hier ein Kaiser Station gemacht hatte. Wie in der Veröffentlichung der Gemeinde Hohenfels zur 1150-Jahr-Feier vermerkt ist, hat Kaiser Karl der Dicke am 13. Februar 883 hier dem Kloster Sankt Gallen das Recht der freien Abtswahl bestätigt.

Der alte Name »Muneresdorf« dieser in der fränkischen Ausbauzeit entstandenen Siedlung dürfte von einem Personennamen abgeleitet sein. Nachweislich seit 843 war Mindersdorf im Besitz des Klosters Reichenau. Auf Grund der Abmachungen von 997 hatte der Reichenauer Abt bestimmte Dienste und Lieferungen zu leisten, wenn ein König oder Kaiser in Mindersdorf Rast machte.

Die Wegmarkierungen beginnen bei der neugotischen Pfarrkirche Sankt Oswald, welche im Jahr 1847 erbaut wurde, aber noch einen Turm aus dem 15. Jahrhundert besitzt.

Der Jakobsweg führt von der Kirche weiter Richtung Rathaus. Bei der zweiten Abzweigung geht es nach links, und wir folgen der Kreisstraße nach Stockach. Etwa nach einem Kilometer beginnt der Wald. Nach einem weiteren Kilometer auf der ehemaligen Handelsstraße biegen wir links auf einen landwirtschaftlichen Fahrweg ab. Kurze Zeit später erreichen wir Ursaul. Dort wenden wir uns bei der kleinen Gaststätte nach links und folgen dem Fahrweg nach Hengelau. Nach dem ersten Gebäude biegen wir links ab, überqueren auf einem Feldweg Wiesen und Felder und betreten den

Der heilige Oswald

Der Jahrestag des heiligen Oswald ist der 5. August. Oswald, 603 geboren, wurde König von Northumbrien. Nach dem Tode seines Vaters floh er nach Jona, wo er sich taufen ließ. 634 eroberte er sein Land zurück und bemühte sich um die Christianisierung. Im Kampf gegen den heidnischen König Penda von Mercien verlor er 642 sein Leben. Schottenmönche brachten seine Legende nach Deutschland.

Als älteste Darstellung von ihm gilt eine Wandmalerei um 1150 in Stift Nonnberg in Salzburg. Dort wird Oswald in königlichem Gewand und Mantel mit Krone wiedergegeben. Die Märtyrerpalme deutet auf seinen Tod im Kampf gegen die Heiden hin. Später wird er meist durch Zepter, Reichsapfel und ein Wappen mit Lilien und Löwen als englischer König gekennzeichnet. Die Legenden berichten von seiner Mildtätigkeit: Als er während eines Festmahls erfuhr, dass Bettler vor dem Tor standen, ließ er Speisen herausreichen. Sogar die silberne Platte, auf der das Essen angerichtet war, wurde zerstückelt, um diese auch noch verteilen zu können. Eine Darstellung dieser Szene findet sich auf einem Deckengemälde in der Kirche Sankt Oswald in Otterswang bei Bad Schussenried. Der Heilige ist vor allem in ländlichen Gegenden beliebt, wo er als Patron der Schnitter und des Viehs angerufen wird und auch zu den »Wetterherren« gehört: Ernte und Aussaat richten sich gemäß alten Bauernregeln danach, welcher Wind am Oswaldtag weht.

Wald. Wir nehmen den linken Weg, folgen ihm abwärts und wechseln nach links auf den besser ausgebauten Waldweg. Nach einem großen Bogen stoßen wir erneut auf einen Waldweg, dem wir nur kurz nach links folgen, um uns dann nach rechts zu wenden. Ab hier folgen wir dem Wanderweg des Schwäbischen Albvereins (Rechteck auf weißem Grund) und erreichen nach acht Kilometern und etwa zwei Stunden Gehzeit Stockach.

Die malerische Altstadt Stockachs, einst die befestigte Oberstadt, liegt nahe des Zusammenflusses von Stockacher und Mahlspürer Aach. Eine Ende des 13. Jahrhunderts begonnene Befestigung umschloss die Oberstadt in Form eines Vierecks. Davon sind nur noch wenige Reste erhalten geblieben.

Die Pfarrkirche Maria Himmelfahrt und Sankt Oswald wurde 1402 erbaut. 1704 wurde sie zerstört; an ihrer Stelle wurde 1718 bis 1728 eine Barockkirche errichtet. 1932/1933 ersetzte man diese durch einen Neubau. Der Unterbau des Turmes ist alt.

Wie in der amtlichen Beschreibung des Regierungsbezirkes Freiburg vermerkt ist, sind drei Kapellen abgegangen, die den Heiligen Eulogius, Rochus und Sebastian geweiht waren. Auch die Jakobskapelle in Risstorf (1102/16 als Rustinesdorf erwähnt) existiert nicht mehr. Sie war 1353 Filiale von Bodman, wurde 1787 exsekriert und ist 1907 abgebrannt. Heute erinnert nur noch der Straßenname »Jakobsgutweg« an die ehemalige Jakobskapelle.

Fünfte Etappe: Stockach – Markelfingen

Wir folgen dem Zugangsweg zum Bodenseerundweg (gelb-blaue Raute auf weißem Grund), bleiben auf der Hauptstraße und passieren die Pfarrkirche mit ihrem hohen, im oberen Teil polygonalen Glockenturm mit Zwiebelhaube. Es geht weiter in Richtung Bahnhof. Wir überqueren die Ausfallstraße nach Ludwigshafen und folgen ihr nach links. Wenn wir an der Brücke der Mahlspürer Aach angekommen sind, wenden wir uns nach rechts. Nach etwa einem Kilometer überqueren wir die Autobahn. Von dort aus folgen wir dem Weg nach links. Auf einem schmalen Waldweg, der sich nur eingeschränkt zum

Wegstrecke:
Stockach – Bodman-Ludwigshafen – Liggeringen – Markelfingen

Länge:
22 Kilometer

Zeit:
6 Stunden

Informationen:
Tourist-Info Gemeindeverwaltung Markelfingen, Telefon (0 77 32) 1 02 10

Radfahren eignet, setzt sich der Jakobsweg fort. Vom Spittelsberg haben wir eine prächtige Sicht auf den Überlinger See und bei bestimmten Wetterlagen auch auf die Alpen.

Wir folgen jetzt dem geteerten Weg nach Ludwigshafen. An der Friedhofskapelle wenden wir uns nach links und kurz danach wieder nach rechts in eine verkehrsberuhigte Straße. Vor dem Bahnübergang wenden wir uns nochmals rechts und erreichen nach sechs Kilometern und eineinhalb Stunden den Bahnhof von Ludwigshafen.

Dort finden wir den Anschluss an den Bodenseerundweg. Dessen Zeichen, einem blauen Rundpfeil, werden wir bis auf kurze Wegstrecken in Wollmatingen und Konstanz folgen.

Wir unterqueren die Gleise und bleiben am Ufer des Sees. Am Campingplatz biegen wir nach links ab, bewegen uns durch die Niederungen und über die Brücke der Stockacher Aach. Dieser Teil des Seeufers mit angrenzendem Feuchtgebiet ist eine bevor-

Fenster in der Kirche Sankt Peter und Paul in Bodman

zugte Brutstätte für seltene Wasservögel. Nach der Schranke folgen wir links einem schmalen Pfad bis zum Sportplatz. Wir erreichen nach vier Kilometern und einer Stunde Fußmarsch Bodman.

Eine sehr beeindruckende Landschaft erstreckt sich zwischen Bodman und Wallhausen. Am Ortsende findet sich das Schloss der Herren von Bodman mit der Gräflich von Bodmanschen Verwaltung. Umrahmt wird es von Wein- und Obstanlagen. Sehenswert sind die steil zum Überlinger See abstürzenden Schluchten aus

Molassegestein. Erwähnenswert ist ein Weg, der am See entlang, vorbei am Teufelstal, bis zur Marienschlucht führt.

Vor der Weiler Kapelle führt der Weg nach links und in der Ortsmitte geht die ansteigende Abzweigung nach rechts weiter. Dort beginnen wir mit dem Aufstieg, der sich im Wald fortsetzt. Wir passieren die Ruine Altbodman und erreichen das Gehöft von Bodenwald. Erst biegen wir nach rechts und dann gleich nach links ab. Wir treffen auf den Fahrweg, gehen durch Wäldchen und über Wiesen, und erreichen nach vier Kilometern und einer Stunde Liggeringen, ein Haufendorf auf dem Bodanrück, das bis 1806 zur bodmanschen Herrschaft Möggingen gehörte. Eine Pfarrei wird ab 1360/70 erwähnt, ein Patrozinium Sankt Verena schon 1296. Die Pfarrkirche Sankt Georg von 1711/17 ist heute Nordquerhaus der 1905 errichteten neuromanischen Kirche.

Wir passieren die Kirche von Liggeringen und biegen kurz nach dem Ortsende rechts ab. Der Weg führt über Wiesen und durch kleine Wälder, und es öffnet sich nach kurzer Zeit der Blick auf den Mindelsee. Der von Wiesen und Schilfdickicht umgebene See ist als Naturschutzgebiet ausgewiesen. Seltene Pflanzen, Libellen, Vögel und Frösche sind hier besonders zahlreich vertreten. Wir umrunden den See von Osten her und erreichen eine hohe Straßenbrücke. Der Weg nach links führt direkt nach Allensbach. Wir werden nach einem Besuch von Markelfingen und Radolfzell diese Stelle wieder passieren. Nach insgesamt sieben Kilometern und zwei Stunden Fußmarsch erreichen wir Markelfingen.

Die zwei ältesten Belege, in denen Markelfingen erwähnt wird, sind Fälschungen aus dem 12. Jahrhundert.

Wir besuchen die spätgotische Pfarrkirche Sankt Laurentius, die 1462 entstanden ist. Diese Zahl findet sich auf der Innenseite des Chorbogens. In einer späteren Umbauphase von 1612 (diese Jahreszahl ist über dem Eingangsportal vermerkt) entstanden die Seitenaltäre und die Wandbilder. Der Kirchenschatz, eine Turmmonstranz (1619) und ein Vortragskreuz (1624), wird am 10. August, dem Tag des heiligen Laurentius, der Öffentlichkeit gezeigt. Bei der Kirche handelt es sich um eine Saalkirche und einen Chorturm mit einem Oktogon aus dem 17. Jahrhundert. An der Südwand findet sich in der Reihe der Apostel auch eine Darstellung des Jakobus mit Pilgerattributen.

In Deutschland taucht die Darstellung des heiligen Laurentius ab dem 13. Jahrhundert vermehrt auf. Er ist ein sehr beliebter Märtyrer, der oft mit einem Feuerrost oder mit Evangelienbuch, Palme und einem Geld- oder Brotbeutel gezeigt wird. Er starb den Märtyrertod, als er dem Auftrag des hingerichteten Papstes Sixtus II. folgte, den Kirchenschatz an die Armen zu verteilen. Für Markelfingen berichtet die Legende, dass am Laurentiustag eine Schlacht siegreich beendet und Laurentius deshalb als Kirchenpatron erwählt wurde.

Ausflug nach Radolfzell

Der Weg macht nun einen kurzen Abstecher nach Radolfzell. Nach einer Abzweigung nach rechts verlassen wir den Ort und wandern durch Streuobstwiesen, umrunden einen Steinbruch und erreichen nach vier Kilometern und einer Stunde Radolfzell.

Radolfzell verdankt seinen Namen dem alemannischen Bischof Radolt von Verona, der hier 826 auf Reichenauer Gebiet eine Klause und eine Kapelle errichtete. Der Ort wurde bald Wallfahrtsziel zu Ehren der Märtyrer Senesius und Theopont. Dieser Stadtheiligen von Radolfzell wird alljährlich am dritten Sonntag im Juli mit dem Hausherrenfest gedacht. Um 1100 erhielt Radolfzell Marktrecht und 1267 Stadtrecht. Durch Verkauf gelangte es 1298 an Österreich, das hier einen Stützpunkt unterhielt. Früh zu einem Zentrum des Hegau-Adels und zu einem Umschlagplatz für Getreide geworden, wurde Radolfzell 1415 freie Reichsstadt.

Im Zentrum finden wir das Münster. An der Stelle der von Bischof Radolt von Verona errichteten Zelle erhebt sich heute eine dreischiffige gotische Pfeilerbasilika, die zwischen 1436 und 1466 erbaut wurde.

Pilgerherbergen, Siechenhäuser und vermutlich eine um 1430 erwähnte Kapelle auf dem Acker, wo die »Schwestern der willigen Armut«, auch Beginen genannt, ambulante Pflege durchführten, gehörten zu den zahlreichen Versorgungseinrichtungen, die in der Regel außerhalb der Stadtmauern angelegt wurden. So ist auf alten

Stadtansichten außerhalb der Stadtmauern eine Jakobskapelle mit einem Friedhof zu erkennen. Wie in der Stadtbeschreibung von P. Albert nachzulesen ist, hat der Frühmesser Konrad Nägelli 1505 zusammen mit zehn weiteren Mitgliedern einer Jakobusbruderschaft einen Jakobusaltar errichtet. Heute steht nahe dieser Stelle die Grundförderschule. Aber die Wirkung eines kollektiven Gedächtnisses bleibt sichtbar: Die Straße an dieser Stelle trägt den Namen des Heiligen.

Empfehlenswert ist ein Besuch im Stadtmuseum; es zeigt die Geschichte der Stadt, die Kultur ihrer Bürger und vermittelt Einblick in das örtliche Wirtschaftsleben.

Die wunderschöne Hügellandschaft des Hegaus lädt ein zu beschaulichem Wandern. So öffnet sich der Blick immer wieder einmal auf den See und bei entsprechenden Wetterlagen bietet das Alpenpanorama eine zusätzliche, begeisternde Kulisse.

Sechste Etappe: Markelfingen – Konstanz

Wir gehen ein kurzes Stück auf dem Jakobsweg zurück und wenden uns nach Unterquerung der B 33 nach rechts.

Wegstrecke:
Markelfingen – Allensbach – Wollmatingen – Konstanz

Länge:
27 Kilometer

Zeit:
7 Stunden

Informationen:
Tourist-Info Konstanz, Telefon (0 75 31) 13 30-28

Von dort folgt unser Jakobsweg ein kurzes Stück der Schnellstraße, um anschließend etwas anzusteigen und eine Kreisstraße zu überqueren. Der Weg bleibt rechts vom Homberg (488 m), streift ein links liegendes Sumpfgebiet und erreicht nach Überquerung der Bundesstraße nach sieben Kilometern und zwei Stunden Gehzeit Allensbach.

In Allensbach ist von der mittelalterlichen Stadtbefestigung mit ihren drei Toren

nichts mehr erhalten. Mitte des 19. Jahrhunderts wurde alles abgerissen. Beim Bahnhof finden wir jedoch die ab 1732 errichtete Kirche Sankt Nikolaus. Schon von weitem ist die im Sonnenschein giftgrün aufleuchtende Kupferbedeckung der Zwiebelhaube des Glockenturms zu sehen. Die drei im barocken Stil gehaltenen Deckengemälde stellen die Krönung Marias, Maria und Sankt Nikolaus als Fürbitter in Sturmnöten sowie die Himmelfahrt Jesu dar. Eine Vorläuferkapelle wird schon für 1337 genannt.

Nikolaus gilt als Patron der Seefahrer. Die meisten Allensbacher lebten damals vom See und erhofften sich von dem Heiligen Unterstützung in der Not. Nikolaus ist vor allem wegen seiner Mildtätigkeit berühmt. Nach einer Legende errettete er drei Pilger aus Seenot. So wird Nikolaus manchmal mit einem Anker als Attribut dargestellt. Bemerkenswert in der Kirche ist auch die Christusfigur an der Wand vor dem linken Seitenaltar. Der »Schmerzensmann« stellte in der Zeit vor 250 Jahren ein sehr beliebtes Motiv dar. In Christus als »Mann der Schmerzen« kann sich der leidende Besucher selbst erkennen.

Etwa zwei Kilometer nördlich von Allensbach liegt Kaltbrunn. Der Grundbesitz kam früh an das Kloster Reichenau und zusammen mit diesem 1540 an den Konstanzer Bischof. Kaltbrunn ist Filiale von Allensbach. Die Kapelle Sankt Jakobus und Anna wurde 1748/49 als schlichter Rechteckbau mit Dachreiter erbaut.

Die nahe gelegenen Türrain-Höfe, die sich einst auch im Besitz des Klosters Reichenau befanden, haben um 1390 einem Klosterbruder als Einsiedelei gedient. Eine kleine klösterliche Gemeinschaft bei der 1400 erstmals erwähnten Sankt-Leonards-Kapelle bestand anscheinend bis ins 16. Jahrhundert. Besondere bauliche Merkmale, die heute noch sichtbar sind, bestätigen diesen Befund. Um 1539 wurde das Hofgut als Lehen ausgegeben, im 17. Jahrhundert als Sennerei geführt und es ging Anfang des 19. Jahrhunderts in Privatbesitz über. Angeblich haben einst auch Wallfahrten hierher stattgefunden.

Ein Abstecher lohnt sich auch auf die Insel Reichenau. Bekannt ist das Kloster, dessen erste große Blüte schon im 8. und 9. Jahrhundert stattfand. Berühmt waren die Klosterschule, das Skriptorium und seine Bibliothek. Auf der Insel wurden drei dem Kloster zugehörende Kirchen errichtet: in Ober-, Mittel- und Niederzell.

Die Sankt-Georgs-Kirche in Oberzell mit ihrer romanischen Eingangshalle erscheint 1174 als Pfarrkirche. Im Inneren kann man einen bedeutenden Freskenzyklus mit den Wundern Christi besichtigen, der kurz vor 1000 entstanden ist.

In Niederzell steht die Kirche Sankt Peter und Paul, die im Wesentlichen aus einem Bau des 11. Jahrhunderts auf älteren Grundmauern besteht. Im Inneren finden wir Fresken des 12. Jahrhunderts und eine Altarplatte mit Namenszügen von Mönchen des 11. Jahrhunderts.

Ab dem 13. Jahrhundert begann ein wirtschaftlicher und geistiger Niedergang des Klosters, der auch durch Reformversuche nicht aufzuhalten war.

Von Allensbach aus passieren wir die Außenbezirke und wenden uns auf der Hauptstraße nach links. Kurz nach der Unterführung führt uns eine schmale Treppe rechts hoch. Nach wenigen Stufen geht es auf einem geteerten Wirtschaftsweg nach links und nach kurzer Zeit wieder nach rechts ab. Wir erreichen Hegne, einen Ortsteil von Allensbach.

In Hegne geht es abwärts in Richtung Schloss. Die Ordensgemeinschaft der Barmherzigen Schwestern vom heiligen Kreuz hat hier einen Ort geschaffen, an dem in verschiedenen Häusern die unterschiedlichsten Menschengruppen Leben und Glauben teilen und ein Stück gemeinsam gehen können.

Das Marianum ist eine private katholische Schule, die im Bereich der Sozialpädagogik und Hauswirtschaft eine fundierte, an christlichen Werten orientierte berufliche Aus-, Fort- und Weiterbildung anbietet. Die Schule steht allen jungen Menschen nach der allgemeinbildenden Schule offen.

Weitere Informationen im Internet unter www.marianum-hegne.de und www.klosterhegne.de

Vor dem Schloss biegen wir nach links und folgen dem Weg bis zum Waldrand, wo er wieder nach links abzweigt. In weiten Bögen bewegen wir uns durch schöne Wälder und Wiesen, bis wir auf die Kreisstraße von Dettingen nach Wollmatingen treffen. Hier wenden wir uns nach rechts und erreichen nach 6,5 Kilometern und eindreiviertel Stunden Wollmatingen.

Wir gehen vor bis zur Durchgangsstraße (L 220). Hier verlassen wir den Bodenseerundweg. Wir bleiben links und kommen zur Kirche Sankt Martin. Die Pfarrkirche wird schon 1312 erwähnt. Die Hilfsbereitschaft des Kirchenpatrons ist sprichwörtlich: So ist der heilige Martin auf dem spanischen Jakobsweg neben Jakobus der beliebteste Kirchenpatron.

Die Kirche wurde 1960/61 umgebaut, enthält aber noch gotische Elemente. Zum Kirchensprengel gehörten bis 1440 neben Wollmatingen auch Egg und Staad.

Am Ortsende geht es rechts auf einem Wirtschaftsweg weiter, durch den Wald bis zu dem ehemaligen Kloster Sankt Katharina. Hier wenden wir uns nach rechts und erreichen wenig später die Universität von Konstanz. Nach sieben Kilometern und zwei Stunden Gehzeit erreichen wir Allmannsdorf, einen Stadtteil von Konstanz.

In Allmannsdorf wird schon 1260 eine Kirche erwähnt. 1356 werden als Patron der heilige Georg und als Mitpatrone Unsere Liebe Frau, Peter und Paul sowie Martin genannt. Die Pfarrkirche wurde um 1745 und in den Jahren 1962/63 umgebaut. Sie besitzt einen spätgotischen Turm mit vorkragendem holzverkleidetem

Obergeschoss und vierseitigem Zeltdach. Auch wird von einer auf dem Staader Berg 1637 erbauten Lorettokapelle, einem schmalen Rechteckbau mit einem Vorbau für Pilger, berichtet. Ein Siechenhaus von 1335 ist ebenso belegt; es bestand bis ins 19. Jahrhundert.

An der zweiten Kreuzung biegen wir nach links ab und folgen dieser Straße bis zu einer Kreuzung. Danach geht es links zur Loretto-Kapelle und geradeaus weiter durch den Stadtwald und anschließend zum Seeufer. Nun bleiben noch 25 Minuten Fußweg bis zur Stadtmitte von Konstanz.

Rechts vom Weg liegt der Konstanzer Stadtteil Petershausen, der aus einem im 10. Jahrhundert gegründetem gleichnamigen Kloster entstanden ist. Im 15. Jahrhundert wurde diese Siedlung mit in die Stadtmauer einbezogen. Nach den Forschungen von Fredy Meyer hat das Kloster im 12. Jahrhundert zweimal Reliquien des Apostels Jakobus erworben.

Einen weiteren Hinweis auf den heiligen Jakobus finden wir vor der westlichen Stadtmauer: Dort wurde 1142 von Regensburg aus das Schottenkloster Sankt Jakob gegründet. Es wurde 1526 zerstört. Die 1697 erneuerte Kirche dient seit 1785 als Friedhofskapelle. Im Ostfenster finden wir ein Glasgemälde von Jakobus.

Schottenmönche oder Schottenbrüder nannte man die iroschottischen Mönche, die ab dem 11. Jahrhundert in Süddeutschland aufgetaucht waren. Als Wandermönche brachten sie dem Pilgerheiligen Jakobus eine besondere Verehrung entgegen. Ein Teil ihrer Gründungen wurden deshalb dem Jakobus geweiht.

Die ältesten Siedlungsspuren von Konstanz weisen bis in die jüngere Steinzeit zurück. Aus dem 1. Jahrhundert v. Chr. sind Funde einer keltischen Siedlung bekannt. Zu Beginn des 1. Jahrhunderts n. Chr. errichteten die Römer auf dem heutigen Münsterhügel eine befestigte Anlage. Aus diesem römischen Stützpunkt entwickelte sich im Frühmittelalter eine städtische Siedlung, die den römischen Namen »Constantia« beibehielt.

Vom 6. Jahrhundert bis zum Jahr 1827 war Konstanz Bischofssitz des größten deutschen Bistums. Ihre Blütezeit erlebte die Stadt vom 10. bis zum 14. Jahrhundert. Konstanz lag im Schnittpunkt der

Jakobus verteilt Pilgerstäbe und Taschen. Mauritiusrotunde des Konstanzer Münsters

Handelsstraßen nach Oberitalien, Frankreich und Osteuropa und avancierte zu einem wichtigen Handelsplatz für Pelze, Leinen und Gewürze. Die damalige Bedeutung der Stadt zeigt sich auch darin, dass Konstanz im 15. Jahrhundert als Austragungsort eines Konzils ausgewählt wurde: Von 1414 bis 1418 tagten Kirchenvertreter aus allen europäischen Ländern in der Stadt und wählten 1417 Martin V. zum neuen Papst.

1527 schloss sich Konstanz der Reformation an. Nach dem Sieg der Gegenreformation verlor die Stadt 1548 ihre Reichsfreiheit und wurde zu einer österreichischen Landstadt. Auch ihre wirtschaftliche Vormachtstellung im Bodenseeraum ging verloren. Nach dem Sieg Napoleons wurde Konstanz 1806 in das neu geschaffene Großherzogtum Baden eingegliedert.

Im Zentrum von Konstanz suchen wir das Münster Unserer Lieben Frau auf. Das Münster hat einen Vorgängerbau aus dem Jahre 600. Um 960 wurde die mehrräumige Krypta als Nachbildung der Jerusalemer Grabeskirche errichtet. Seine heutige Form entstand um 1280. Die gotischen Fenster stammen aus der Zeit um 1300, ein spätgotisches Gewölbe aus dem 15. Jahrhundert. Das Münster war Tagungsort des Konstanzer Konzils (1414–1418), mit dem das große abendländische Schisma beendet und Johannes Hus als Ketzer vor den Toren der Stadt verbrannt wurde. Über die Jahrhunderte hinweg hat das Münster zu seiner heutigen Ausgestaltung mit den verschiedensten Baustilen gefunden. Die ältesten erhaltenen Stücke im Inneren der Kirche sind ein aus dem 15. Jahrhundert stammendes Chorgestühl und die so genannten Goldscheiben aus dem 11. und 13. Jahrhundert.

Welche Bedeutung Konstanz für die Pilgerscharen hatte, lässt sich an der nachempfundenen Darstellung des Heiligen Grabes, der Mauritiusrotunde in der Krypta des Münsters nachvollziehen. Jakobus steht im Kreise der Apostel: In der rechten Hand trägt er ein Bündel Pilgerstäbe und in der linken Hand Pilgertaschen, bereit, sie an die Pilger zu verteilen.

Hier, in Konstanz, enden die Markierungen des Europa Zentrums, ab hier nimmt der Schwabenweg mit den schweizerischen Markierungen seinen Anfang. Denn in Konstanz treffen die Jakobswege aus dem Nordosten, dem Norden und dem Nordwesten aufeinander. Hier versammelten sich große Gruppen von Pilgern, die anschließend gemeinsam durch die Schweiz nach Einsiedeln weiter zogen.

In einem mittelalterlichen Lied heißt es:

So ziehen wir durch Schweizerland ein
Sie heißen uns gottwilkum sein
Und geben uns ir speise
Sie legen uns wol und decken uns warm
Die Straßen tun sie uns weisen.

Der Hohenzollerische Jakobsweg zum Bodensee

Von Hechingen über Burladingen nach Überlingen in fünf Etappen

Die ebenfalls im Jahr 2005 ausgeschilderte Querung der Schwäbischen Alb von Hechingen über Sigmaringen nach Überlingen folgt in ihrem ersten Teil nahezu ausschließlich den tief eingekerbten Tälern der Killer, Fehla und Lauchert. Erst ab Sigmaringen wird die Landschaft entlang dieser Variante offener: Es geht nun durch das westliche Oberschwaben und den malerischen Linzgau geradewegs zum Bodensee. Auch auf dieser 5-Etappen-Variante finden sich zahlreiche Relikte des Jakobskultes, so etwa in Killer, Ringingen, Wald und Pfullendorf.

Gesamtstrecke: 115 Kilometer

Karten: Freizeitkarte 1 : 50 000 des Landesvermessungsamts Baden-Württemberg, Blatt 511, 523, 526

Erste Etappe: Hechingen – Burladingen

Wir beginnen unsere Etappe am Kloster Sankt Luzen, das rechts neben dem Bahnhof in der Hechinger Unterstadt liegt. Der St.-Luzen-Weg führt uns in südöstlicher Richtung unter der B 27 und wenige Minuten später unter dem Zubringer zur B 32 hindurch. Wir folgen der Bahnlinie, überqueren sie und gelangen anschließend in den Walkenmühlenweg, dem wir nach links folgen, um etwas später nach links in den Reinetalweg abzubiegen. Wir gehen geradeaus weiter, folgen dem Wiesenweg, der uns nahe an die links von uns verlaufenden Gleise der Hohenzollerischen Landesbahn bringt.

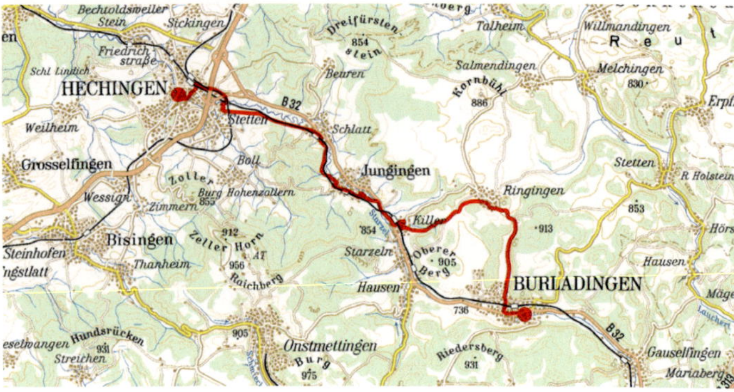

Nach etwas mehr als fünf Kilometern bringt uns der Weg nach Schlatt. Am Ortsende, dort wo sich ein Bahnübergang links öffnet, müssen wir rechts weitergehen.

Wir bleiben links der Bahnlinie, passieren die sehenswerten Wasserfälle der Starzel und erreichen nach weiteren insgesamt neun Kilometern Jungingen. Links von uns sehen wir die Kirche Sankt Sylvester, deren Vorläuferbau vermutlich zu Beginn des 15. Jahrhunderts entstand, aber erst 1935 mit einer Kopie der Gnadenmutter von Einsiedeln zur Wallfahrtskirche wurde. Auf einem Glasfenster finden wir den heiligen Franz Xaver mit einer Jakobsmuschel auf der Brust. Er wurde 1506 auf Schloss Xavier bei Pamplona geboren, missionierte als päpstlicher Legat in Japan (dort gab es 1549 die erste christliche Gemeinde) und China, starb auf der Insel Sancian im Südchinesischen Meer, der Legende nach völlig verlassen, aber von Engeln getröstet.

In der Apostelgruppe taucht Jakobus als hölzernes Halbrelief mit unklarer Herkunft auf.

Wegstrecke:
Hechingen – Schlatt – Jungingen – Killer – Ringingen – Burladingen

Länge:
19 Kilometer

Zeit:
5 Stunden

Informationen:
Tourist-Info Burladingen,
Telefon (0 74 75) 89 20

Der heilige Jakobus von Killer

Eventuell wurde es um 1591 für das Chorgestühl der Hechinger Schlosskirche gefertigt, nach anderen Quellen könnte es eine Arbeit von Joachim Taubenschmied von 1625 sein. Jakobus wurde neben Pankraz und Sylvester schon 1437 als Schutzpatron genannt.

Eine weitere Jakobusfigur birgt die Sankt-Anna-Kapelle auf der Lehr. Entstanden um 1500, im Jahr 1743 erweitert, war sie vermutlich das erste Kirchlein in Jungingen. Auf dem Altar stehen die Figuren der heiligen Anna und des heiligen Jakobus des Älteren, beide stammen aus der Zeit um 1500. Auf dem Boden finden wir Fliesen mit dem Aufdruck »Tritt mich«. Später werden wir in Nusplingen ähnliche entdecken.

Wir überqueren kurz vor Ortsende die Bahnlinie, folgen der Schüttestraße nach rechts, passieren die Freizeitanlagen und das Hallenbad und stoßen auf die B 32. Schon lange ist hier ein Radweg geplant. Man muss sich also nun auf 300 Metern vom Verkehr umtosen lassen und erreicht nach insgesamt elf Kilometern den Burladinger Ortsteil Killer. Einst hieß dieser Ort Kirchwilari und wandelte sich, bevor vermutlich der erste Bewohner hier englisch sprach, zu Killer.

Dort besuchen wir die Kirche Mater Dolorosa. Sie wurde 1275 erstmals erwähnt und war der Sitz einer in den Orten Jungingen und Killer nachweisbaren Jakobsbruderschaft. Diese wurde 1488 von Pfarrer Kaspar Schuler ins Leben gerufen und war eine Gebets- und Totengedenkbruderschaft. Die Kirche birgt in ihrem Inneren eine außergewöhnliche Jakobusstatue, die vom Ende des 15. Jahrhunderts stammt. Der Bruderschaftsmeister (in diesem Fall der Autor dieser Veröffentlichung), der seit 2004 wiederbegründeten »Jakobusbruderschaft Killer A. D. 1510« ist der Ansicht, dass der Schlitz im Knie der farbig gefassten Holzfigur jene Münzen aufnehmen sollte, die der Bruderschaft zugedacht waren. Aber vermutlich war es mehr ein Opferstock. An der Decke finden wir im Gemälde von Franz Ferdinand Dent die Abbildung eines Jakobspilgers, der uns aber den Rücken zukehrt und wir deshalb keine Jakobsmuschel erkennen können.

Eine der wichtigen Aufgaben der »neuen« Jakobusbruderschaft wird die Beherbergung von durchwandernden Pilgern sein. Information und Anmeldung unter Telefon (0 74 77) 7 66 und (0 74 77) 15 20 77 und im Internet unter www.jakobusbruderschaft-killer.de.

Versäumen sollte man in Killer nicht, das wohlbekannte Deutsche Peitschenmuseum zu besuchen (www.peitschenmuseum.de). Auf Anfrage, Telefon (0 74 77) 13 25, öffnet es auch häufiger als nur am ersten Sonntag jeden Monats.

In dem wenige Kilometer weiter gelegenen Burladinger Ortsteil Starzeln bestand einst eine Niederlassung des Johanniterordens. Zu den selbst gewählten Aufgaben und Pflichten der Johanniter gehörten die Versorgung und Beherbergung von Pilgern durch das

Mit dieser Darstellung erflehen sich die Pilger göttlichen Schutz auf ihrer Reise, einen Schutz wie ihn die Juden nach dem Auszug aus Ägypten erhielten.
»Der Herr zog vor ihnen her, bei Tag in einer Wolkensäule, um ihnen den Weg zu zeigen, bei Nacht in einer Feuersäule, um ihnen zu leuchten. So konnten sie Tag und Nacht unterwegs sein. Die Wolkensäule wich bei Tag nicht von der Spitze des Volkes, und die Feuersäule nicht bei Nacht.« (Exodus 13,21–22)

Spital. Burkhart von Jungingen hatte 1278 die Burg und den halben Ort dem Johanniterorden geschenkt. Heute finden sich von der Hofkirche und dem Spital keine sichtbaren Reste mehr. Nur im Ortswappen von Starzeln ist eine Spur dieses Ordens erhalten geblieben.

Wir beginnen unseren Aufstieg gen Etappenziel in der Katharinenstraße, wechseln auf eine Schotterpiste, die uns auf einem steilen Weg durch den Wald auf die Hochfläche der Schwäbischen Alb bringt. Wir setzen unseren Weg durch eine Allee nach halblinks fort, überqueren einen weiteren Wirtschaftsweg und folgen dem Feldweg bis wir nach drei Kilometern Ringingen betreten.

Einen weiteren Beleg des noch lebendigen Jakobskults finden wir am »Saumärkt« an der Einmündung der Hilbgasse in Gestalt eines Jakobsbrunnens mit Jakobus-Bildstock. Im November 1988 wurde der Bildstock geweiht. Fünf Ringinger mit dem Namen Jakob, eine Jakobine und zwei Angehörige von verstorbenen Jakoben schlossen sich damals zusammen, um den hölzernen Bildstock zu fertigen. Er soll an das schon 1530 erwähnte Sankt-Jakoben-Käppele auf der Staig und an den alten Pilgerweg, der zum Jakobsgrab nach Santiago führt, erinnern.

In der Martinskirche findet sich neben Deckenbildern mit den als Pilger dargestellten Heiligen Franz Xaver und Alexius links im Seitenschiff eine Votivtafel vermutlich vom Ende des 18. Jahrhunderts, auf der rechts unten eine Gruppe von Jakobspilgern dargestellt ist. Oben im Bild ist »Maria vom Guten Rat« zu sehen, die ihr Ohr dem Jesuskind zuwendet. Mit dieser Darstellung erflehen sich die Pilger durch die Mutter Gottes Schutz für ihre gefahrvolle Reise (siehe Seite 163).

Das Motiv der »Maria vom Guten Rat« ist im Original in Genazzano bei Rom zu finden, wo es 1467, wie eine Legende erzählt, wieder aufgetaucht ist, nachdem es auf wundersame Weise aus Skutari in Albanien verschwunden war. Eine ähnliche Darstellung finden wir auch im Kloster Wald.

Etwas mehr als vier Kilometer sind es noch bis Burladingen. Dazu steigen wir die Bachstraße hinauf, folgen der Kreisstraße nach rechts, aber können gleich auf einen Weg nach links wechseln, der uns zum Waldrand bringt.

Römer in Burladingen

Das Kastell Burladingen wurde um 80 nach Christus an einem der wichtigsten, schon in vorrömischer Zeit benutzten Albübergänge errichtet, zuerst in Holzbauweise, 20 Jahre später in Steinbauweise. Nördlich des Kastells etablierte sich ein Dorf (vicus), das bis um die Mitte des 3. Jahrhunderts bestand. Militärisch uninteressant wurde das Kohorten-Kastell aber schon um 130 nach Christus. Die Lage des Kastells (westlich vor Burladingen) ist noch heute gut im Gelände erkennbar.

Einst stand in der Nähe eine Kapelle, die dem heiligen Bernhard von Clairvaux gewidmet war.

Einer breiten Schotterstraße folgen wir bergauf, bis kurz vor der ersten Kurve ein schmaler Waldweg nach rechts abführt und uns beinahe auf der Ebene bis nach Burladingen bringt. Dort folgen wir der Straße nach links, an der Marienkapelle vorbei, dann rechts und später über den Bahnübergang zum Kreisverkehr. Noch ein Stück nach links und wir können rechts in die Josengasse einbiegen, an dessen Ende die Fehlaquelle sprudelt.

Zweite Etappe: Burladingen – Veringenstadt

Bei der Eisdiele in Burladingens Zentrum wenden wir uns nach links, folgen der engen Straße »Im Gässle« und erreichen die Georgskirche. Der älteste Bau wird auf 700 nach Christus datiert, erhalten geblieben ist die romanische Nordwand aus dem 13. Jahrhundert. Um 1770 hat Christian Großbayer die Pfarrkirche umgebaut. Heute finden dort meist nur noch Konzerte statt.

Wir bleiben bei der bislang eingeschlagenen Richtung parallel zur B 32 und gehen durch den Weg »Beim Schlössle« und die Mayinger Straße entlang. Anschließend umrunden wir ein großes Betriebsgelände nach rechts und gelangen nach knapp fünf Kilometern auf den Verbindungsweg nach Gauselfingen. Wir kommen in die Recksteinstraße, überqueren eine Kreuzung, folgen der Buben-

Wegstrecke:
Burladingen – Gauselfingen – Neufra – Hettingen – Hermentingen – Veringenstadt

Länge:
20 Kilometer

Zeit:
5,5 Stunden

Informationen:
Gemeindeverwaltung Veringenstadt, Telefon (0 75 77) 9 30-0

hofenstraße und überqueren nach einiger Zeit die Gleise nach rechts, folgen weiterhin dem Weg, der sich auch Laucherttal-Radweg nennt.

In Neufra biegen wir nach links zur katholischen Pfarrkirche Sankt Mauritius ab. Im Pfarramt daneben können Pilger um eine Übernachtungsmöglichkeit bitten (Katholisches Pfarramt, Telefon (0 75 74) 9 14 60).

Wir folgen der Kirchstraße, dann der Rathausstraße nach

Die Quelle des heiligen Gallus in Hermentingen

links, und beim Bahnhof biegen wir nach rechts in die Friedhofsstraße ein, auf deren Fortsetzung wir durch das wunderschöne, durch keinen Verkehrslärm beeinträchtigte Fehlatal wandern. Ein gelbes Dreieck ist hier unser Begleiter. Wir halten uns im Wesentlichen links auf dem Talgrund, passieren nach einiger Zeit eine Grillstelle und treffen nach sieben Kilometern auf das Tal der Lauchert, biegen nach der Fischzuchtanstalt nach rechts auf den Schwäbischen-Alb-Radweg ab und erreichen nach weniger als einem Kilometer Hermentingen.

Wie wählen die Ortsstraße nach rechts und kommen nach links auf den Veringer Weg und passieren die Sankt-Gallus-Quelle. Eine Statue zeigt den heiligen Gallus mit Wanderstab und einem daran befestigten Säcklein mit Reliquien. Ein Bär steht neben ihm; ihn soll Gallus sich der Legende nach gefügig gemacht haben, um genügend Holz fürs Feuer und für ein Bethaus zu bekommen.

Wir setzen unseren Weg fort, unterqueren einmal die Bahnlinie und erreichen nach weiteren 3,5 Kilometern Veringenstadt. Wenn wir an der ersten Kreuzung angekommen sind, gehen wir nicht geradeaus weiter, sondern machen einen kurzen Abstecher nach rechts zur Deutstettener Wallfahrtskirche Sankt Maria, die seit

1417 ein beliebtes Ziel von Wallfahrten ist. Grund dafür war ein Hochwasser der Lauchert, das eine wundertätige Pietà-Figur angeschwemmt haben soll.

Setzen wir den unterbrochenen Weg fort, erreichen wir die kleine Altstadt nach einer Rechtsbiegung beim Haus der Malkunst. Wir passieren einen Brunnen, der dem Maler Jakob Strüb gewidmet ist. Die Malerfamilie Strüb wohnte von 1360 bis 1540 im Ort, und die Mitglieder waren auch als Meister von Veringen, von Sigmaringen und von Meßkirch bekannt. Ihre Werke finden sich in zahlreichen Kirchen, Klöstern und in vielen Museen der Welt.

Dritte Etappe: Veringenstadt – Inzigkofen

Wir überqueren die Lauchert, unterqueren die B 32 und sind wieder auf dem Radweg nach Sigmaringen, dem wir rechts der Lauchert folgen. Dazwischen werden die Bahngleise überquert, aber an der Richtung ändert sich nichts. In Veringendorf, wo wir nach knapp vier Kilometern ankommen, biegen wir nach links über die Bundesstraße ab, wechseln wieder die Flussseite und wenden uns nach rechts. Hier haben wir nun die Möglichkeit, abseits vom Weg, die älteste Kirche im Hohenzollerischen zu besuchen, die wir an ihrem Doppelturm sofort erkennen. Im Inneren birgt die Sankt-Michael-Kirche Fresken, die um 1330 entstanden sind.

Auf der schmalen Breitnaustraße können wir auf den Jakobsweg zurückfinden und anschließend nach rechts auf einem Kiesweg, später wieder auf einer Teerstraße, nach Jungnau laufen. Dort überqueren wir nach 2,5 Kilometern rechts die Bahngleise und die Lauchert, um einen Blick in die Pfarrkirche Sankt Anna werfen zu können. Im Inneren ist die Kirche

Wegstrecke:
Veringenstadt – Veringendorf – Jungnau – Sigmaringen – Laiz – Inzigkofen

Länge:
17 Kilometer

Zeit:
5 Stunden

Informationen:
Stadtverwaltung Sigmaringen,
Telefon (0 75 71) 1 06-0

ganz grau geworden und bedarf dringend eines neuen Anstriches. Aber ein Besuch lohnt sich trotzdem.

Wir gehen zur Hauptstraße, überqueren sie und folgen der Paradiesgasse nach links. Es steigt kurz kräftig an, und wir befinden uns auf einer ehemaligen römischen Straße, die uns parallel zur Bundesstraße vorwärts bringt. Für Radfahrer gut geeignet geht es erst bergab, dann durch den Wald hoch. In einem Rechts-Links-Schwenk unterqueren wir die von Albstadt herführende B 463 und erreichen den Nollhof. Zwischen den Gebäuden führt unser Jakobsweg nach rechts hinunter und später zu einem Parkplatz. Gleich danach geht es links unter der Straße durch, anschließend rechts auf der Jungnauer Straße weiter. Nach weiteren sechs Kilometern haben wir Sigmaringen erreicht.

Nach der Zollerhof-Brauerei geht es über die Kreuzung zu einer Unterführung. Immer geradeaus gehen wir »In den Käppeleswiesen« vor und über die Straße in ein parkähnliches Gelände. Der Weg teilt sich: Links befindet sich ein verlockendes Gartenlokal direkt an der Donau, rechts geht es weiter auf dem Jakobsweg an der Donau entlang nach Laiz. Der Weg durch das Gartenlokal und anschließend nach rechts über die Brücke ist der kürzeste Weg ins Zentrum von Sigmaringen.

Hoch über der Donau auf einem Jurafelsen gelegen, überragt das Hohenzollernschloss die Stadt Sigmaringen. Im Innern des Schlosses erwartet die Besucher eine Vielzahl von Jagdtrophäen, eine der größten Waffensammlungen Europas, eine Kunstsammlung des Mittelalters sowie mehrere wert- und stilvoll ausgestattete Räume.

Wir aber wollen unser Etappenziel erreichen und gehen die knapp drei Kilometer nach Laiz weiter. Vor uns sehen wir die Brücke, die wir überqueren müssen. Aber davor lohnt sich noch der Besuch in der Kirche Peter und Paul. Dort finden wir eine Darstellung des heiligen Wendelin mit all seinen Attributen und als Besonderheit hat er zwei Jakobsmuscheln auf der Brust.

Nach der Brücke folgen wir der Straße ein Stück rechts, um anschließend noch mal nach halbrechts in den Wendelinusweg abzubiegen. In gehörigem Abstand zur Donau geht es über Wiesenwege links an einer Erhebung vorbei, die bis zu einer Schleife der Donau reicht. Rechts der Donau zugewandt, befindet sich der Amalienfelsen, der mit einer Inschrift versehen an die 1841 verstorbene und zu Lebzeiten sehr wohltätige Fürstin Amalie Zephyrine erinnert.

Wir wenden uns aber nach links und steigen durch den Wald nach Inzigkofen hoch. Nach weiteren zwei Kilometern stehen wir dort vor der ehemaligen Klosterkirche. Vor der Empore steht eine sehr sehenswerter, vergoldeter Sankt Jakobus. Er trägt statt des Wanderstabs das Arbeitsgerät von Wendelin dem Schäfer – eine Stange mit einem kleinen Schäufelchen.

Es waren die beiden Sigmaringer Bürgerstöchter Mechthild und Irmengard Sönner, die 1354 das Kloster Inzigkofen gegründet haben. Die Schwestern lebten viele Jahre später in strenger Klausur, Geschenke oder Gaben wurden mit einer Winde ins Kloster gehievt. Im 18. Jahrhundert, in Zeiten großer Not, zeigte sich das Kloster wohltätig und half hungrigen und bedürftigen Menschen. In der Klosterchronik wird von manchmal 400 Menschen am Tag berichtet, die an der Klosterpforte um Almosen und Hilfe baten.

Sankt Michael in Veringendorf

Kaiser Napoleon setzte dem Klosterleben ein Ende und übereignete es den Fürsten von Hohenzollern. Die letzte Chorfrau verstarb 1856.

Heute ist aus dem Kloster ein Volkshochschulheim geworden, in dem Pilger, wenn noch etwas frei ist, vielleicht einen Schlafplatz finden können (Telefon (0 75 71) 7 39 80).

Vierte Etappe: Inzigkofen – Pfullendorf

Wir folgen der Kirchstraße nach rechts, passieren ein kleines Heimatmuseum und gelangen durch einen Durchgang in den Park des Klosters. Hohe Mauern sind noch sichtbar, die einst das Klosterleben schützten und ein Eindringen von außen, aber auch ein Verlassen dieser Stätte, erschwerten.

Nach dem Durchqueren des Tors behalten wir die eingeschlagene Richtung bei, überqueren eine schmale Straße, die nach rechts hinunter zur Donau führt, und folgen in einem großen Linksbogen einem von hohen Bäumen begrenzten Pfad. Am Ende von Inzigkofen wechseln wir nach rechts, können hinab zur mäandrierenden Donau schauen und verlassen anschließend den Wald. Ein Feldweg, anfänglich geteert, erst nach links, dann rechts abbiegend, bringt uns geradewegs nach knapp vier Kilometern an den Ortseingang von Vilsingen. Wir biegen nach rechts in die Lindenwasenstraße ein und folgen ihr in einem großen Linksbogen, bis wir an der Pfarrkirche Sankt Johannes und Paulus angekommen sind. Nur noch ein kurzes Stück geht es vor zur B 313, der wir zwei Kilometer lang auf dem Radweg rechts bis nach Engelswies hinein folgen.

Eine prachtvolle gelbweiße Wallfahrts-Kirche mit Zwiebelturm (Mater Dolorosa) rechts

Wegstrecke:
Inzigkofen – Vilsingen – Engelswies – Meßkirch – Wald – Pfullendorf

Länge:
27 Kilometer

Zeit:
7 Stunden

Informationen:
Stadt Pfullendorf,
Telefon (0 75 52) 25-01

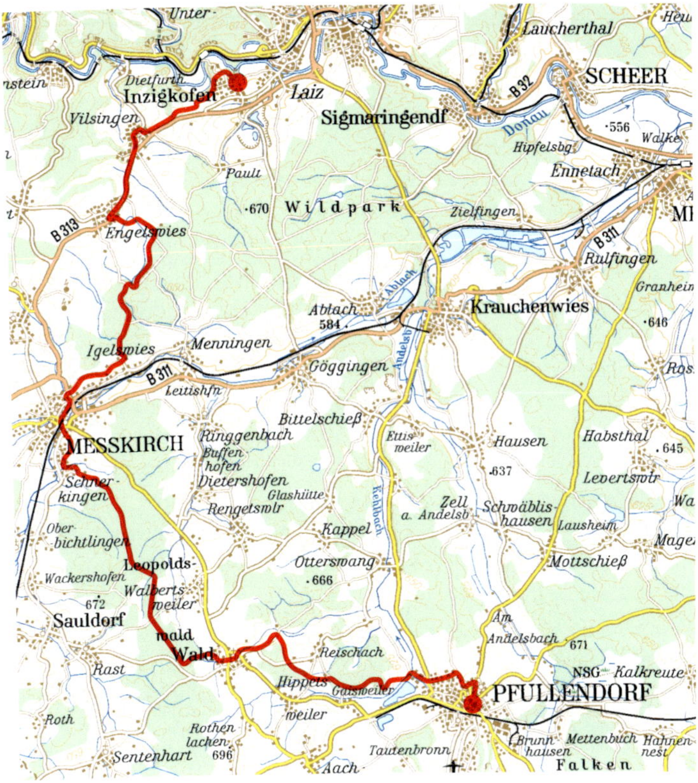

lädt zum Verweilen ein. Bei dem Namen Engelswies denkt man gleich an Engelsfiguren; davon gibt es auch einige in der Kirche. Eine Anna- und eine Josefsbruderschaft existierten hier einst. Ein italienisches Wandbild zeigt, nur durch eine Kerze beleuchtet, den Tod von Josef und wie seine Seele in Gestalt eines Jungen gen Himmel aufsteigt.

Auf dem Altar ist um die Pietà des Meinrad von Au ein Bogen mit 15 Abbildungen der Rosenkranzgeheimnisse gelegt. Die prachtvoll ausgestaltete Kanzel wird, wie der Pfarrer erzählte, nur selten benutzt, da seine Gemeinde nicht abgekanzelt werden will. Die beiden Kirchenpatrone sind die heilige Verena, mit Lilie und

Wasserkrug dargestellt, und der heilige Johannes von Nepomuk, mit Kruzifix und Märtyrerpalme sowie einem Kranz aus fünf Sternen um das Haupt.

Nepomuk ist der Patron der Beichtväter, und in Wallfahrtskirchen wird häufig gebeichtet. Er hatte einst das Beichtgeheimnis gewahrt und nicht preisgegeben was ihm die Gattin von König Wenzel anvertraut hatte. Der König ließ den »Ungehorsamen« dafür in der Moldau ertränken. Deshalb taucht Nepomuk auf unserem Jakobsweg sehr häufig als Brückenheiliger auf.

Für Pilger besteht die Möglichkeit, im katholischen Pfarrhaus in Engelswies zu übernachten, Telefon (0 75 75) 9 33 53.

Wir gehen auf der Hauptstraße nur wenige Meter zurück, überqueren sie und folgen dem Verenaweg aus dem Ort hinaus, halten uns an der ersten Weggabelung links und an der zweiten rechts. Wir erreichen den Wald und der Jakobsweg setzt sich nach rechts fort. Nach links führt der Weg zur Kapelle der heiligen Verena. Ein Quellwunder in einem trockenen Sommer zu Beginn des 13. Jahrhunderts durch Verena war Anlass für die Wallfahrten, die zwei Mal im Jahr stattfinden. Hierbei verehrt das fromme Volk die Brunnenheiligen.

Der weitere Jakobsweg folgt wenige Meter dem Radfernweg, bleibt aber rechts am Waldrand und folgt dem blauen Dreieck des SAV ausnahmslos bis zum Ortseingang von Pfullendorf. Nach einer S-Kurve dürfen wir das Linksabbiegen nicht vergessen. Wir verlassen den Wald, gehen nach rechts zwischen einzeln stehenden Häusern hindurch und sehen im Tal Meßkirch liegen. In großem Bogen überqueren wir nach beinahe neun Kilometern die B 311 und gehen weiter auf der Bahnhofsstraße vor bis zum Kreisverkehr.

Dort treffen wir auf die Variante des Jakobswegs, die von Balingen über das Kloster Beuron hierher führt.

Sehenswert in Meßkirch ist das Renaissanceschloss der Grafen von Zimmern – es ist die erste um 1560 errichtete regelmäßige Vierflügelanlage nördlich der Alpen. Berühmt ist auch die Kirche Sankt Martin, 1526 im spätgotischen Stil errichtet und 1770 als letzte Spätrokokokirche Oberschwabens vollendet. Der »Meister von Meßkirch« hatte für dieses Gotteshaus mehrere Altargemälde geschaffen. Doch nur noch das so genannte »Dreikönigsbild« ist

Der »Tod von Josef« in der Wallfahrts-Kirche von Engelswies

von der ursprünglichen Ausstattung übrig geblieben. Die anderen Tafelgemälde des Meisters sind heute in den verschiedensten Museen in aller Welt zu finden.

Vom Kreisverkehr, an dem sich beide Wege treffen, geht es zunächst in östlicher Richtung über die Ablachbrücke zur Frauenkirche. Sie besitzt einen gotischen Chor von 1356 und ist 1576 von Jörg Schwarzenberger umgestaltet worden. Gegenüber der Kirche mündet die Schnerkinger Straße ein. Schon nach 20 Metern biegen wir nach links in den Sandbühlweg ein und erreichen auf einem steiler werdenden Weg nach einer Rechtskurve das Schützenhaus. Von dort hat man den schönsten Ausblick auf die Martinskirche und das Zimmernschloss von Meßkirch. Am Schützenhaus vorbei führt der Weg rechts abbiegend bergab in den dörflichen Stadtteil Schnerkingen. Vor der Gaststätte »Rathaus« geht es links auf dem Hinteren Stockertweg hoch, bis wir auf den Vorderen Stockertweg stoßen, dem wir links weiterhin bergan bis zum Wald folgen. Ziemlich eben geht es geradeaus durch den Wald, den seltener werdenden Muschelzeichen und den häufigeren Albvereinszeichen »blaues Dreieck« nach.

In einer scharfen Rechtskurve, bei einem Hochstand, bleiben wir in unserer Richtung und folgen einem schmalen, etwas sumpfigen Pfad, der uns später wieder auf eine breite Waldpiste führt.

Kurz danach kommen wir zum Waldrand und wählen den Weg halbrechts und bleiben darauf, bis wir wieder an eine Kreuzung kommen. Wir gehen den Waldweg links, es kann danach etwas sumpfig werden, verlassen den Wald und betreten nach insgesamt zehn Kilometern das hohenzollerische Wald. Nun folgen wir der Straße »Anneneschׅ« nach rechts und biegen vor einem Schulzentrum nach links auf einen schmalen Teerweg ein und erreichen die Bushaltestelle.

Hier trennen sich die beiden Jakobswege wieder: Nach rechts geht der Weg über Sentenhart, Mindersdorf und Stockach nach Konstanz (siehe Seite 144).

Wir aber werden geradeaus auf dem Klosterweiherweg, rechts neben dem Klosterweiher, weitergehen. Auch hier wird uns das blaue Dreieck als Wegezeichen begleiten. Aber bevor wir Wald verlassen, werfen wir noch einen Blick auf das Kloster und die Klosterkirche.

Dieser mächtige Gebäudekomplex mit der angebauten Kirche war einst das Reichsadligenstift Kloster Wald der Zisterzienserinnen. 1200 wurde es durch den Grafen Burkart von Weckenstein gegründet. Die Leitung übernahmen seine beiden Schwestern Judith und Ida. Bis in das Jahr der Säkularisation 1806 bestand dieses Kloster, in dem 600 Jahre lang viele Töchter des niedrigen schwäbischen Adels und des städtischen Patriziats eine Heimat fanden. Zu den durchschnittlich 30 Ordensschwestern kamen 20 Laienschwestern von bäuerlicher und kleinbürgerlicher Herkunft hinzu.

In seiner Blüte umfasste das Kloster Wald ein geschlossenes Herrschaftsgebiet, das in der zweiten Hälfte des 15.Jahrhunderts 19 Orte umfasste. Infolge von Schenkungen und Käufen reichte der Besitz bis an den Bodensee und in den Hegau.

1826 gab der Fürst von Hohenzollern, an den das Gebäude mit dem gesamten Grundbesitz gefallen war, die Kirche der neuerrichteten Pfarrei Kloster Wald zurück. Seit 1946 beherbergt das Klostergebäude eine Heimschule der Benediktinerinnen von der heiligen Lioba, in der heute vor allem Mädchen neben ihrer gymnasialen Ausbildung ein Handwerk erlernen können.

Die heutige Kirche dürfte wohl die dritte in Wald sein. Zur Zeit der Klostergründung befand sich auf dem Gut eine kleine Kirche, die an den Käufer überging. Die zweite Kirche entstand in der ersten Hälfte des 13. Jahrhunderts zu Ehren des Heiligen Kreuzes. 500 Jahre später war sie baufällig. Die neue Kirche wurde 1696 von den aus dem Bregenzer Wald stammenden Jodokus und Franz Beer errichtet. In den nachfolgenden Jahrzehnten erhielt sie ihre prachtvolle Ausstattung im Barock- und Rokokostil. »Das Gezelt Gottes unter den Menschen, ein Stück Himmel auf Erden« darstellen, hieß es damals.

Wie zuvor für Ringingen beschrieben, finden wir rechts eine Votivtafel mit der Darstellung von »Maria vom Guten Rat«, die von einer Gruppe Jakobspilgern um Schutz und Beistand auf ihrem schwierigen Weg angefleht wird. Dieses barocke Wandbild wird der Äbtissin Jakobe von Bodman zugeschrieben, die den Neubau der Kirche 1698 vorangetrieben hatte.

Wir setzen unseren Weg in Richtung Reischach fort, passieren die Kläranlage auf der rechten Seite und halten uns geradeaus, wo die Landstraße eine scharfe Rechtskurve macht. Kurz vor der Burraumühle schwenken wir nach rechts und gehen hoch zum Wald, überqueren die vorher verlassene Landstraße und erreichen einen weiteren geteerten Feldweg. Diesem folgen wir nur wenige Meter nach rechts, biegen nach links ab und folgen diesem anfänglich einfachen, später besser werdenden Pfad, bis wir links einen Wegweiser nach Bethlehem sehen. Wir verlassen den zuvor betretenen Teerweg und gehen geradeaus weiter – nach einigen Metern ist der Weg auch wieder für Radfahrer geeignet – bis nach eineinhalb Kilometern ein schmaler Wanderweg nach rechts geht. Nach kurzer Zeit erreichen wir das Freizeitgelände der Hundezüchter, wenden uns anschließend nach links und sehen Pfullendorf und seinen Seepark vor uns.

Vor dem eingezäunten Gelände des Seeparks wenden wir uns nach links, an dessen Ende rechts, folgen dem Litzelbacher Weg, gehen nach der Kreuzung die Straße »Langäcker« hoch, am Ende die Neidlingstraße rechts und vor bis zur Mengener Straße. Nur noch wenige Meter trennen uns von der links am Ortsende liegenden Wallfahrtskirche Maria Schray.

Dieses bedeutende oberschwäbische Pilgerziel reicht in seinen Ursprüngen vermutlich bis in das 13. Jahrhundert zurück. Woher der Name Schray stammt – vielleicht von dem mittelalterlichen »verschrien« im Sinne von »anklagen« – bleibt unklar. Im Dreißigjährigen Krieg wurde die Kirche zerstört, aber später wieder aufgebaut. Als dann eine »Bruderschaft der unbefleckten Empfängnis« gegründet wurde, schwoll der Pilgerstrom gewaltig an. Die Gestaltung der Inneneinrichtung lässt sich dem Frühbarock und der Renaissance zuordnen. Diese Arbeiten erledigten Andreas Meinrad von Au und der Stuckator der Jakobuskirche, Johann Jakob Schwarzmann, von 1751 an. Für diese Kirche wie auch für die nachfolgend beschriebene Jakobskirche sollte man sich viel Zeit zum Betrachten und Verweilen nehmen.

Hinter der Kirche geht es über die Schächergasse zum Stadttor von Pfullendorf. Heutiges Etappenziel nach insgesamt 33 Kilometern ist die vor uns liegende Jakobuskirche.

Es hat wohl schon sehr früh in Pfullendorf ein Kirchlein gegeben, das dem Pilgerheiligen geweiht war. Grund war sicher die oberschwäbische Pilger- und Königsstraße, die Ulm und Konstanz miteinander verband und die hier vorbeiführte. So können wir auch verstehen, dass anfänglich auch Christophorus, der Heilige der Reisenden, mitverehrt wurde.

Zwischen 1480 und 1481 wurde die Jakobuskirche spätgotisch umgestaltet und nach dem Dreißigjährigen Krieg barockisiert. Die

Putto mit Pilgerhut in der Pfullendorfer Sankt-Jakobus-Kirche

spätbarocke Ausgestaltung mit Bandelwerk, Muschelornamenten und Laubzierrat wurde von Johann Georg Graf aus Konstanz begonnen und dann von dem 21-jährigen Vorarlberger Stuckator Johann Jakob Schwarzmann bis 1751 zu Ende geführt. Fresken und Tafelbilder wurden von Andreas Meinrad von Au gestaltet.

Jakobus wird an vielen Stellen der Kirche gezeigt. So finden wir ihn in der linken Rundnische des Hochaltars, Bibel und Schwert haltend. Im Altarraum erblicken wir ein gewaltiges Deckenfresko, in dem Priesterschaft, Magistrat und Pfullendorfer Bürger dem Pilgerpatron huldigen. Oben über einer Wolke erscheint er mit Pilgerstab, Flasche und Pilgerkragen und als frommer Pilger mit Stab und Muscheln auf dem linken Seitenaltar.

Eine silbergetriebene Jakobusbüste ist in einen Stein im vorderen Altarraum eingelassen. Sie wurde nach dem Dreißigjährigen Krieg gestiftet und vermutlich vom Konstanzer Goldschmied Jakob Übelacker geschaffen und später mit einer Reliquie versehen. Ein Deckenfresko vor der zweistöckigen Empore zeigt, wie der Ordensgründer Dominikus unter dem Schutz Marias mit der Fackel der Wahrheit den Teufel der Häresie vertreibt und Jakobus als guter Hirte seine Schafe zur Quelle des rechten Glaubens führt. Auch das Selbstbewusstsein der damaligen Pfullendorfer Bürger wird im Kuppelfresko verdeutlicht: Ein Engel steckt einer vornehmen Dame einen goldenen Ring an. Die Stadt Pfullendorf wird durch diese Dame verkörpert, die dadurch mit dem Himmel vermählt wird. Was der Besucher höchstens zu hören, weniger zu sehen bekommt, ist die große Glocke von 1673 mit zwei Jakobusreliefs.

Viele der Kunstwerke sind entstanden, als der Höhepunkt der Santiagopilgerfahrt längst überschritten war. Noch heute wird der Jakobuskult von der Gemeinde sehr lebendig gehalten. Das mit Muscheln verzierte Messgewand des Pfarrers hat schon überregionale Aufmerksamkeit erhalten. Ein Stempeleindruck für den Pilgerausweis ist beim katholischen Pfarramt, Telefon (0 75 52) 9 22 84-0, erhältlich. Im Kirchenführer ist eine Bitte an den Besucher vermerkt: »Wenn Du glaubst, bete; wenn du nicht glaubst, bewundere; wenn du gebildet bist, zeige Ehrfurcht!«

In Denkingen, einem Ortsteil von Pfullendorf, finden wir zwei Jakobsmuscheln im Wappen. Bislang konnte aber darüber hinaus noch keine Beziehung Denkingens zu den Jakobspilgern belegt werden.

In der Region um Pfullendorf ist inzwischen der Pilgerbegleiter Hugo Bechinger aktiv und kann vieles über die Kirchen und ihre Geschichte erzählen. Unter der Telefonnummer (0 75 52) 61 23 kann man ihn erreichen und engagieren.

Fünfte Etappe: Pfullendorf – Überlingen

Wir beginnen unseren Weg auf dem Markplatz und gehen die Straße »Am Alten Spital« hinunter, überqueren eine verkehrsreiche Straße, gehen über die Bergwaldstraße geradeaus in den Melanchtonweg, der uns hoch an der Sechs-Linden-Schule vorbei bringt. Auf einem neuen Radweg passieren wir ein frisch gerichtetes Kreuz und anschließend den Flugplatz. Kurz vor Aftholderberg steht vielleicht schon ein blecherner Jakobus auf der Höhe des Wäldchens.

In Aftholderberg (abgeleitet von Apfelbaumberg) biegen wir nach links in die Eulogiusstraße ab, lassen erst die Kirche, dort findet man übrigens eine schöne Statue des Jakobus, und am Ortsende die Wasserversorgung rechts liegen. Hier auf dieser Anhöhe ist die Wasserscheide zwischen Rhein und Donau. Durch ein kleines Wäldchen geht's bergab und beim Bauern Schempp vorbei. Die Familie Schempp hat die Absicht, vor der Abzweigung des »Jakobswegs«, eine Baumgruppe zu pflanzen sowie ein großes Kreuz und eine Sitzgelegenheit aufzustellen.

Die Straße »Jakobsweg« wurde bisher als Route für den Jakobsweg verwendet. Aber der örtliche Naturschutzbund unter der Führung von Walter Bucher hat einen Plan zu einem neuen Rad- und Fußweg längs der Kreisstraße nach Aftholderberg mit Baumbepflanzungen entworfen, der demnächst umgesetzt wird. Dazu werden vorhandene Wegekreuze erneuert und neue aufgestellt. Dieser Weg wird dann als Jakobsweg neu markiert.

Auf der Wagnerstraße erreichen wir Großstadelhofen, überqueren die Straße vor einer kleinen Sankt-Martins-Ka-

Wegstrecke: Pfullendorf – Aftholderberg – Großstadelhofen – Kirnbach – Großschönach – Taisersdorf – Hohenbodman – Owingen – Überlingen
Variante: Ab Ramsberg durch den Aachtobel nach Hohenbodman

Länge:
24 Kilometer

Zeit:
7 Stunden

Karten: Freizeitkarte 1 : 50 000 des Landesvermessungsamtes Baden-Württemberg in Zusammenarbeit mit dem Schwarzwaldverein und dem Schwäbischen Albverein, 511

Informationen: Stadtverwaltung Pfullendorf, Telefon (0 75 52) 25 01; Verkehrsamt Überlingen, Telefon (0 75 51) 99 11 22

Unterkunft: Hotel Stadtblick, Pfullendorf, Telefon (0 75 52) 60 03; Gasthaus Zum Schwanen, Owingen-Taisersdorf, Telefon (0 75 57) 748; Gasthof Adler, Owingen-Hohenbodman, Telefon (0 75 57) 241; Jugendherberge Überlingen, Telefon (0 75 51) 42 04

Verkehrsanbindung:
Busverbindung Überlingen–Pfullendorf

pelle von 1482 und verlassen den kleinen Ort auf dem Tobelweg. An der nördlichen Seite des Furtbachtobels, also links vom Weg, wird noch im 15. Jahrhundert eine ausgedehnte Burganlage erwähnt.

Etwa neun Kilometer sind wir gewandert, wenn wir auf der anderen Talseite über Kirnbach hinunter Richtung Großschönach zum dortigen Friedhof kommen. Wir folgen immer dem Weg mit der Markierung des Jakobsweges. Beim Friedhof von Großschönach geht der Weg links über den Tobelhof an der schönen Lourdesgrotte vorbei hoch auf den Ramsberg mit einer kleinen Kapelle, welche dem heiligen Wendelin geweiht ist. Dort oben muss man etwas Zeit zur Besinnung und gegebenenfalls ein Rucksackvesper mit dabei haben. Der Ramsberg ist ein stiller Bergkegel mit den Ruinen der ehemaligen Burg der Grafen von Ramsberg und Pfullendorf, Nachfahren der Udalrichinger, aus deren Linie Graf Rudolf, der Begründer von Pfullendorf, stammt. Vermutlich im Schwedenkrieg wurde die Burg zerstört. Erhalten geblieben ist nur die Wendelinus-Kapelle.

Wegvariante durch den Aachtobel

Vom Ramsberg folgen wir nicht der Markierung, sondern biegen nach dem steilen Abstieg vom Ramsberg nach rechts ab (T 5) und erreichen nach kurzer Zeit den Weiler Katzensteig. Wir passieren die Einfahrt zum ehemaligen Kloster Hermannsberg, in welchem heute die Behindertenwerkstätten der Camhillgesellschaft mit schönen Wohnanlagen untergebracht sind. Die höchste Erhebung ist Heiligenholz. Vorbei am Sankt-Nikolaus-Kapellchen genießen wir auf dem Weg die Sicht auf die herrlichen Landschaftsformen des Oberen und Unteren Linzgaus. Wiesen, Äcker, dunkle Waldkuppen, Drumlins, zum See sich hinabschlängelnde Flüsschen liegen uns buchstäblich zu Füßen. Wir erreichen Rickertsweiler, kommen über Steigen schließlich zu den Bärenweilerhöfen und erreichen den Wanderparkplatz bei den Gailhöfen. Der wildromantische Aachtobel lässt die Herzen höher schlagen. Einmal ist es die Pflanzen- und Tierwelt in diesem Stück Naturparadies, das von dem merkwürdigen Verlauf der Aach durchschnitten wird, zum anderen sind es die Steigungen über Brücken und Stege hinauf nach Hohenbodman. Im Talgrund geht links ein Weg ab und führt in einer guten halben Stunde zum beliebten Wallfahrtsort »Maria im Stein«. Er wurde von Albero von Bodman begründet, dessen Familie nachweislich dem Jakobskult sehr nahe stand. Albero von Bodman war ein Rückkehrer von den Kreuzzügen aus dem Heiligen Land, der aus Dank für seine gute Rückkehr diese Kapelle errichten ließ.

Von dem Bergkegel aus geht die Route zirka 200 Meter leicht bergab, geradeaus kann man die Variante durch den Aachtobel nehmen, welche zwar einige Kilometer länger ist, dafür aber die Ortschaft Taisersdorf weiträumig umgeht (siehe Kasten).

Der eigentliche Pilgerweg führt nach rechts über die Lochmühle zum Dorfausgang Großschönach hoch nach Taisersdorf. Hier bildet die Aach die Grenze zwischen Württembergischem und Badischem. Den Abstecher zur Lourdesgrotte und zum Ramsberg kann man abkürzen, wenn man vom Schönacher Friedhof aus die Josef-Buchholz-Straße geradewegs nach Großschönach Richtung Taisersdorf geht. Dieser Weg ist auch ausgeschildert.

Fast in der Ortsmitte von Taisersdorf steht links eine kleine Kapelle, eine Saalkirche, welche dem heiligen Markus geweiht ist. Die Kapelle wurde im Jahre 1155 erstmals erwähnt. Auf dem Altar ist links Markus, in der Mitte Maria und Jesus und rechts Jakobus, versehen mit dem Wanderstab, dargestellt. Links neben dem Altar sind außerdem der heilige Sebastian, rechts der heilige Wendelin zu finden. Auf der rechten Wandseite, auf der »Männerseite«, befinden sich drei Votivtafeln. Bei der mittleren und größten Votivtafel, welche von 1796 stammt, ist rechts oben auf der Wolke schwebend Jakobus und links Markus zu erkennen. Die Tafeln wurden als Dank für die Bewahrung vor kriegerischen Auseinandersetzungen während der napoleonischen Kriege gestiftet.

Draußen an der Südseite der Kapelle, welche vom neugestalteten Friedhof umgeben ist, befindet sich eine Ruhebank, von der bei Föhnwetter die Österreicher, die Schweizer sowie zum Teil auch die Französischen Alpen in Ruhe zu bewundern sind.

Vor der Kapelle finden wir ein Hinweisschild »Markuskapelle am Jakobsweg«, Hohenbodman vier Kilometer, Einsiedeln (Schweiz) 133 Kilometer. Diesem Wegzeichen folgen wir bis ins Unterdorf, dann etwa 200 Meter auf der Landstraße, ehe wir links in den Feldweg beim Hasenbühle durch ein kleines Waldstück bis zur Happenmühle gehen. Hier, links vom Weg, traf das russischen Flugzeug am Boden auf, das beim tragischen Zusammenstoß zweier Flugzeuge abstürzte. Auf einem Gedenkstein in dem Wäldchen wird den vielen Toten gedacht.

Wir biegen in einen Hohlweg und erreichen bald Hohenbodman.

Wand-Dankbild in der Taisersdorfer Kirche, rechts der heilige Jakob

Ein besonderer Reiz geht von einer über 1000 Jahre alten Sommerlinde aus, einem Naturdenkmal besonderer Art. Manch einer der Jakobspilger wird unter ihrem Blätterdach Erholung und Kühlung gesucht haben, denn etwa vor 1000 Jahren begannen die ersten Pilger nach Santiago aufzubrechen. Unsere neuzeitliche Zivilisation hat diesem Baum erhebliche Leiden beschert.

Schon von weitem ist die rote Ziegelhaube des Aussichtsturmes sichtbar, auf den eine schmale und steile Holztreppe durch das mehr als 900 Jahre alte Gemäuer führt. Das Ziel der Jakobspilger ist aber nicht der Turm, ein Überbleibsel der ehemaligen Burg, sondern die Kapelle im Dorf, die schon 1381 und 1594 als Jodok- und Joßen-Kapelle erwähnt wird. Nach der Zerstörung der Sankt-Georgs-Schlosskapelle wurde sie 1642 zur Sankt-Georgs-Kapelle umbenannt.

Von der Linde geht der Jakobsweg nach rechts, wiederum beschildert, den alten Kirchweg zuerst im freien Feld, danach im Wald bergab nach Owingen.

Das Klima mutet den Wanderer schon südlich an, denn er ist von über 700 Metern auf den Höhen von Aftholderberg oder Heiligenholz auf 535 Meter herabgestiegen. Beachtenswert ist in Owingen die spätgotische Pfarrkirche Sankt Peter und Paul mit dem massiven, wehrartigen Staffelgiebelturm. Über den Lugen, vorbei am Golfplatz und durch die Vorstadt erreichen wir schließlich unser vorläufiges Ziel.

Das Zentrum von Überlingen betreten wir durch das Aufkircher Tor. Es erhielt seinen Namen nach der kleinen dörflichen Siedlung

Aufkirch, die wenige Kilometer nordwestlich liegt. Zwischen Wagsauter- und Gallergraben markiert es die nördliche Stadt- und Befestigungsgrenze bis zum Ende der reichsstädtischen Zeit um 1802/03.

Wenige Meter weiter erblicken wir auf der linken Seite die Sankt-Jodok-Kirche. Es ist ein schlichter, spätgotischer Bau mit einer Statue des Jakobus an der Eingangstür. Im Inneren finden wir interessante Wandfresken aus der zweiten Hälfte des 15. Jahrhunderts, die 1903 freigelegt wurden. Diese Bilder, einmalig in ihrer Ausführung, stellen zum einen die Jakobslegende des »Hühner- oder Galgenwunders« (siehe Seite 46) und die Legende von den »drei Lebenden und den drei Toten« dar.

Am 15. Juni 1424 verpflichtete sich der Pfullendorfer Burkhart Hipp, einen Betrag für die Jodokkirche zu bezahlen. Danach begann der Aufbau der Kirche. Es ist außerdem eine Jodok-Bruderschaft nachgewiesen, die sich auch um Pilgerreisende gekümmert haben soll. Gerhard Elsner aus Überlingen hat darüber einen Aufsatz geschrieben, in dem auch eine Erklärung für die Schleifspuren im Eingangsbereich der Kirche gegeben wird: Nach einer Überlinger Tradition haben die Winzer ihre sichelförmigen Messer an der Sandsteinfassade der Kirche geschliffen, um den göttlichen Segen für ihre Arbeit zu erhalten.

Eine weitere Legende berichtet, dass einst Karl V. die Überlinger Bürgerwehr nach Italien gerufen hat. Von den Gerufenen sind alle bis auf einen zurückgekehrt. Bis auf diesen hatten alle, wie es damals üblich war, vor ihrer Abreise ihre Schwerter an dem Portal der Jodokkirche gewetzt und damit geweiht. Nur jener Gardist, der sich darüber lustig gemacht haben soll, erhielt »seine Strafe« und kehrte von diesem Italien-Abenteuer nicht mehr zurück.

Jedes Jahr findet als Erinnerung an diese Ereignisse ein Schwertertanz statt, der bei der Bevölkerung größtes Interesse hervorruft. Es gilt als große Ehre, bei diesem Tanz als Akteur teilnehmen zu dürfen.

Zum ersten Mal urkundlich erwähnt wurde Überlingen im Jahr 770. Seit 1211 besitzt Überlingen das Stadtrecht. Der älteste Stadtkern mit Münster, Rathaus und Befestigung geht auf die Gründung durch Kaiser Friedrich Barbarossa um 1180 zurück.

Wandmalereien in der Kirche Sankt Jodok in Überlingen: Darstellung des Hühnerwunders

Vom 13. bis zum 16. Jahrhundert erlebte Überlingen seine größte Blütezeit. Grundlage dieses wirtschaftlichen Aufschwungs war vor allem ein intensiver Weinbau, der an den sonnigen Südhängen des Bodenseeufers betrieben wurde. Der Wein bildete das Tauschobjekt für Getreide, das aus dem oberschwäbischen Hinterland und dem Allgäu auf den Überlinger Markt gebracht wurde. Von dort gingen die Waren weiter in die Schweiz und nach Österreich.

So konnte sich Überlingen auch eine Pilgerherberge leisten, die nach Forschungen von F. Meyer außerhalb der Stadtmauer bestanden haben soll. Auch berichtete er von einer jährlichen Salzspende einer Überlingerin für diese Herberge. In einer Herbergsordnung des 16. Jahrhunderts soll peinlich genau aufgeführt sein, dass dem Pilger Unterkunft für eine Nacht und eine Suppe und am nächsten Morgen eine weitere Suppe und ein Zehrpfennig für seine Reise gewährt werden sollten.

Der Weg zum See passiert das Franziskanertor, einen gotischen Torbau, der 1495 errichtet wurde. Er begrenzt nach Norden hin den ältesten Kern der Stadt. Auf der linken Seite sehen wir die aus dem 14. und 15. Jahrhundert stammende Franziskanerkirche. Mitte des 18. Jahrhunderts wurde sie barockisiert. Im Inneren sind zwei Originalfiguren von Joseph Anton Feuchtmayer, dem bedeutendsten Bildhauer und Stuckateur des Bodenseeraumes, zu sehen. Öffnungszeiten: Montag bis Samstag 10 bis 17 Uhr.

Wenn noch Zeit ist, sollte der Wanderer auch das Münster Sankt Nikolaus (1350–1562) besuchen. Es ist der größte spätgotische Bau des Bodenseegebietes und Wahrzeichen der Stadt. Die fünfschiffige Basilika mit dem prächtigen Hochaltar des Überlinger Meisters Jörg Zürn (1613–1616) lohnt einen Besuch. Das Münster ist täglich von 8 bis 18 Uhr geöffnet.

Das Rathaus mit dem quaderverblendeten Pfennigturm steht gegenüber dem Münster und stammt aus dem 14. und 15. Jahrhundert. Den Rathaussaal, der auch heute noch als Sitzungssaal genutzt wird, hat Jakob Rueß um 1494 geschaffen. Mit dem holzgeschnitzten Arkadenfries, den 41 Statuetten von jeweils drei bis vier Vertretern der Stände des Heiligen Römischen Reiches Deutscher Nation kann er heute noch jeden Besucher beeindrucken. Besichtigungen sind nur im Rahmen von Führungen möglich (Mai bis September: Montag bis Freitag 11 Uhr; Montag bis Donnerstag 14 Uhr; Oktober bis April: Mittwoch 11 Uhr; Dienstag und Donnerstag 14 Uhr).

Das Susohaus soll hier auch noch Erwähnung finden. Es ist angeblich das Geburtshaus des Mystikers Heinrich Suso oder Seuse, der von 1295 bis 1313 hier gelebt haben soll.

Am See angekommen sehen wir auf der rechten Seite der Seepromenade das alte Zeughaus. Es ist ein gotischer Staffelgiebelbau aus dem 16. Jahrhundert und er diente bis ins 19. Jahrhundert als städtisches Waffenarsenal. Heute ist es ein privates Waffenmuseum.

Für den weiteren Weg nach Konstanz wird die Fähre nach Wallhausen empfohlen. Sie verkehrt regelmäßig. Von dort setzt sich der Weg auf den markierten Wanderwegen des Schwarzwaldvereins bis nach Konstanz fort. Dieser Abschnitt ist elf Kilometer lang und kann in zweieinhalb Stunden zurückgelegt werden (siehe Karte Seite 153).

Der Fränkisch-Schwäbische Jakobsweg

Von Würzburg nach Ulm in elf Etappen

Von Dieter Klapschuweit und Wolfgang W. Meyer

Wir pilgern auf einem der »Oberen Wege«, die allesamt von Oberdeutschland nach Einsiedeln in der Schweiz führen. Der Fränkisch-Schwäbische Jakobsweg nimmt seinen Anfang in Würzburg und zieht vom bayrisch-fränkischen Bereich durch das heutige württembergisch-fränkische Hohenlohe über »Neuwürttemberg« ins Schwäbische von Baden-Württemberg.

Von Osten stößt in Rothenburg ob der Tauber der Mittelfränkische Jakobsweg hinzu, der in Nürnberg nach dortiger Aufnahme der Fernroute von Prag seinen Anfang nimmt. Von alters her band hier in Rothenburg auch der Ur-Pilgerweg von Bamberg über Bad Windsheim an.

Bald nach Crailsheim wird die alte Stammesgrenze (von 496 n.

Gesamtstrecke: 268 Kilometer

Karten: Topographische Karten des bayerischen Landesvermessungsamts und des Landesvermessungsamts Baden-Württemberg, L6324, L6326, L6526, L6726, L6926, L6924, L7124, L7324, L7524

Informationen über Wegbeschreibung und Übernachtungsmöglichkeiten zwischen Würzburg und Rothenburg:
Stadt Uffenheim,
Marktplatz 16,
97215 Uffenheim,
Telefon (0 98 42) 207 21
Zwischen Rothenburg und Ulm: Gemeindeverwaltung Rosenberg, Haller Straße 15, 73494 Rosenberg,
Telefon (0 79 67) 90 00 0

Chr.) zwischen Franken und Schwaben und gleichzeitig eine noch heute vernehmbare Sprachgrenze überschritten. Die Trasse erklimmt die Schwäbische Alb und führt an den Sammelplatz Ulm, wo der Jakobsweg von Nürnberg über Gunzenhausen einmündet. Ulm war von eh und je wichtiger Treff- und Sammelpunkt. Im Münster gab es vor dem Bildersturm vier Altäre, an denen Jakobus der Ältere »Kopatron« war, und es stand von 1271 bis 1535 auch eine Jakobuskapelle in der Stadt am Ledermarkt.

Sicher ist dieser Übergang über die Alb keine Originalstrecke, denn die Pilgerwanderer mieden größere Höhenunterschiede. So ist der fränkisch-schwäbische Zweig wohl vom Rand der Alb aus eher in die Täler ausgewichen. Zahlreiche Pilgerwanderer strebten damals durchs Remstal Cannstatt zu. Andere sind schon vom Hohenberg aus nach Hall (dem heutigen Schwäbisch Hall) gewandert, um über das Murrtal Cannstatt zu erreichen.

Sind nicht alle Pilgerwege mehr bis ins Detail nachvollziehbar, so sind doch die »Ströme« von Heiligtum zu Heiligtum aufspürbar. Jakobuskirchen, Jakobusaltäre, Jakobusbildnisse wurden besucht, sind noch heute entlang dem Camino zu finden, auch bei uns. Spitäler und Klöster, Jakobsbruderschaften und Ritterorden kümmerten sich um die offiziellen »Jaköbler«, boten Einkehr und Wegzehrung auch in Klausen am Weg.

Alle Routen führen zum »richtigen« Jakob nach Santiago de Compostela. Ginge man nämlich zum »wahren Jakob«, erlitte man Schimpf und Schande, denn es handelte sich bei ihm um den Jakob aus dem Alten Testament. Der Jakob hingegen, auf den sich die Pilgerfahrt bezieht, war ja der Bruder des Evangelisten Johannes. Manchmal führt der Weg als Zwischenstation beim »billigen Jakob« vorbei, denn an vielen Orten der Jabobsverehrung wurden Märkte gegründet, von denen sich mancher als »Jakobusmarkt« noch erhalten hat.

Erste Etappe: Würzburg – Ochsenfurt

Das Bistum Würzburg verdankt seine ältesten Wurzeln der iroschottischen Mission im 7. Jahrhundert. Der irische Wanderbischof Kilian, der Priester Kolonat und der Diakon Totnan wirkten in Würzburg, bis sie dort im Jahre 689 ermordet wurden.

Im Hochmittelalter machten zahlreiche Pilger aus Irland, die man damals als »Schotten« bezeichnete, zur Verehrung des heiligen Kilian die Bischofsstadt Würzburg zu ihrem Ziel. Zu ihrer geistlichen und leiblichen Versorgung entstand um 1134 in Würzburg eine eigene Herberge. Initiator hierfür war wohl das von irischen Benediktinern bewohnte »Schottenkloster« Sankt Jakob in Regensburg. Das am westlichen Mainufer gelegene Kloster Sankt Jakob war um 1134 gegründet worden. 1156 wurde dann auch die große Abteikirche vollendet. Das Jakobskloster unterstand zunächst der Oberaufsicht des Regensburger Schottenklosters.

Wegstrecke:
Würzburg – Würzburg-Heidingsfeld – Eibelstadt – Sommerhausen – Ochsenfurt-Kleinochsenfurt – Ochsenfurt

Länge:
21 Kilometer

Zeit:
5½ Stunden

Informationen:
Fremdenverkehrsbüro Ochsenfurt,
Hauptstraße 39,
97199 Ochsenfurt,
Telefon (0 93 31) 58 55
Jugendherberge Ochsenfurt,
Telefon (0 93 31) 26 66

Seinen Nachwuchs rekrutierte der Würzburger Konvent über viele Generationen hinweg ausschließlich in Irland. Während des Würzburger Bürgeraufstands von 1398 wurde die Abtei geplündert und in Brand gesteckt. Die Bauschäden blieben fast über ein Jahrhundert ohne Reparatur. 1417 verpflichtete das Generalkapitel der Benediktiner das Schottenkloster in Würzburg zur Aufnahme auch nicht-irischer Novizen.

Nach der Säkularisierung von 1803 wurde im Klostergebäude ein Garnisonslazarett untergebracht. Der Zweite Weltkrieg brachte auch hier erhebliche Zerstörungen. Die Gebäude wurden dann 1955 unter dem Patrozinium des heiligen Johannes Bosco neu aufgebaut und dienen heute als Berufsausbildungszentrum.

Unser fränkischer Jakobsweg beginnt beim Schottenkloster und führt durch die Zeller Straße und über die Mainbrücke. Unterwegs begegnet uns linker Hand ein Bildstock mit einem Jakobusrelief. Wir erkennen einen Pilger mit Hut, Stab, einem Buch in der Hand

Bildstock eines Jakobspilgers in Würzburg

und einem Beutel am Gürtel. Am Ende der Brücke gehen wir rechts hinunter zum Main und folgen ihm flussaufwärts bis zur zweiten Mainbrücke des südlichen Stadtrings. Nach dem Überqueren halten wir uns links und erreichen Heidingsfeld, wo nach der Straßenbahnhaltestelle ein Bildstock unsere Aufmerksamkeit erregt. »cuncz rudiger« hat »hansen virenkoren« ins Jenseits befördert und musste dafür diesen Sühnestein aufstellen und eine Fahrt nach Santiago antreten.

Ein weiteres »historisches« Ereignis wird durch das so genannte Giemaul, einem bärtigen Männerkopf mit heraushängender Zunge, unterhalb der Rathausuhr sichtbar:

Die Schweden belagerten die Stadt. Ein Ratsherr namens Hemmerlein, der gerne Bürgermeister werden wollte, soll dem schwedischen Hauptmann gegen 100 Dukaten einen verborgenen Einlass in die Stadt verraten haben. Er selbst führte den Trupp in die Stadt und es folgten drei Jahre schwerer Bedrückung und hoher Geldsteuern. Doch der Verräter wurde nach dem Abzug der Schweden erkannt und stürzte vor Schreck tot zu Boden. Zur dauernden Erinnerung an den Verräter und seine

Untat soll der schwarzbärtige Männerkopf an die alte Rathausuhr gesetzt worden sein.

Wir verlassen die Wenzelstraße nach links und folgen dem schmalen Weg rechts an der Festungsanlage entlang, durch das »Speierloch« bis zu einem kleinen Park. Weiter links und nach einiger Zeit am Main entlang, erreichen wir die Staustufe Randersacker, wo wir auf schmaler Brücke über den Main gehen.

Dort treffen wir auf den HW 4 (roter Balken) und den Maintal-Radweg, dem wir über Eibelstadt, Sommerhausen nach Kleinochsenfurt folgen. Dort erhalten wir die Information, dass es nur noch 2727 Kilometer bis nach Santiago de Compostela sind. Über eine steinerne Brücke, die um 1520 erbaut wurde, gelangen wir in die historische Altstadt von Ochsenfurt. Links finden wir die katholische Kreuzkirche mit einer Darstellung einer Pilgersegnung durch die heilige Elisabeth. Geradeaus kommen wir an der Andreaskirche vorbei zur Michaelskirche. Dort erwartet uns eine Darstellung des jüngsten Gerichts, wie sie auf dem Weg nach Santiago in zahllosen Variationen zu finden sein wird.

Zweite Etappe: Ochsenfurt – Uffenheim

Wir verlassen Ochsenfurt (gelber Kreis) nach Westen durch den Klingentorturm mit der Jugendherberge und erreichen die nach links führende ehemalige Bahntrasse nach Röttingen. 1992 fuhr hier der letzte Zug auf dieser 1907 erbauten Trasse. Heute ist es ein bequemer Radweg geworden, der uns nach Tückelhausen zu einem Kartäuserkloster führt.

Tückelhausen kann auf mehr als 850 Jahre Klostergeschichte zurückblicken. Die älteste urkundliche Erwähnung des Klosters stammt von 1138. Sehenswert ist die barockisierte Sankt-

Wegstrecke: Ochsenfurt – Ochsenfurt-Tückelhausen – Gaukönigshofen-Acholshausen – Gaukönigshofen – Gaukönigshofen-Rittershausen – Sonderhofen-Bolzhausen – Gelchsheim-Osthausen – Gelchsheim-Oellingen – Hemmersheim – Hemmersheim-Pfahlenheim – Gollhofen-Gollachostheim – Uffenheim

Georgs-Klosterkirche mit den in Weiß und Gold gehaltenen Heiligen. Ein Blick in das Kartäusermuseum lohnt sich, denn dort erhält man Einsicht in das Leben der Kartäusermönche.

Länge:
31 Kilometer

Zeit:
8 Stunden

Informationen:
Fremdenverkehrsamt Uffenheim,
Marktplatz 16,
97215 Uffenheim,
Telefon (0 98 42) 20 72

Es geht an Acholsheim vorbei weiter nach Gaukönigshofen. Bald erreichen wir Rittershausen. Links fällt uns eine Gedenksäule in einem Garten auf, die im unteren Teil einen Pilger zeigt. Wir passieren die Matthäuskirche und das daneben gelegene Museum »Klingelbeutel«, das einen kulturhistorischen Einblick in die Volksfrömmigkeit gewährt.

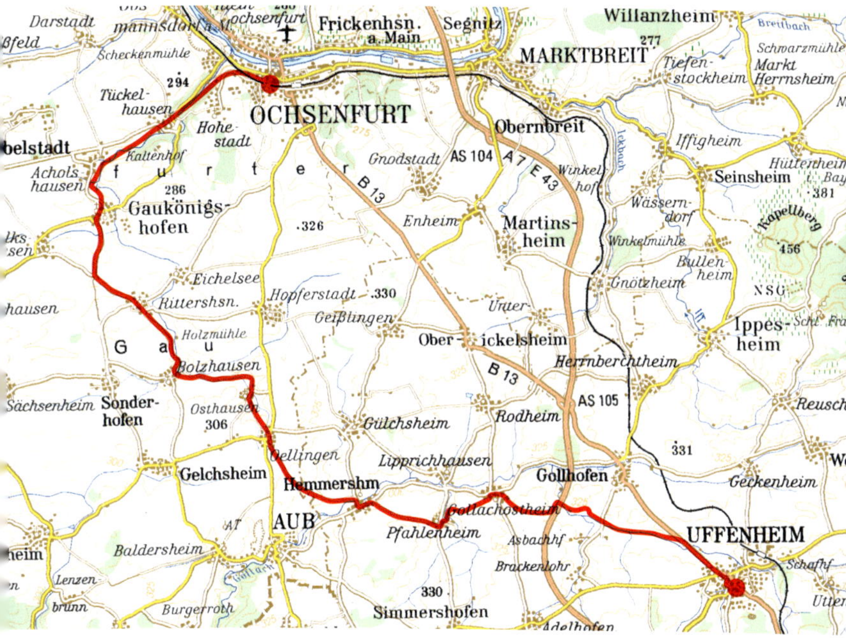

Bildstock von 1590 in Rittershausen

Wir gehen weiter nach rechts über die Otto-Menth-Straße und biegen wenige Minuten später nach rechts auf einen Feldweg ab, folgen den Strommasten auf einem Wiesenweg nach links und erreichen Bolzhausen. Danach kommen wir auf einem betonierten Wirtschaftsweg bis zu einer Wegegabelung mit einem Bildstock von 1694. Wir wenden uns nach rechts, folgen dem Bach entlang und erreichen auf Feldwegen Osthausen. Die nächste kleine Ortschaft mit dem spitzigen Kirchturm ist Oellingen.

Wem die Etappe zu lang ist, der mag von hier über Aub gehen und dort ein Nachtquartier suchen (Stadtverwaltung Aub, Telefon (0 93 35) 97 10-0, Internet: www.stadt-aub.de). Der Weg führt an der Kirche vorbei, wir passieren auf der Höhe einen Bildstock und erreichen anschließend Hemmersheim. Nach einem Stück auf der Dorfstraße geht es rechts in die Pfahlenheimer Straße, eine schmale Teerstraße, danach erreichen wir Pfahlenheim. Wir dürfen es nicht versäumen, vor der Ortschaft dem nach links ausgeschilderten Weg zur Ottilienquelle zu folgen, der Linderung bei Augenleiden zugesprochen wird. Nach langem Wandern findet sich ein Stück rechts des Weges eine Einkehrmöglichkeit. Auf meine Frage, warum am Jakobsweg selbst keinen Hinweis auf die Wirtschaft zu finden sei, wurde mir geantwortet, dass da ja nur Gesindel und Zigeuner kommen würden und die Polizei ständig am Kontrollieren sei …

Meist auf Wiesen und Feldwegen erreichen wir die nächste Station Gollachostheim. Hier finden wir die dem heiligen Nikolaus und dem heiligen Jakobus geweihte evangelische Pfarrkirche. Eine halbe Stunde später unterqueren wir die Autobahn, passieren die Herrenmühle und folgen der Gollach auf anfänglich geteerten Wegen, die später zu Wiesenwegen schrumpfen, bis wir auf die Bundesstraße B 13 treffen, der wir nach rechts bis Uffenheim folgen.

Dritte Etappe: Uffenheim – Rothenburg ob der Tauber

Vom Uffenheimer Marktplatz geht es zur Spitalkirche, über den Spitalplatz, die Judengasse entlang und dann durch das Ansbacher Tor, in Richtung des Krankenhauses. Auf der Krankenhausstraße verlassen wir die Stadt und gehen geradeaus in den Wald. Nach kurzer Zeit verlassen wir ihn nach Süden und erreichen Custenlohr, die bisher älteste Siedlung Mittelfrankens. Bei Bauarbeiten sind hier Tonscherben, Tierknochen und Verfärbungen im Erdreich entdeckt worden, die von einer menschlichen Besiedlung etwa ab 5500 Jahre vor Christus zeu-

Wegstrecke:
Uffenheim – Uffenheim-Custenlohr – Ohrenbach-Habelsee – Steinsfeld-Endsee – Steinsfeld – Lindleinsee – Rothenburg ob der Tauber

Länge:
26 Kilometer

Zeit:
7 Stunden

Informationen: Fremdenverkehrsamt Stadtverwaltung Rothenburg ob der Tauber, Tourismus Service, Telefon (0 98 61) 40 48 00; Gästepfarrer Oliver Gussmann, Kirchengemeinde Sankt Jakob, Klostergasse 15, 91541 Rothenburg ob der Tauber, Fax (0 98 61) 70 06-13

gen. Wir finden hier auch eine von 1730 stammende evangelische Jakobskirche.

Der Weg setzt sich durch den Friedhof fort. Am Ortsrand halten wir uns links und nehmen den nächsten Feldweg links. Es geht um den Horbsee rechts herum und weiter in südlicher Richtung am Waldrand entlang. Die Geräusche der Autobahn nehmen an Deutlichkeit zu. Nach einer Links-rechts-Abzweigung bleiben wir rechts vom Wald, laufen in Richtung eines Sendemastes, später nach rechts durch den Wald und verlassen ihn in südlicher Richtung und erreichen Habelsee. An der Hauptstraße rechts; am Ortsende ist Endsee nach links ausgeschildert. Wir folgen der Straße unter der Auto-

Der Zwölf-Boten-Altar von Friedrich Herlin (1466) in der Sankt-Jakobs-Kirche in Rothenburg ob der Tauber

bahn hindurch, biegen kurz danach nach rechts auf eine kleinere Straße ab und erreichen nach einer weiteren Linksbiegung Endsee. Im Ort gibt es in Richtung Steinach den Gasthof »Zum Lamm« mit Übernachtungs- und Vespermöglichkeit (Telefon (0 90 43) 804).

Wir überqueren die Hauptstraße nach links und folgen dem Weg, der ab Ortsende rasch an Höhe gewinnt. Es geht durch den Wald, eine Rechtsabzweigung ignorieren wir, es folgt ein Abstieg zur »Gypshütte« und wir erreichen die Straße, der wir erst nach links und dann nach rechts folgen. Nach dem Strommast beginnt links ein Wirtschaftsweg, der uns nach Steinsfeld führt.

Gleich nach der Kirche geht es links auf der Straße weiter und nach der Brücke nach rechts. Wir folgen dieser Straße bis in eine Senke, machen einen Rechts-links-Schwenk und treffen auf eine Straße, der wir ein kurzes Stück nach rechts folgen. Wir kommen nach links zum Großen Lindleinsee und umgehen ihn rechts, bis wir zur Straße kommen. Der Weg führt anschließend ein Stück ins Steinbachtal hinunter. Aber nach schon einem Kilometer verlassen wir das Tal nach links oben und treffen bei einem Brunnen auf eine Teerstraße, die uns direkt nach Rothenburg bringt. Der Altstadtkern ist leicht zu finden, denn die hohen Türme der Jakobskirche weisen uns den Weg.

Hier treffen wir auf den Zugangsweg von Nürnberg, anschließend teilt sich der Weg wieder (siehe Seite 27); wir aber folgen der Variante nach Ulm weiter.

Vierte Etappe: Rothenburg ob der Tauber – Wallhausen

Das mittelalterliche Rothenburg ob der Tauber lädt zu einem kleinen Stadtbummel ein. Die Jakobskirche ist um 1485 geweiht worden. Im Innern befindet sich nicht nur der weltberühmte Riemenschneider-Altar, sondern auch der für Pilger wohl wichtigere von Friedrich Herlin 1466 bemalte Hochaltar. In vier großen Tafelbildern werden die Legende des heiligen Jakobs, das Hühnerwunder und die wundersame Fahrt seines Leichnams vom Heiligen Land bis ins spanische Santiago de Compostela gezeigt.

Wegstrecke:
Rothenburg ob der Tauber – Rothenburg-Bettenfeld – Rot am See-Hausen am Bach – Rot am See-Reubach – Wallhausen-Schainbach – Wallhausen

Länge:
27 Kilometer

Zeit:
7 Stunden

Informationen:
Gemeinde Wallhausen,
Telefon (0 79 55) 93 81-0

Wir beginnen unseren Jakobsweg in der Spitalgasse am Jakobstor. Anschließend geht es über die Nördlinger Straße nach links und danach einen schmalen Weg rechts hinunter, über eine hölzerne Brücke in das herrliche Taubertal, entlang der Schandtauber.

Schon nach Ortsende sind wir dem roten Balken als Wegezeichen des Fernwanderwegs 4 begegnet. Im Wesentlichen werden wir diesem Zeichen bis Hohenberg folgen. Natürlich bleibt uns die weiße Jakobsmuschel auf blauem Grund als Wegemarke erhalten.

Wir passieren die Hammerschmiede, ein ehemaliges Kraftwerk, gehen hier geradeaus weiter und steigen langsam an der südlichen Talseite hinauf und erreichen den Waldrand. Wir folgen dem Waldrand und der Talkante einige

Das Schandtaubertal und sein Höhlensystem

Das wildromantische Tal der Schandtauber erstreckt sich von Rothenburg bis nach Bettenfeld. Es ist als wasserwirtschaftlicher Lehrpfad ausgeschildert. Ab Bettenfeld fließt die Schandtauber unterirdisch. Das Höhlensystem zählt zu den größten Muschelkalkhöhlen Deutschlands. Erforscht werden die Höhlen vom Verband der Höhlenforscher Baden-Württemberg.

Zeit, bis uns der Weg wieder hinunter ins Tal führt. Wir überqueren auf einem schmalen Steg den Bach und erreichen nach einer Linksbiegung die Obermühle. Danach folgen wir einem Fahrweg und erreichen nach annähernd sieben Kilometern Bettenfeld. Dort besteht Einkehr- und Übernachtungsmöglichkeit.

In Höhe der Bushaltestelle biegen wir bei der Telefonzelle nach rechts ab, folgen dem Bach und einer Fahrstraße, die uns später links an einem Steinbruch entlangführt und uns über die karge Hochfläche nach Metzholz bringt. Inzwischen haben wir Bayern verlassen und befinden uns im fränkischen Teil Baden-Württembergs. Im Ort wählen wir den Abzweig nach links und entscheiden uns nach dem Ortsende für einen Feldweg rechts in Richtung eines Wäldchens. Am Waldrand geht es nach links und später wieder nach rechts. Wir überqueren die Straße zwischen Gammesfeld und Buch, laufen in einem Rechts-links-Bogen am Waldrand entlang, an Wiesen und Feldern vorbei und erreichen Hausen am Bach. Langsam nähert man sich den alten Grenzen des Territoriums der Reichsstadt, verlässt die »Landwehr«, den einstigen Zusammenschluss aller Rothenburger Gemeinden, zu denen auch Hausen am Bach gehörte.

Das Prämonstratenserinnenkloster Bruderhartmann in Hausen am Bach, etwas abseits vom Weg, wurde im Jahr 1202 gegründet. Eine Originalüberlieferung aus dem Jahr 1202 allerdings gibt es nicht. Erst über zwei Jahrhunderte später wird in einem Verzeichnis der Einkünfte des Klosters Bruderhartmann beiläufig notiert, dieser Platz sei durch den Bruder Hartmann mit Spenden der Gläubigen begründet worden, zur Zeit von Papst Innozenz III., aus dessen Hand der Bruder Hartmann diesen Platz empfangen habe. Einen Bruder Hartmann, einen frommen Einsiedler, der die Kunigundenzelle bei Hausen am Bach begründete und nach dem das Kloster später Bruderhartmann hieß, hat es jedoch nie gegeben. Tatsächlich entstand Bruderhartmann erst 1290.

Zutreffend ist das Datum 1202 trotzdem, denn einen Hartmann, der in diesem Jahr bei Hausen am Bach eine Klosterzelle stiftete, hat es tatsächlich gegeben. Beinahe zwanzig Jahre später hat nämlich der Würzburger Bischof Otto von Lobdeburg eine Urkunde ausgestellt, die Hartmann von Lobdeburg, einen Bruder des Bischofs Otto, erwähnt. Ihn hat die spätmittelalterliche Überlieferung fälschlicherweise zu einem frommen Einsiedler gemacht. Leider ist die Urkunde des Bischofs Otto auch nicht über jeden Zweifel erhaben, denn sie liegt nur in einer spätmittelalterlichen Abschrift vor und drei darin aufgeführte Datierungen passen nicht zusammen. Tatsächlich hat das Kloster Bruderhartmann bei Hausen am Bach von 1290 bis 1539 existiert. Das Ende wurde im Bauernkrieg von 1525 eingeläutet, als das Kloster geplündert und zerstört wurde.

Der Weg führt hinter der Kirche nach Süden, am Waldrand entlang, auf schwierigem Weg durch den Wald und kurz vor dem Waldrand nach links in einem Bogen aus dem Wald heraus. Westlich vom Weg liegt die Erinnerungsstätte Brettheim. Dort erinnern zwei große Linden und ein kleines Museum im Dachgeschoss des Rathauses an die Zeit während des Zweiten Weltkriegs, der die idyllischen Bauerndörfer verwüstete. Im April 1945 wurden in Brettheim der Bürgermeister, ein Bauer und ein Ortsvorsteher von der SS aufgehängt, weil sie vier Hitlerjungen entwaffnet hatten, die das Dorf in einem aussichtslosen Kampf gegen die vorrückenden Amerikaner verteidigen wollten.

Dann geht es auf geteerten Wegen an Reinsbürg vorbei nach Reubach. In Reubach sollte man unbedingt in das Busch'sche Heimatmuseum im Schulhaus »einkehren«. Danach geht es weiter

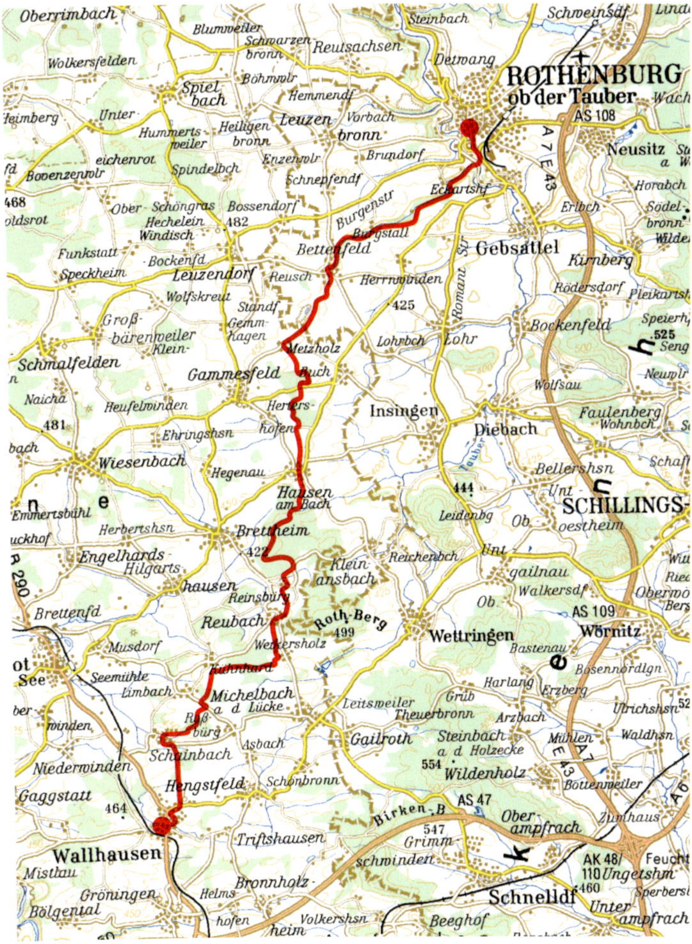

Richtung Süden parallel zur Kreisstraße an Weikersholz vorbei, dann rechts zum Wald, erst am Waldrand entlang, ein Stück hindurch und dann in einem Hohlweg nicht nach Kühnhart, sondern links vorbei. Wir überqueren die Kreisstraße zwischen Roßbürg und Limbach und erreichen nach einigem Zickzack-Kurs Schainbach. Dazu müssen wir aber den HW 4 kurz verlassen.

Wallhausen-Schainbach mit der Jakobuskirche

Das Alter der Schainbacher Jakobskirche ist unklar. Der Turmchor allerdings weist Spuren einer romanischen Anlage auf. Dort ist auch noch ein quadratisches Ziffernblatt erkennbar. Der Überlieferung nach sollen die Herren von Crailsheim Kirche und Pfarrei gestiftet haben, die 1435 bereits nachweislich existierte. Der kleine, helle Innenraum wirkt zwar von der wuchtigen Empore zunächst noch zusätzlich eingeengt, weist aber auch sehr ansprechende Elemente auf. Das offenkundig spätgotische Altarbild zeigt die Mutter Gottes mit dem Jesuskind und ihr zur Seite die heilige Barbara und die heilige Katharina. Darunter ist eine Abendmahlsszene zu sehen. Eine Jakobusabbildung fehlt leider noch. Wenn wir die unteren Flügel aufklappen, erscheint links die Himmelfahrt – Menschen, von Engeln geführt, stehen vor Petrus. Rechts aber ist der Höllenschlund abgebildet; Teufel treiben die Menschen in ein übergroßes Maul.

Wir verlassen Schainbach auf der Hauptstraße, biegen nach einer Linkskurve nach Süden ab und gelangen so nach Wallhausen. Dort wenden wir uns erst rechts, gehen bis zur Hauptstraße, davor aber nach links und unten nach rechts an der evangelischen Kirche Sankt Veit vorbei wieder bis vor zur Hauptstraße. Hier existieren mehrere Möglichkeiten zur Einkehr und Übernachtung.

Fünfte Etappe: Wallhausen – Frankenhardt-Oberspeltach

Kurz nach der Brücke biegen wir nach rechts ab (HW 4 mit rotem Strich), unterqueren die Bahnlinie und biegen in der Höhe eines Wäldchens nach links ab und sehen rechts vor uns die Anhäuser Mauer, die auf fast surreale Weise mitten im Feld steht und das letzte Überbleibsel einer gewaltigen Klosterkirche aus dem 14. Jahrhundert ist. Das Kloster selbst wurde im Bauernkrieg 1525 geplündert und verwüstet.

Wir passieren die Ruine, überqueren noch eine Straße schräg nach links, wandern durch den Wald und kurz vor dessen Ende nach links heraus und weiter nach Bölgental. Danach tauchen wir in das Jagsttal hinab, passieren die ehemalige Heinzenmühle, unterqueren die hohe Brücke der Autobahn, umgehen einen gesperrten Weg nach links, müssen etwas aufsteigen und erreichen die Kernmühle. Danach folgt bald Burleswagen.

Früher wird kaum einmal ein Jakobspilger hier im mittleren Jagsttal gewesen sein. Die Wege waren zu schwierig, vor allem zu nass und gefährlich. Die Pilger wanderten lieber zielstrebig über die Höhen. Doch vielleicht schlichen einige geächtete Pflichtpilger durchs unberührte Jagsttal zwischen Heinzen- und Kernmühle.

Wegstrecke:
Wallhausen – Klosterruine Anhausen – Satteldorf-Neidenfels – Crailsheim – Frankenhardt-Oberspeltach

Länge:
27 Kilometer

Zeit:
7 Stunden

Informationen:
Stadtverwaltung Crailsheim, Marktplatz 1, 74564 Crailsheim, Telefon (0 79 51) 4 03-0, E-Mail: info@crailsheim.de; Gemeinde Frankenhardt, Telefon (0 79 59) 9 10, E-Mail: info@frankenhardt.de

Ein steiler Fußweg bringt uns wieder hinaus aus dem Tal. Wenn wir nach etwas weniger als 1,5 Kilometern rechts ein Tal sehen, müssen wir wieder ein Stück hinunter zur Jagst. Oberhalb der Kreuzklinge, dem Teufelsbach, stoßen wir alsbald auf dominante Erdfälle. Aber nach einem Linksbogen kommen wir wieder auf die Höhe und passieren nach rechts den Auhof und die Heldenmühle. Nun geht es noch über die Straße, über die Bahnlinie, am Friedhof entlang und nach 15 Kilometern erreichen wir Crailsheim.

Wir verlassen Crailsheim über die Goethestraße, gehen nach links, unterqueren zum zweiten Mal Bahngleise und kommen dann links zur Weickstraße (roter Balken). An ihrem Ende finden wir die evangelische Kirche Sankt Peter und Paul von 1731. Über die Kirchstraße kommen wir geradeaus auf die alte Dorfstraße, überqueren eine Hauptstraße und folgen der Friedhofstraße durch eine Birkenallee. Wir halten uns auf der Höhe rechts, überqueren eine weitere Straße und kommen am Freibad vorbei. An der nächsten Kreuzung wählen wir den schmaleren Weg in den Wald und folgen dem kurvenreichen Weg bis zur Kaiserlinde. Den Burgberg mit seinem Aussichtsturm und dem Wanderheim erreichen wir über den Weg mit der Schranke.

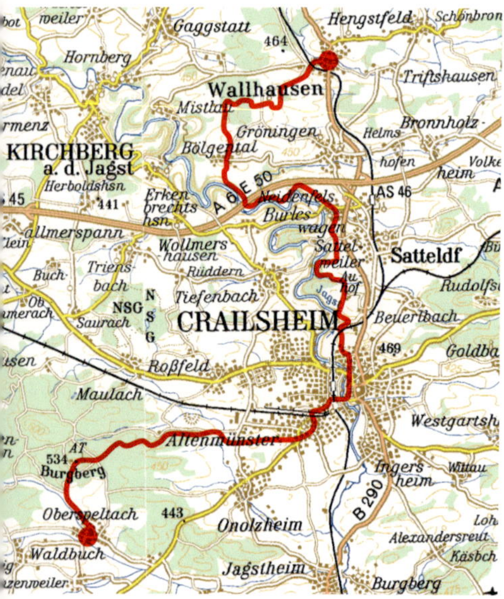

Sonntags ist die Schenke geöffnet und man kann den Aussichtsturm des Schwäbischen Albvereins besteigen. Vom Turm aus hat man einen schönen Blick auf die Ellwanger Berge, mit dem Ellwanger Schloss, im Nordenwesten auf die Hohenloher Ebene. Im Westen lassen sich auch die Waldenburger Berge erkennen, im Süden die Schwäbische Alb und das Ziel des nächsten Tages – die Jakobskirche auf dem Hohenberg. Zu Füßen des Turms liegt eine alte keltische Ringwallan-

Die Anhäuser Mauer ist der oberirdische Rest einer Klosteranlage aus dem 14. Jahrhundert.

lage und früher gab es Wallfahrten zur nahen Quelle, die bei Augenleiden aufgesucht wurde.

Von dort aus wendet sich der Weg nach Süden und am Lanzenbach abwärts erreichen wir nach weiteren zwölf Kilometern Oberspeltach.

Sechste Etappe: Frankenhardt-Oberspeltach – Rosenberg-Hohenberg

Wir folgen in Oberspeltach der Straße nach Waldbuch, biegen aber nach links ab, gehen über den Kirchberg und erreichen Banzenweiler. Wir umgehen den Ort nach rechts und kommen anschließend ins Tal des Taubbaches. Dort gehen wir über die Brücke nach links zum Wald hoch in die »Boppelesklinge« und über das »Nonnenkappel«, am Grillplatz vorbei und wieder hinab nach Gründelhardt. Hier werden alle Einkaufs- und Einkehrmöglichkeiten geboten. Die schönste Dorf-Barockkirche (Laurentius und Magdalene geweiht) steht hier, sagt man stolz im Dorf. Wir folgen erst der Gaildorfer Straße und geradeaus weiter der Hellmannshofer Straße nach Hellmannshofen.

Über die im Eigentum der bürgerlichen Gemeinde Frankenhardt stehende Sankt-Lukas-Kapelle in Hellmannshofen ist urkundlich kaum etwas bekannt. Vom Baubestand her gesehen stammt die Kirche aus der Übergangszeit von der Romanik zur Gotik. Schiff und Turm sind in einem Zug gebaut. Das Schiff enthält romanische Turmbogenstützen und Rundbogenfenster auf der Südseite. Der Chorbogen ist ebenfalls romanisch. An der Außenwand ist das Bildnis eines kopflosen Mönches zu erkennen. Wann das frühgotische Spitzbogenfenster im Turm eingebaut wurde, ist nicht genau ersichtlich. Sollte das Fenster mit dem Kirchenbau entstanden sein, dann haben wir es hier mit dem Übergangsstil zwischen Romanik und Gotik zu tun. Die Kirche wäre dann zu Beginn des 13. Jahrhunderts entstanden, vielleicht um 1220/30. Die Kapelle hat jedenfalls zur Pfarrei Honhardt gehört und wurde zu Beginn der württembergischen Zeit, also Anfang des 19. Jahrhunderts, profaniert.

In Hellmannshofen halten wir uns links und folgen der Landesstraße an Krautgärten entlang einen Kilometer bis zum Reishof, wo wir uns nach rechts wenden. Anfangs gehen wir auf einem geteerten Weg, später auf einen links abgehenden Wiesenweg, überspringen den Sägemühlenbach, passieren Neuhaus, steigen etwas hoch »Zum Wagner« und erreichen Mainkling. Von dort geht es wenige Meter nach rechts.

Wegstrecke:
Frankenhardt-Oberspeltach – Frankenhardt-Hellmannshofen – Frankenhardt-Mainkling – Rosenberg-Geiselrot – Rosenberg – Rosenberg-Hohenberg

Länge:
16 Kilometer

Zeit:
4 Stunden

Informationen:
Gemeindeverwaltung Rosenberg, Telefon (0 79 67) 9 00 00, E-Mail: info@gemeinde-rosenberg.de

Unterkunft:
Ferienhof Rieger, Karl-Stirner-Straße 51, 73494 Rosenberg, Telefon (0 79 67) 4 40

Leider ist die alte Eiche vor der Wirtschaft krank und wird vermutlich nicht mehr lange zu sehen sein.

Danach folgen wir einer Fahrstraße nach links, die wir am Waldrand nach rechts verlassen, am Ipshof vorbei bis zur Sägemühle. Dort lädt der romantische Fleckenbachsee zum Verweilen ein. Danach nehmen wir die linke Abzweigung und wandern in südöstlicher Richtung auf etwas schwierigen Wegen mal links, mal rechts durch den Wald, um Geiselrot zu erreichen. Unterwegs haben wir auch das »Jakobsdächle«, einen Unterstand mit Sitzbank für Pilger, passiert. Setzt man den Weg geradeaus fort, erreicht man nach weniger als einem Kilometer einen schönen Badesee.

Am Ortsende von Geiselrot gehen wir nach rechts und erreichen in wenigen Minuten Rosenberg. Um die Kirche »Zur Schmerzhaften Mutter Gottes« zu besuchen, gehen wir die Haller Straße nach links. Bekannt wurde diese Kirche vor allem durch die Werke des Malers und Pfarrers Sieger Köder. Wir finden dort einen Flügelaltar, dessen Seiten während der Fasten- und Adventszeit geschlossen sind und in der Weihnachtszeit sowie an anderen großen Festen geöffnet werden. Die Predella zeigt einen Jakobspilger und den Jakobsweg nach Hohenberg.

Sieger Köder ist vor allem durch seine religiösen Bilder bekannt geworden. Eine ganze Bibel hat er mit Bildern ausgestattet. Altäre und Kirchenwände hat er bemalt und viele Kirchenfenster gestaltet. Seine Gemälde sind besonders reich an leuchtenden Farben. »Ich kann auch mit Bildern predigen«, sagt er von sich selbst.

Deckengemälde von Sieger Köder in der Kirche »Zur Schmerzhaften Mutter Gottes« in Rosenberg

Obwohl viele der Bilder biblische Themen zeigen, hat er keine Heiligenbildchen gemalt, sondern es wird eine Mischung von Ernst, Nachdenklichkeit und Hoffnung sichtbar. In ihnen verbinden sich Kunst und Theologie, Glaube, Leben, Sterben und Tod. Doch dem Pfarrer und Maler stehen ebenso Clowns, Harlekine, Narren und Gaukler nahe. Ihre melancholischen Gesichter hat er oft gemalt, während ihre Kostüme in leuchtend bunten Farben Fröhlichkeit vorgaukeln. Köders Leitlinie ist, die Heilsbotschaft des Alten und Neuen Testaments mit Bildworten unserer Zeit als historisch bezeugtes und aktuelles Angebot eines liebenden Gottes zu interpretieren. Seit 1995 ist Sieger Köder im Ruhestand und lebt und arbeitet in Ellwangen.

Wir folgen der Karl-Stirner-Straße und anschließend links dem Alten Kirchweg durch den Wald auf den Hohenberg. Dort führt uns der Weg sofort in die dominante Jakobskirche mit ihren von Sieger Köder gestalteten farbenfrohen Fenstern und einem Labyrinth, in dessen Mitte sich eine Jakobsmuschel befindet. Natürlich finden wir hier auch einen Jakobus, der mit allen Pilgerutensilien, Wanderstab, Kalebasse, Buch und Muschel, ausgestattet ist.

Die Kirche, die auf einem 569 Meter hohen so genannten Zeugenberg thront, wurde am Ende des 19. Jahrhunderts im neoromanischen Stil erbaut. Sie hatte aber mehrere Vorläuferbauten, von denen jedoch nichts mehr erhalten ist. Aber nicht nur das Jakobus-Patrozinium, sondern auch eine ehemalige Jakobusbruderschaft und ein Pilgerhospiz geben Zeugnis von der Bedeutung dieses Ortes für die damaligen Pilger. Beim Verlassen des Kirchhofs in Richtung Ortschaft werfen wir noch einen Blick zurück und können uns an der Bemalung des Mesnerhauses erfreuen, das auf seiner Ostwand das Leben des Apostel Jakobus zeigt.

Siebte Etappe: Rosenberg-Hohenberg – Abtsgmünd-Wöllstein

Der Jakobsweg selbst geht auf der Westseite der Kirche zum Wald, am Waldrand links hinunter und unten auf der Straße nach rechts. Nur noch bis zur ersten Gabelung gehen wir auf dem Albvereinsweg mit dem roten Kreuz, dann findet der Jakobsweg seinen eigenen Verlauf und wir nehmen den linken Weg. Im Wald wieder links und in einer folgenden weiten Rechtskurve nochmals links, und wir erreichen die Karl-Olga-Linde an der Verbindungsstraße von Zumholz und Hinterbrand. Wir bleiben aber auf dem Waldweg, umgehen etwas später Hütten, passieren den Hüttenhof und den Campingplatz. Ein Stück weiter bergab bietet sich eine Bademöglichkeit in einem kleinen See links des Weges. Der Weg führt durch den Wald, steigt etwas an und wir erreichen Gaishardt.

Vor der Kapelle geht es rechts die Obere Straße hinunter nach Himmelreich. Wir überqueren an der tiefsten Stelle die Blinde Rot (rotes Kreuz) und haben einen heftigen Anstieg vor uns, bis wir das Zentrum von Adelmannsfelden über die Schillerstraße erreicht haben. Danach geht es über die Hölderlinstraße weiter, durch die Sportanlagen bis zur Straße. Auf dieser wandern wir ein Stück nach links und hinüber auf einen Weg, der zum Wald führt. Hier ist der Weg mit dem roten Kreuz des Albvereins bis Abtsgmünd gekennzeichnet. Rechts geht es durch den Wald und hinunter zur Straße, der wir ein Stück nach rechts folgen; anschließend biegen wir nach links zur Hammerschmiede ab. Ab hier verlässt uns der Albvereinsweg. Dieser Straße folgen wir bis Straßdorf. Am Ortsende gehen wir in einer Linkskurve geradeaus weiter, biegen bei der nächsten Kreuzung nach rechts ab und folgen dieser Straße hinunter bis Reichertshofen. Inzwischen sind wir wieder auf dem mit dem roten Punkt markierten Weg, der erst nach Heuchlingen vom roten Kreuz auf weißem Grund abgelöst wird.

Wir gehen an der Bundesstraße B 19 entlang und verlassen sie nach rechts auf einer Brücke über den Kocher. Nach rechts hoch über den Butzenberg und am Sandhof vorbei können wir gehen, wenn wir direkt nach Hohenstadt wollen. Zur Jakobskapelle von Wöllstein, dem Ziel dieser Etappe, gehen wir nach links (verlassen kurz den Albver-

Wegstrecke:
Rosenberg-Hohenberg – Neuler-Gaishardt – Adelmannsfelden – Abtsgmünd-Reichertshofen – Abtsgmünd-Wöllstein

Länge:
21 Kilometer

Zeit:
6 Stunden

Informationen:
Rathaus Abtsgmünd, Telefon (0 73 66) 82-0, Internet: www.abtsgmuend.de

Die Wallfahrtskirche auf dem Schönenberg bei Ellwangen ist einen Umweg wert.

einsweg) und dann in einem weiten Rechtsbogen, bis wir den Ort und die etwas höher liegende Kirche zu Gesicht bekommen. Am Kapellenweg rechts geht's hinauf zur Jakobuskapelle. Sie ist Teil der ehemaligen Festung Burg Wöllstein, die 1269 zum ersten Mal erwähnt wird – die Anlage wurde im Dreißigjährigen Krieg zerstört.

Auf der Südseite der Jakobuskapelle stellt Sieger Köder in einem großartigen Gemälde das so genannte »Hühnerwunder von Santo Domingo de la Calzada« dar. Diese Legende wird auf den Pilgerwegen oft erzählt und ist auch in Rothenburg ob der Tauber, in Winnenden und in Überlingen dargestellt.

Die neoromanische Kirche von Hohenberg

Im Juli 2003 wurde an der Abzweigung des Radwegs am Kapellenweg ein Jakobuskreuz nach einem Entwurf von Sieger Köder errichtet. Seine Idee zu einem Kreuz aus Eisen – mit der Christus- und Marienfigur – knüpft an die Tradition des eisenschaffenden und eisenverarbeitenden Gewerbes in vorindustrieller Zeit in Abtsgmünd an.

Familie Thamm, die im Eremitenhaus bei der Kapelle wohnt, und Familie Sorg in der Alten Abtsgmünder Straße 4, öffnen den Pilgern gerne die Kapelle. Auch erhalten Sie hier die Stempel für den Pilgerausweis. In Wöllstein bieten sich den Jakobspilgern Übernachtungsmöglichkeiten im Gasthof »Talblick« sowie Verpflegungsstationen im »Talblick« oder in der »Linde«. Einkaufen kann man in der örtlichen Bäckerei.

Achte Etappe: Abtsgmünd-Wöllstein – Böbingen an der Rems

Im Ort wird man erfahren, dass es eine direkte Verbindung nach Hohenstadt gibt. Dazu steigen wir hinter der Kapelle durch den Wald den Berg hoch, gehen am Frauenhof vorbei und erreichen über den Weg, der am Waldrand entlang nach Westen führt, Hohenstadt.

Das Dorf Hummstadt, wie Hohenstadt mit Schloss und Wallfahrtskirche einst hieß, wird urkundlich erstmals 1147 erwähnt. Zu dieser Zeit im Besitz der Herren von Woellwarth, erwerben es 1407 die Herren von Adelmann. Diese lassen 1625 anstelle der alten Burg ein Schloss und eine Wallfahrtskirche errichten. Das Adelmann'sche Geschlecht erhielt 1680 den Freiherrentitel und 1790 die Grafenwürde.

In der Barockkirche befindet sich ein Epitaph, auf dem Johannes Adelmann von Adelmannsfelden in Pilgertracht dargestellt ist. Zum Schloss gehört der älteste barocke Heckengarten, der zum Anschauen und Flanieren einlädt. Er war Schauplatz früheren Gesellschaftslebens. Mit seiner Kugelbaumallee und dem schmucken Lustschlösschen erinnert er ein wenig an die großen Gärten in Wien, Paris oder Versailles – allerdings en miniature.

Auf der Hauptstraße verlassen wir den Ort in südöstlicher Richtung (roter Punkt) und folgen der Heerstraße nach Börrat nach

Wegstrecke:
Abtsgmünd-Wöllstein – Abtsgmünd-Hohenstadt – Abtsgmünd-Börrat – Heuchlingen – Böbingen an der Rems

Länge:
18 Kilometer

Zeit:
5 Stunden

Informationen:
Gemeindeverwaltung Böbingen, Römerstraße 2, 73560 Böbingen, Telefon (0 71 73) 1 85 60 18, E-Mail: rathaus@boebingen.de

Unterkunft in Hohenstadt:

www.abtsgmuend.de/data/gaststaetten.php?p=gaststaetten02.htm

rechts. Dort geht es nach rechts und in einem großen Linksbogen bis zu den Klotzhöfen. Weiter führt uns der Weg nach Süden in den Wald hinein, danach überqueren wir die Straße nach Schechingen. Eine lohnenswerte Alternative ist der Weg über Schechingen zu der am Friedhof gelegenen Kapelle Sankt Joseph mit einer Darstellung der zwei Heiligen Rochus und Jakobus (Schlüssel bei Familie Schaub erhältlich).

Es geht weiter in südlicher Richtung hinunter ins Tal der Lein nach Heuchlingen. Die Kirche Sankt Vitus in Heuchlingen wurde 1733 auf der Stelle einer älteren dem Kloster Ellwangen zugehörigen Kirche gebaut. Im Inneren finden wir Darstellungen zu einer nach dem Dreißigjährigen Krieg gegründeten Skapulierbruderschaft. Die Bedeutung und die Frömmigkeit der Bruderschaft war in der Barockzeit sehr stark geprägt vom »Privilegium Sabbatinum«, das nach einer mittelalterlichen Überlieferung auf die Vision des Generalpriors des Karmeliterordens Simon Stock 1251 zurückgeht: Maria soll ihm folgende Heilszusage gegeben haben, wobei sie das Skapulier in der Hand hielt: »Das sei dir und den Deinen ein Privileg: Wer damit bekleidet stirbt, wird gerettet werden.«

Diese Zusage wurde im Mittelalter mit der so genannten »Bulla Sabbatina« verbunden, die, so wird behauptet, am 3. März 1322 von Papst Johannes XXII. gegeben wurde. Den Angehörigen des Karmeliterordens wird in der dem Papst zuteil gewordenen Vision von Maria Folgendes zugesagt: Wenn sie gestorben sind, »werde ich, die Mutter voll der Gnade, am Samstag nach ihrem Tod in das Fegefeuer hinabsteigen und befreien, die ich dort finde, und sie zum heiligen Berg des ewigen Lebens geleiten«.

Mit dem »Skapulier« ist hier das mönchische Kleidungsstück der Karmeliter gemeint, bestehend aus zwei breiten Tuchstreifen, die beide Schultern bedecken und auf der Brust und über den Rücken herabhängen. In den Bruderschaften wurden verkleinerte Versionen des »braunen Skapuliers« getragen. Im Jahr 1910 bestimmte Papst Pius X., dass Medaillen mit dem Bild des Herzens Jesu und der Gottesmutter die Stoffskapuliere ersetzen können.

Vitus ist einer der 14 Nothelfer und bei den Gläubigen äußerst beliebt. Er wird traditionell von Bauern, Gastwirten, Apothekern, Winzern, Schauspielern, Bierbrauern verehrt und steht neben anderem für Keuschheit, gute Saat und gute Ernte; außerdem soll er gegen Besessenheit, Aufregung, Hysterie, Krämpfe, Tollwut und Veitstanz, Augen- und Ohrenleiden, Unwetter, Blitz und Feuergefahr helfen. Vielleicht weil Vitus' Gedenktag im Bereich der Sonnwende liegt, knüpft sich in der Volksfrömmigkeit an diesen Heiligen der Glaube, er sei für pünktliches Wachwerden ohne Uhr zuständig: »Heiliger St. Veit / wecke mich zur rechten Zeit; / nicht zu früh und nicht zu spät, / bist die Glocke ... schlägt.« Wobei die letzte Zeile im Volksmund auch umgedichtet wurde: »... dass es nit ins Bett nein geht.« Also auch ein Heiliger gegen Bettnässen.

Wir folgen dem roten Punkt durch die Sportplätze, überschreiten die Lein und biegen nach rechts in die Brackwanger Straße ein. Da lohnt sich ein Besuch der Georgskapelle. Sie zeigt den Viehheiligen Wendelin als Pilger mit Stab und Muschel. Nach Brackwang überschreiten wir den Limes. Wir folgen dem Weg (roter Strich) am Braunhof vorbei zu unserem Etappenziel nach Böbingen an der Rems. Ab der Linksabzweigung zum Ort bekommen wir das blaue Dreieck als Wegezeichen.

Wir können vorher einen Abstecher an den Limes machen, wenn wir nach dem Wanderheim der Ortsgruppe Heuchlingen auf der Hangkante linkshin ostwärts zum alten Auffüllgelände gehen und über die Bergkuppe nach Süden. Etwas weiter links im Wald liegt ein keltischer Grabhügel und Umrisse eines alten römischen Wachturms sind noch sichtbar.

Neunte Etappe: Böbingen an der Rems – Böhmenkirch

In Unterböbingen gibt es das Schloss mit der Schlosskapelle zu besichtigen und ebenso die Kirche Sankt Joseph mit Darstellungen von Franz von Assisi, der im 13. Jahrhundert nach Santiago gepilgert sein soll. Über der Rems am Klotzbach liegt Oberböbingen mit einem sehenswerten römischen Kastell und der Kirche Sankt Michael. Unser Weg führt aber westlich daran vorbei, erst dem blauen Dreieck, dann dem blauen Kreuz des Albvereins nach.

Vor Beiswang, einer heute noch beliebten, regionalen Marien-Wallfahrtsstätte, biegen wir von unserem mit blauem Kreuz markierten Weg scharf links auf die Straße nach Buch ab und erreichen nach zwei Brücken auf dem Radweg nach einem weiten Rechtsbogen und einer Linkabbiegung, Bargau mit seiner Jakobuskirche.

Beim Weiler Buch, etwas abseits der Strecke, finden wir die Sankt-Jakobs-Wiese, die der Kaplaneibesoldung diente.

Zwei Kilometer weiter auf dem Weg (blaues Dreieck), finden wir als Übernachtungsmöglichkeit das Kolpinghaus, das an den Wochenenden normalerweise geöffnet hat. Während der Woche ist die Nutzung für größere Gruppen nur nach Absprache möglich, sofern ein Hüttendienst einsetzbar ist. Das Haus ist bewirtschaftet, allerdings nicht auf Restaurantniveau. Für Übernachtungsgäste stehen

Die Sankt-Jakobus-Kirche

Vor 1455 stand in Bargau eine Kapelle, die den Heiligen Jakobus und Leonhard sowie den Heiligen Drei Königen geweiht war. In späteren Urkunden erscheint nur noch Jakobus als Patron. Diese erste »Kirche« fiel 1638 einem Brand zum Opfer. An ihre Stelle kam 1729 eine einfache Barockkirche. 1911 wurde dann die heutige neuromanische Kirche südlich der alten Kirche gebaut und am 23. Oktober 1911 eingeweiht. Vom Turm ertönt die Jakobsglocke und der Kirchenpatron ist im Innenraum mehrfach dargestellt. Auf dem Friedhof hinter der Kirche steht eine von einem Kreuz durchdrungene übermannsgroße Muschel. Dort kann der Pilgerausweis abgestempelt werden.

größere Schlafsäle mit Stockwerkbetten zur Verfügung. Kontaktperson ist Frau Bärbel Wagner, Telefon (0 71 72) 63 36, Internet: www.kolping-gmuend.de

Der steile Albaufstieg vom Remstal auf die Ostalb bei Bargau ist einer der landschaftlich schönsten Teile des Fränkisch-Schwäbischen Jakobusweges. Die vielbeschworene blaue Wand der Alb ist hier in Reinform zu sehen. Der beschwerliche Aufstieg zum so genannten Himmelreich wird wettgemacht von herrlicher Aussicht.

In Beuren gibt es eine Wendelinskapelle; der Heilige zeigt sich hier auf der Rückseite eines Altarflügels. Auch finden wir dort den heiligen Wendelin mit Pilgerhut und Wurfkeule. In der

Wegstrecke:
Böbingen an der Rems – Schwäbisch Gmünd-Bargau – Böhmenkirch

Länge:
22 Kilometer

Zeit:
6 Stunden

Informationen:
Gemeindeverwaltung Böhmenkirch, Telefon (0 73 32) 96 00-15, E-Mail: gemeinde@boehmenkirch.de

Die Jakobsmuschel als Attribut

Wir wissen, dass Jakobus der Ältere die Muschel immer mit sich führt, aber auch Rochus und Koloman werden als Pilger mit Muschel abgebildet. Johannes der Täufer, meist mit einem Tierfell bekleidet, benutzt gelegentlich eine Jakobsmuschel für die Taufe. Auch der eher unbekannte heilige Willebold, der als Pilger 1230 unter wundersamen Zeichen in Berkheim im Illertal in einer Scheune starb, wird meist mit einem mit Pilgermuscheln bedeckten Schultermäntelchen, manchmal auch mit Hut, Pilgerstab und Kruzifix dargestellt. Auch dem heiligen Christophorus ist gelegentlich eine Muschel als Attribut beigefügt.

Nähe liegt die Jakobshöhle, doch stammt der Name der Höhle vermutlich von einem Einsiedler namens Jakob.

Ab der Abzweigung am Bargauer Kreuz verziert wieder das rote Dreieck unseren Weg und wir spüren schon den langen Aufstieg in den Knochen. Er ist aber noch nicht ganz beendet. Wir gehen weiter durch den Wald und nehmen an der folgenden Kreuzung die linke Abzweigung (rotes Y) Richtung Falkenhöhle. Nach 2,5 Kilometern geht es rechts (erst gelbes Y, dann gelbe Raute) auf einem schönen Waldweg weiter. Kurz nach Verlassen des Waldes und nach dem Passieren der Windräder stoßen wir auf die Straße nach Böhmenkirch, der wir bis zur Patriziuskapelle folgen.

Von dort geht es an Kreuzwegstationen entlang weiter (gelbe Raute). Am Ortseingang von Böhmenkirch sehen wir rechts einen Gedenkstein mit der Kreuzigungsdarstellung. Interessant ist die linke Seite mit einer Abbildung des Jakobus mit Hut, Buch und Stab. Die Widmung auf der rechten Seite kann man kaum mehr lesen. Dort ist vermerkt, dass diese Säule von dem in Mailand verstorbenen Jacob Hainzmann »allhir verordnet« wurde.

Kurz danach erreichen wir das Zentrum von Böhmenkirch. Wir besuchen noch die mächtige Kirche Sankt Hippolyt, Mitte des

19. Jahrhunderts errichtet, wo wir den heiligen Koloman in muschelverzierter Pilgertracht finden.

Der Ire Koloman wurde 1012 auf der Pilgerfahrt ins Heilige Land in Stockerau bei Wien wegen seiner fremden Sprache und Kleidung verdächtigt, ein böhmischer Spion zu sein. Er wurde gefoltert und an einen Baum geknüpft. Dort hing der Leichnam eineinhalb Jahre lang unverwest; als ein Jäger Kolomans Tod feststellen wollte und einen Spieß in dessen Seite stach, floss Blut heraus. Der Heilige wurde vom Baum geschnitten und begraben; man überführte ihn zwei Jahre später ins Kloster Melk, einer Hauptstätte seiner Verehrung.

Koloman wurde nie offiziell heilig gesprochen, dennoch verbreitete sich die Verehrung von Melk aus in ganz Österreich und in Bayern. Viele Kirchen tragen seinen Namen; der Ort Sankt Koloman bei Salzburg ist nach ihm benannt, weil dort nahe einer Kolomanikapelle eine einst vielbesuchte Heilquelle entsprang. Auf ihn geweihte Quellen gelten als heilkräftig, der Koloman-Segen schüt-

Hinter der Sankt Jakobus-Kirche in Bargau kann der Pilgerausweis abgestempelt werden.

ze vor Feuer, sagt man. Gegen Seuchen und Unwetter soll helfen, wenn man das »Kolomani-Büchlein« bei sich trägt. Darstellungen Kolomans sind aber erst vom Ende des 15. Jahrhunderts an bekannt: Sie zeigen ihn in Pilgertracht mit kurzem oder länger gegürtetem Rock, Mantel, Pilgerhut und Pilgerstab. Ein Fässchen oder eine Pilgerflasche hängen an seinem Gürtel.

Zehnte Etappe: Böhmenkirch – Lonsee

Wir gehen über die Poststraße (gelbe Raute) auf dem Breiten Weg und der Schützenstraße nach Südosten. Vor der Kläranlage wenden wir uns rechts und erreichen eine mächtige Linde mit Kreuz und Bank. Es geht hinunter ins Tal, am Waldrand nach rechts (gelbes Y) und anschließend am Taubenloh vorbei wieder nach oben. Wir erreichen nach beinahe sieben Kilometern Gussenstadt. Übernachtungsmöglichkeit: Zum Rössle, Telefon (0 73 23) 72 41.

1911 wurden von Valentin Thierer die Jakobshalle und das Ursulastift erbaut. Im Ursulastift befindet sich jetzt ein Museum mit der Schmiede und wechselnden Ausstellungen. Gussenstadt liegt an einer historischen Wirtschaftsstraße. Bekannt sind vor allem die durchgehenden Salztransporte. Von der ursprünglich Mitte des 12. Jahrhunderts errichteten romanischen Kirche Sankt Michael lässt sich im heutigen Bau noch vieles erkennen. Sehenswert ist hier die Darstellung von Jesus als Apotheker.

Wir verlassen die Stadt (gelbes Y) auf der Bahnhofstraße in Richtung Bräunisheim. Im Waldstück »Bauernhau« machen wir einen Schlenker nach rechts zu einem Rastplatz und wieder zurück auf die Straße. Ihr folgen wir

Wegstrecke:
Böhmenkirch – Gerstetten-Gussenstadt – Gerstetten-Sontbergen – Altheim-Zähringen – Lonsee-Ettlenschieß – Lonsee

Länge:
29 Kilometer

Zeit:
5 Stunden

Informationen:
Gemeindeverwaltung Lonsee, Telefon (0 73 36) 81-0, E-Mail: rathaus@lonsee.de

etwas mehr als zwei Kilometer ins Tal und ein Stück hinauf. Beim Heuberg gehen wir nach links und anschließend in Kurven den Berg hinunter und wieder hoch und erreichen nach etwa sieben Kilometern Sontbergen. Die Jakobskirche von Sontbergen wurde 1356 erstmals als Pfarrkirche erwähnt und schon häufiger renoviert.

An der Geschichte dieses kleinen Dorfes wird sichtbar, wie rücksichtslos im Mittelalter über das Land und seine Menschen verfügt wurde. Sontbergen war helfensteinisch und kam 1396 an Ulm, an welches die Grafen im Jahr 1382 »alle Lüt und Gut ze Suntbergen, was sie haben, oder gehabt haben sullen oder mögen – verpfändeten«.

Es geht weiter auf der Straße Richtung Zähringen , gleich danach auf einem Schotterweg nach links zum Waldrand, dann rechts hinunter (gelbes Y) und am Skilift vorbei hinauf. Wir sind nach drei Kilometern in Zähringen angelangt. Das Altarbild der kleinen Sankt-Magdalena-Kirche zeigt im unteren Teil das Abendmahl: In einer Schale auf dem Tisch liegt ein merkwürdiges Tier zum Verzehr bereit. Links vorne sitzt Judas mit einer Geldbörse in der rechten Hand und unter seinem Stuhl können wir einen kleinen geflügelten, mit Hörnern versehenen Teufel erkennen.

Am Ortsende nehmen wir den geteerten Weg (gelbes Y), der nach links abbiegt, wandern an Wiesen und Feldern vorbei und betreten den Wald, passieren den Hungerberg und gehen lange am Waldrand entlang. Dann noch ein Stück im Wald genau nach Westen und zweimal links-rechts an den Windrädern vorbei, schon sind wir nach sieben Kilometern in Ettlenschieß angekommen. Ettlenschieß entwickelte sich auf einer Anhöhe der Lonetal-Kuppenalb, sozusagen auf der Passhöhe zwischen Langenau und Geislingen an der Steige, im 16. Jahrhundert zu einem regelmäßig angelegten Straßendorf entlang der Dorfstraße, die im Norden auf die Scheibenstraße stößt. Hier transportierte man in Scheiben gegossenes Salz vom Salzburger Land in Pferdefuhrwerken an den Neckar und den Rhein. Im Gasthaus »Zum Hirsch« wurden damals die Pferde gewechselt.

Der älteste Siedlungskern findet sich am Lindenplatz mit der im ummauerten Friedhof stehenden Georgskirche und den umliegenden Höfen. Der Lindenhof wurde um 1400 erwähnt. Turm und Chor gehören wahrscheinlich zu den ältesten Teilen der Kirche. Die Wandmalereien stammen aus dem 14. Jahrhundert.

Wir gehen wenige Meter auf der Straße nach Amstetten, biegen nach links auf einen Schotterweg (gelbes Y) ab und folgen diesem Weg, der anschließend nach Westen führt. Wir wechseln auf einen schmaleren Pfad nach links und kommen zum Wald. Danach wandern wir erst nach rechts, dann links und wieder links (gelbe Raute) und ein Stück den Berg hinunter. Wir folgen der Bahnlinie nach links bis zu einem Übergang am Bahnhof. Noch wenige Schritte und wir sind in Lonsee angekommen.

Elfte Etappe: Lonsee – Ulm

In Lonsee quert die Jakobsroute die alte römische Heerstraße, die von Urspring heraufführt. Die evangelische Marienkirche (1108) wurde mit dem Jakobskult verknüpft, sie hieß ab 1366 »Zu unserer lieben Frau und Jakob«.

Wir gehen (gelbe Raute) zum Rathaus, auf der Haldestraße über die Lone und steigen rechts von dem Haus Nummer 22 auf einem schmalen Pfad zum Wald hinauf. Später wechseln wir auf einen stei-

Legenda aurea – Goldene Legende

Jacobus de Voragine, geboren um 1230 in der Nähe von Genua, trat in jungen Jahren dem Dominikanerorden bei und wurde mit 22 Jahren Professor für Theologie und später Erzbischof von Genua. Bedeutsam ist seine schriftstellerische Hinterlassenschaft, die »Legenda sanctorum«, auch bekannt unter dem Namen »Legenda aurea«, die »Goldene Legende«; ein Werk, das die Geschichten von Heiligen umfasst und die Heiligendarstellung der folgenden Jahrhunderte nachhaltig beeinflusst hat. Es war als Andachtsbuch entworfen und wurde für viele Künstler des Mittelalters Vorlage für die Darstellung von Heiligen. Diese Heiligen-Legenden wurden später in alle Sprachen Europas übersetzt.

len Weg nach links, der uns weiter hinaufbringt. In einem weiten, erst nach rechts und dann nach links führenden Bogen erreichen wir die Bundesstraße B 10, die wir ein Stück begleiten. Danach überqueren wir sie, gehen kurz am Waldrand entlang und dann nach Süden. Bei der nächsten Möglichkeit halten wir uns rechts und werden auf dem Albvereinsweg noch mehrfach die Richtung wechseln, bis wir über den Salachweg nach etwa acht Kilometern den recht hoch gelegenen Ort Scharenstetten erreichen.

Die Ursprünge der evangelischen Laurentiuskirche liegen vermutlich im 11. Jahrhundert. Betrachtenswert ist der gotische Flügelaltar aus der Werkstatt von Hans Multscher (sein Name ist uns schon in Rothenburg begegnet). Er zeigt unter anderem

Wegstrecke: Lonsee – Dornstadt-Scharenstetten – Dornstadt-Temmenhausen – Ulm-Mähringen – Eselsberg – Ulm

Länge: 30 Kilometer

Zeit: 8 Stunden

Informationen: Tourist-Information Ulm, Telefon: (07 31) 1 61 28 30, E-Mail: info@tourismus.ulm.de

eine Kreuzigungsgruppe mit dem heiligen Georg, der einst eine Königstocher vor dem Drachen errettet hatte.

Nach wenigen Metern auf der Hauptstraße geht es über die Landesstraße nach rechts und anschließend nach links auf einen Wirtschaftsweg (gelbe Raute). Später führt die Route weiter geradeaus auf einen Waldweg über den Kalmenberg, der uns mit einem Links-rechts-Schwenk in drei Kilometern nach Temmenhausen bringt. In der dortigen Nikolauskirche finden wir neben einer Malerei des Jakobus Major auch ein Glasbild in Wappenform mit der Überschrift »Iakob Staeb«. Im Wappen ist ein Mann abgebildet, der zwei Pilgerstäbe in Händen hält. – In Temmenhausen gibt es keine Einkaufsmöglichkeiten!

Das Ulmer Münster – Grundsteinlegung 1377, Vollendung 1890

Der Weg (gelbe Raute) führt über das Eiergässle zu einem Bauernhof und anschließend nach rechts über die Autobahn. Danach geht es beinahe parallel zur Autobahn bis zum Wald, davor nach rechts über die Felder in den Wald hinein, rechts-links und nach insgesamt fünf Kilometern links auf den Albvereinsweg zur Weidacher Hütte (rotes Y). Danach nehmen wir die rechte Verzweigung und dann geht es hinunter in ein schönes ruhiges Tal bis vor zur Straße. Wir halten uns wenige Meter weiter nach rechts und dann geht es auf der anderen Straßenseite in Richtung eines Sendemastes weiter bis über die nächste Straße. Danach halten wir uns links und marschieren am südlichen Ortsrand von Mähringen entlang.
Wir steigen nun über eine Treppe und einen Pfad ins Tal hinunter, überqueren die Straße, gehen auf der anderen Seite hoch in Richtung der Ulmer Universität. Von dort geht es zum Eselsberg und hinunter zu den Bahngleisen. Jetzt sind es nur noch wenige hundert Meter zum Ulmer Münster. Die ehemalige Reichsstadt an der Donau hat bekanntlich den höchsten Kirchturm der Welt. Das evangelische Münster aus dem Jahr 1377 war aber auch immer schon Sammelort für Jakobspilger, die in Richtung Oberschwaben und Konstanz weitergezogen sind.

Jakobswege in Oberschwaben

Von Gerhilde Fleischer und Wolfgang W. Meyer

Seit 1996 weist in Oberschwaben die gelbe Muschel auf blauem Grund Jakobspilgern den Weg. Der Weg wurde auf Anregung des Europarates von jungen Lehrern am Staatlichen Seminar für schulpraktische Ausbildung Meckenbeuren in Zusammenarbeit mit der Deutschen Sankt-Jakobus-Gesellschaft markiert und wird auch von ihnen instand gehalten. Das heißt, dass jedes Frühjahr junge Lehrer einen Kontrollgang auf dem Weg machen und fehlende Markierungen ersetzen. Leitidee für das Projekt war die jahrhundertealte christliche Tradition, die Menschen aus ganz Europa seit dem frühen Mittelalter auf dem Pilgerweg zusammenführt. Wir dürfen uns dankbar daran erinnern, dass wir nicht nur das europäische Zahlungsmittel, den Euro haben, sondern dass wir in Europa einen jahrhundertealten Kulturaustausch besitzen. Die Kunst am Jakobsweg gibt ein beredtes Zeugnis davon, und in den spanischen Pilgerunterkünften sind Menschen aus zehn verschiedenen Ländern Europas, ja auch aus Übersee, keine Seltenheit.

Die jungen Lehrer, die an dem Projekt beteiligt waren, haben die grenzüberschreitenden Begegnungen auf dem Pilgerweg erlebt und wollten mit dem Markieren des Weges in Oberschwaben ihren persönlichen Beitrag zu Begegnungen in dem fester zusammenwachsenden Europa leisten und die Idee auch in ihre Schulen hineintragen.

Aufgrund eingehender Jakobsforschung in Süddeutschland gab es genügend Belege, die es ermöglichten, auf eine authentische Wegführung zurückzugreifen. Doch wäre es vermessen, zu sagen, dass auf den markierten Wegen die Jakobspilger schon im Mittelalter gegangen sind.

Belegt sind eben lediglich »Stationen«. So lesen wir in dem Bericht des Nürnbergers Sebald Örtel: »Item ich, Sebolt Orttel reit zu Nürnperg aus gen sant Jacob Item so reit ich den ersten Tag von Nurnperg aus mit meinem Knecht gen Guntzenhausen (...), dann gen Nörling (...), von dann gen Genge. von dann gen New (...), von dann gen Ulm (...) Von dann Rait ich gen Pibrach. von dann gen waingarten (...), von dann gen Mersperg. Darnach führ ich vber den see (...) da lagen wir zu nach zu Koßtznitz (...)«

Der Weg von Ulm nach Konstanz ist ebenso wie der Weg von Nürnberg nach Ulm markiert, und für den Pilger gibt es handliche kleine Führer dazu.

Etwa 200 Kilometer sind es von Nürnberg nach Ulm, etwa 160 von Ulm nach Meersburg. Wer die Gegend bisher nur im Auto erfahren hat, erlebt auf den Wegen den Wechsel der Landschaften: das Feriengebiet am Altmühlsee, das Riesbecken bei Nördlingen, das karge Härtsfeld und die Alb, das Donautal, das Oberland mit seiner vielfältigen Landwirtschaft und das Bodenseegebiet mit seinem Obstbau vor der Kulisse der Alpen. Zu jeder Jahreszeit ist es schön, ob zur Blütezeit im Mai, ob im Hochsommer, wenn man dankbar den Schatten auf Waldwegen genießt, oder im Herbst, wenn allerorts der Reichtum der Natur geerntet wird, begleitet von Erntefesten.

Die Orte, durch die der Weg führt, erzählen ihre Geschichte, Pilgergeschichte, Religionsgeschichte und europäische Geschichte: Jakobskirchen finden wir nicht in großer Zahl, und doch liegen sie wie kostbare Perlen an unserem Weg in Nürnberg, Abenberg, Oettingen, Albeck, Grimmelfingen, Laupertshausen, Muttensweiler, Brochenzell und Ahausen in der Nähe von Meersburg. Dann begegnen uns die Namen von Pilgern: zum Beispiel Peter Rieter (1428), der schon genannte Sebald Örtel (1521) und Andreas Imhoff (1505 und 1514), alle drei aus Nürnberg, in Bad Waldsee Georg Truchseß von Waldburg-Wolfegg, der Bauernjörg (1517), im nahe bei Weingarten gelegenen Waldburg der selige Habnit (16. Jahrhundert). Wir entdecken Wappen mit Muscheln, so in der Gegend von Nürnberg das Wappen der Eyb mit drei Muscheln. Auch die kleine Ortschaft Laupertshausen führt zwei Jakobsmuscheln mit dem Schwert der Santiago-Ritter im Wappen.

Die Kunst am Weg lässt – teils mehr, teils weniger – Bezüge zum Jakobskult erkennen. Auf dem Wegstück von Nürnberg nach Ulm ist wenig zu finden. Die Reformation hat gründlich aufgeräumt; so freut man sich, wenn man im Chor der Klosterruine Christgarten in der Predella des Altars einen alten Jakobus findet. Ebenso über die Jakobusplastik auf dem Schalldeckel der Kanzel in Abenberg und im gotischen Wandgemälde in der Stadtpfarrkirche in Gunzenhausen, wo unser Pilgerpatron in der Reihe der Apostel mit seinem Satz des Credo Apostolorum »empfangen durch den Heiligen Geist, geboren von der Jungfrau Maria« dargestellt ist. Auch im barocken Deckengemälde der Klosterkirche Neresheim finden wir, wie oft im »barocken Himmel«, einen Jakobspilger.

Das neu erwachte Interesse am Jakobskult hat aber gerade in dieser Gegend zu neuer künstlerischer Gestaltung angeregt: Dürrenmungenau hat vor wenigen Jahren mit dem Konfirmandenopfer eine Jakobusfigur in seine Kirche geholt, Neuenmuhr hat anlässlich der letzten Kirchenrenovierung eine Jakobus-Schnitzfigur erhalten, in Gunzenhausen finden wir eine Jakobus-Plastik an einer Säule beim Südportal, in Oettingen hat der Künstler Steinacker, der auf der Burg Spielberg lebt und arbeitet, vor der Jakobskirche die Bronzefigur eines Jakobspilgers geschaffen.

Wie viele alte Zeugnisse des Jakobskultes finden wir dagegen im Oberland: In Ersingen durfte in der evangelischen Franziskuskirche der spätgotische Altar, der in der Predella die zwölf Apostel darstellt, auch nach der Reformation bleiben, in Rißtissen sind Plastiken der zwölf Apostel im Schiff angebracht, in Schemmerberg ist außen an der Südseite eine Ölbergszene, zu der unser Jakobus gehört. In Laupertshausen begegnen uns vielfältige Jakobusdarstellungen, schon an einem Bauernhaus finden wir eine alte Plastik, dann steht der Heilige im Innern der Kirche als Altarfigur links von dem Tafelgemälde, das den Tod Mariens darstellt, eine weitere Jakobusfigur befindet sich an der Südwand des Kirchenschiffes.

In Biberach konnten sich im Schiff die Tafelgemälde mit den zwölf Aposteln halten trotz der Doppelnutzung durch beide Konfessionen, die ununterbrochen seit der Reformation praktiziert wird. Aus der alten Bartholomäus-Kapelle in Grodt stammt eine Jakobus-Figur, die heute ein Stück weiter in der neuen Kapelle zu finden ist. Kurz vor Steinhausen heißt uns eine Jakobusfigur über dem Eingang der Jakobskirche von Muttensweiler willkommen, eine Holzplastik steht im Innern am südlichen Seitenschiff, und im Tafelgemälde des Altars ist das Martyrium des Jakobus dargestellt. In Weingarten ist an einem Altar im südlichen Seitenschiff ebenfalls die Enthauptung des Jakobus dargestellt, und im Deckengemälde kommt ein Jakobspilger zur Verehrung der Heiligblut-Reliquie. In Brochenzell erwartet eine schöne spätgotische Schnitzfigur am linken Seitenaltar die Jakobspilger.

Als neue Zeichen der Jakobsverehrung seien für diesen Raum genannt: der Pilgerbrunnen in Oberdischingen und die Bronzetafel im inneren Klosterhof in Weingarten mit dem Hinweis »Santiago de Compostela 2000 km«. Die Aufzählung erhebt keinen Anspruch auf Vollständigkeit. Sie sollte hauptsächlich verdeutlichen, welche Einbußen an Kunstschätzen die Reformation in einigen Gebieten mit sich gebracht hat, auch als Mahnung, dass modernes Kunstverständnis und moderne religiöse Interpretation nie Maßstab für »gut« oder »schlecht« sein kann, sondern immer auch tolerant sein sollte gegenüber anderen Stilrichtungen.

Von Ulm nach Konstanz in acht Etappen

Gesamtstrecke: 167 Kilometer

Karten: Freizeitkarten 1 : 50 000 des Landesvermessungsamtes Baden-Württemberg in Zusammenarbeit mit dem Schwäbischen Albverein, 525, 527, 528, 529, 530. Inzwischen ist der Jakobsweg in diesen Karten direkt ausgewiesen.

Unterkunft: Es gibt außer den genannten Hotels noch weitere. Setzen Sie sich bei Fragen mit den örtlichen Fremdenverkehrseinrichtungen in Verbindung.

Erste Etappe: Ulm – Oberdischingen

In Ulm ist der Chor des Münsters als Ausgangspunkt für unsere Pilgerwanderung besonders geeignet. Der Kirchturm der gotischen Kirche ist mit 161 Metern der höchste der Welt. Seine Formgebung und das leichte Mauerwerk verstärken den Eindruck der gewaltigen Höhe. Um 1370 begann Heinrich Parler mit dem Bau des Münsters. Die Fertigstellung erfolgte gegen Ende des folgenden Jahrhunderts, mit Ausnahme des Turms, der erst 1890 vollendet wurde. Das Innere ist mit emporstrebenden Säulen und einem hohen Gewölbe ausgestattet. Die Chorstühle sind reich mit Schnitzereien verziert, die zu den schönsten gotischen Holzarbeiten gehören.

Wegstrecke:
Ulm (Donau) – Ulm-Grimmelfingen – Erbach-Donaurieden – Oberdischingen

Länge:
21 Kilometer

Zeit:
5 Stunden

Der Weg führt zunächst durch das Fischerviertel. Wir passieren eine Gedenktafel an der Kreissparkasse, die an die Reichspogromnacht 1938 erinnert, als die Synagoge von den

Den Jakobsbrunnen in Oberdischingen ziert die Inschrift: „Kommt und ruht ein wenig aus..."

Nazis niedergebrannt wurde. Es geht weiter durch den alten Teil von Ulm mit seinen schönen Fachwerkhäusern, weiter über die Blau und hin zur alten Stadtmauer und zur Donau. In südwestlicher Richtung geht es über den Kuhberg an dem ehemaligen Konzentrationslager »Oberer Kuhberg« vorbei weiter nach Grimmel-

Informationen:
Tourist-Information Ulm/Neu-Ulm, Telefon (07 31) 1 61 28 30

Unterkunft:
Pilgerherberge Cursillohaus, Oberdischingen, Telefon (0 73 05) 91 95 75; Gasthof Adler, Donaurieden, Telefon (0 73 05) 63 09

fingen. Dort erhebt sich die erste Jakobskirche auf dieser Wanderung.

Der Weg setzt sich weiter über Einsingen nach Erbach fort. Pilger nehmen für sich in Anspruch, bei entsprechender Witterung die Vesperpause in die Kirche Sankt Martin zu verlegen. Der Weg steigt ab Donaurieden nochmals an und fällt vor Oberdischingen wieder ab.

In Oberdischingen fängt ein moderner Brunnen, in dem ein müder Pilgerpatron ruht, sofort den Blick des neugierigen Besuchers ein. So wird es manchem Wanderer gehen, denkt er, der sich auf langen Teerwegen müde gelaufen hat. So sitzt er da, Jakobus, den Blick in die Ferne gerichtet, die Hände müde und entspannt auf den Oberschenkeln abgelegt.

Gleich hinter dem Brunnen steht das Cursillo-Haus Sankt Jakobus, eine Bildungs- und Begegnungsstätte der Diözese Rottenburg.

Zweite Etappe: Oberdischingen – Maselheim-Äpfingen

Vom Cursillo-Haus geht der Weg weiter in Richtung Dorf zurück, wendet sich hinter der Pfarrkirche nach rechts und setzt sich auf der »Allee« fort. Wir überqueren die Bundesstaße B 311 sowie die Donau und erreichen auf der Kreisstraße Ersingen. Links liegt die Franziskuskirche, eine evangelische Barockkirche. Wir finden dort eine Abbildung des Jakobus, zusammen mit Christus und den übrigen Aposteln. Von Ersingen nach Rißtissen bleiben wir auf dem Radweg neben der Kreisstraße. Nach den ersten Häusern biegen wir nach links und beim Erreichen der Kreisstraße nach rechts ab.

Die Kirche Sankt Pankratius und Dorothea in Rißtissen, die am Ende eines abwärts führenden und schönen Fußwegs liegt, zeigt im Sockel römische Reliefs und Inschriftensteine. Da sich spätere Handels- und Wirtschaftswege meist auf ehemaligen römischen Heerwegen gründeten und geografische Gegebenheiten kaum Varianten zuließen, ist es wenig verwunderlich, immer wieder auf römische Überreste zu stoßen.

Wegstrecke:
Oberdischingen – Erbach-Ersingen – Ehingen (Donau)-Rißtissen – Laupheim-Niederkirch – Laupheim-Untersulmetingen – Schemmerhofen-Schemmerberg – Maselheim-Äpfingen

Länge:
23 Kilometer

Zeit:
6 Stunden

Informationen:
Gemeinde Maselheim,
Telefon (0 73 51) 1 84 00

Unterkunft:
Gasthof Adler, Maselheim-Äpfingen,
Telefon (0 73 56) 23 03;
Gasthof Zum Sand, Maselheim-Äpfingen,
Telefon (0 73 56) 28 19

Am Ortsende steht die spätgotische Leonhardskapelle. Auf dem großen Flügelaltar finden wir inmitten der Apostel auch Jakobus, der an seinen Attributen leicht zu erkennen ist.

Anfangs auf der Landstraße, dann links durch den Wald geht es nun über Niederkirch weiter nach Untersulmetingen. Hier steht das Renaissanceschloss für Besichtigungen offen. Durch Obersulmetingen führt der Weg am Öschhof vorbei weiter nach Schemmerberg. Vor der Ankunft in Äpfingen muss aber noch ein Stück Weg durch alten Obstbaumbestand bewältigt werden.

Dritte Etappe: Maselheim-Äpfingen – Bad Schussenried-Steinhausen

Der Weg setzt sich, nun häufiger auf Wald- oder Wiesenwegen, von Äpfingen über Laupertshausen und Mettenberg nach Biberach fort.

In Laupertshausen entdecken wir an einem alten Bauernhaus unterhalb der Kirche eine Figur des Jakobus. Die Kirche selbst ist Jakobus und Pelagius geweiht. Im Inneren gibt es eine Besonderheit für den schwäbischen Raum zu sehen: Fünf Tafelbilder an der Orgelempore erzählen Geschichten oder Legenden um den Pilgerpatron. Die erste Tafel zeigt Maria auf der Säule: Jakobus, erfolglos geblieben in seinen ersten Bemühungen, in Spanien zu missionieren, erscheint im Traum die Jungfrau Maria. Sie ermutigt ihn und regt ihn an, eine Kirche zu errichten. Auf der zweiten Tafel sieht man, wie Jakobus auf dem Weg zu seiner Hinrichtung einen Kranken heilt. Die dritte Tafel zeigt die Enthauptung des Jakobus, die vierte Tafel stellt Jakobus Matamoros als Kämpfer im Gefecht gegen die Mauren dar, und die fünfte Tafel zeigt das Galgenwunder (siehe

Seite 46). Das Altarbild zeigt das Martyrium des Apostels. Eingerahmt wird der Altar auf der rechten Seite durch eine Statue des Pelagius und auf der linken Seite durch eine Figur des Jakobus.

Der Weg führt nun in Richtung Mettenberg und dann nach einer Abzweigung nach links auf dem Könighofer Weg weiter. Später folgen wir dem Weg des Schwäbischen Albvereins (roter Punkt) bis Biberach an der Riss. Wir betreten die Stadt auf eine Weise, wie sie vor uns sicherlich schon viele Pilger betreten haben, nämlich durch das noch erhaltene Stadttor.

Hier, in Biberach, gibt es eine Besonderheit: Die Stadtpfarrkirche wird seit der Reformation von beiden Konfessionen in einem festen Wechsel benutzt. Selbst die Stromzähler der beiden Kirchengemeinden sind darauf abgestimmt.

Wegstrecke:
Maselheim-Äpfingen – Maselheim-Laupertshausen – Biberach-Mettenberg – Biberach an der Riß – Bad Schussenried-Steinhausen

Länge:
24 Kilometer

Zeit:
6 Stunden

Informationen:
Fremdenverkehrsstelle Biberach,
Telefon (0 73 51) 5 14 83

Unterkunft:
Gasthof Zur Linde,
Bad Schussenried-Steinhausen,
Telefon (0 75 83) 23 81;
Gasthof Löwen,
Ingoldingen-Muttensweiler,
Telefon (0 75 83) 31 65

Höhepunkt eines jeden Jahres in Biberach ist Anfang Juli das Schützenfest. Neun Tage lang feiern die »Biber« ihr traditionsreiches Fest, dessen Ursprung als Kinder- und Heimatfest bis ins 17. Jahrhundert zurückreicht. Es »schützelet« heißt es in der Stadt, wenn sich die Trommler und Pfeifer auf das Schützenfest vorbereiten. Besonders prächtig ist der historische Umzug, der die Stadtgeschichte von der Stauferzeit bis zur Bismarck-Ära lebendig werden lässt.

Der Weg setzt sich vom Stadtzentrum in südwestlicher Richtung fort. Wir folgen ein Stück der Riedlinger Straße, dann dem Wolfenbach und biegen nach links ab, passieren die Wolfentalmühle und erreichen Reute. Kurz nach dem Ortsende verlas-

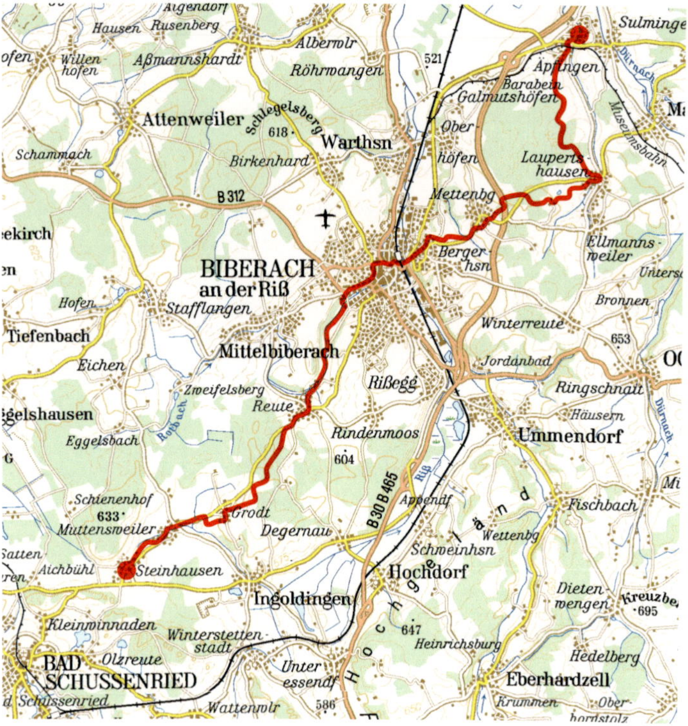

sen wir die Hauptstraße, gehen nach links zum Wald hinauf und erreichen nach etwa fünf Kilometern den Ort Grodt. Die alte Bartholomäuskapelle ist wieder grundlegend saniert worden, ist aber für heutige Bedürfnisse zu klein; daher verbleibt die alte Jakobsstatue in der neuen Kapelle. Kurze Zeit später können wir Muttensweiler sehen und erreichen nach weniger als zwei Kilometern die Kirche des Dorfes. Überm Westportal erblicken wir Jakobus. Im Innern steht er als schlichte Schnitzfigur an der Südwand und auf dem Altarbild ist seine Hinrichtung abgebildet.

Über die Bachstraße verlassen wir den Ort und erreichen nach etwas mehr als einem Kilometer Steinhausen.

Die Wallfahrtskirche in Steinhausen, auch als schönste Dorfkirche der Welt bezeichnet, wurde zwischen 1728 und 1733 erbaut.

Sie ist vollkommen im Stil des Rokoko errichtet worden. Architektur, Gemälde und Dekorationen verschmelzen zu einem einheitlichen Ganzen. Dieses entstand durch die enge Zusammenarbeit zwischen dem Architekten Dominikus Zimmermann und seinem Bruder, dem Maler Johann Baptist Zimmermann.

Vierte Etappe: Bad Schussenried-Steinhausen – Bad Waldsee

Ab Steinhausen folgen wir dem Hauptwanderweg 5 des Schwäbischen Albvereins noch einige Zeit, verlassen dann die Straße nach rechts und bleiben nun bis zum Ende dieser Etappe meist auf Waldwegen. Es gilt, sich an diesem Tag gut mit Proviant zu versorgen, da es nur in Winterstettenstadt einen Gasthof gibt.

Kurz nach Steinhausen bemerken wir rechts am Weg das so genannte »Franzosengrab«, welches an die Zeit des Dreißigjährigen Krieges erinnert. Für die Pilger vielleicht ein Ort, wo man sich darauf besinnen kann, dass dieses freizügige Reisen erst seit wenigen Jahrzehnten möglich geworden ist.

Nach Winterstettenstadt geht es den Burgweg hinauf, an den Resten der Schenkenburg vorbei in Richtung Wald. Dort wendet sich der Weg nach links und nach Verlassen des Waldes stoßen wir auf einen Fahrweg, den wir kurze Zeit später nach rechts aufgeben. Es geht nun längere Zeit am Waldrand entlang, über die Bundesstraße B 30 und weiter parallel in genügendem Abstand. Anschließend folgt ein kurzer aber kräftiger Aufstieg. Nach weiteren sechs Kilometern erreichen wir Bad Waldsee.

Wegstrecke:
Bad Schussenried-Steinhausen – Ingoldingen-Winterstettenstadt – Bad Waldsee

Länge:
24 Kilometer

Zeit:
6 Stunden

Informationen:
Tourist-Information Bad Waldsee,
Telefon (0 75 24) 94 13 42

Unterkunft:
Hotel Rössle,
Bad Waldsee,
Telefon (0 75 24) 4 01 00

Eine interessante Sehenswürdigkeit und das Wahrzeichen von Bad Waldsee sind die Doppeltürme der Stiftskirche Sankt Peter. Auch der Rathausplatz mit dem spätgotischen Rathaus von 1426 lohnt einen kleinen Rundgang.

In Bad Waldsee geht der Weg kurze Zeit am Stadtsee entlang und passiert das Spital, das um 1300 das erste Mal erwähnt wurde. Die neugotische Schaufassade samt Glockentürmchen bekam das Spital 1856.

In der Frauenbergkapelle finden wir oben links am Altar Jakobus – in der Gestalt eines gut gelaunten, grüßenden Edelmanns.

Im Stadtmuseum wird ein im See gefundener Becher ausgestellt, von dem vermutet wird, dass es sich um einen Pilgerbecher handelt. Zweifel an dieser Vermutung sind erlaubt. Doch gibt es noch einen anderen, viel wichtigeren Beleg für die Existenz des Jakobskults: Schon 1524 wird hier eine Jakobusbruderschaft nachgewiesen!

Fünfte Etappe: Bad Waldsee – Weingarten

In Bad Waldsee nehmen wir den Weg, der zur Frauenbergkapelle hinaufführt und als Stationenweg ausgestaltet ist. Es geht weiter durch ein Neubaugebiet, über eine Brücke in den Wald. Wir passieren Arisheim, Dinnenried, Gwigg, Gambach und Engenreute.

Wegstrecke:
Bad Waldsee – Bergatreute – Baienfurt-Köpfingen – Weingarten

Außerhalb des Weges kann die Kirche Sankt Philippus und Jakobus in Bergatreute besucht werden.

Nach dem Bergatreuter Forst ist in den Karten noch

ein »Jakobsbrunnen« verzeichnet. Wir überqueren die Landesstraße L 314 nahe des Campingplatzes, verlassen die Straße über eine Brücke beim Waldbad von Baienfurt, steigen durch den Baienfurter Forst auf und erreichen Köpfingen.

In der Gaststube in Köpfingen besteht nach langer Gehzeit endlich wieder eine Einkehrmöglichkeit. Die letzten zwei Kilometer folgen wir einem Wiesenweg, in

Länge:
21 Kilometer

Zeit:
5 Stunden

Informationen:
Tourist-Information Weingarten, Telefon (07 51) 40 51 -25/ -27,
Tourist-Information Ravensburg,
Telefon (07 51) 8 23 24

den wir nach rechts abbiegen. Von hier ist die Stadt Weingarten schon sichtbar.

Vermutlich war das Kloster in Weingarten eine wichtige Durchgangsstation für Pilger. In der Basilika finden wir am westlichen Deckenfresko zwei Jakobspilger. Im südlichen Seitenschiff ist der mittlere Altar Jakobus geweiht.

Sechste Etappe: Weingarten – Meckenbeuren-Brochenzell

Wegstrecke: Weingarten – Meckenbeuren-Brochenzell

Länge: 23 Kilometer

Zeit: 6 Stunden

Informationen: Tourist-Information Meckenbeuren, Telefon (0 75 42) 9 41 40

Unterkunft: Andreas-Hofer-Stuben, Meckenbeuren-Brochenzell, Telefon (0 75 42) 41 87; Humpisstüble, Meckenbeuren-Brochenzell, Telefon (0 75 42) 2 22 07. Nur Privatquartiere vorhanden.

Wir gehen vom Weingartener Münsterplatz hinunter zum Rathaus, am Hotel Sternen vorbei und folgen einem Waldweg bergauf. Der Weg bleibt auf der Höhe, führt an einem Wildgehege vorbei und über eine Vorstadtstraße durch das Frauentor in die Altstadt von Ravensburg.

In Ravensburg gilt ein erster Besuch der Marienkapelle in der Liebfrauenkirche von 1250. Der heutige Bau wurde um 1360 begonnen, aus dieser Zeit stammt das Tympanon am früher überdachten Westportal mit Darstellungen des Marienlebens. Die ursprünglich dreischiffige Basilika wurde wohl noch im 15. Jahrhundert durch ein südliches Seitenschiff erweitert.

Wenn wir über den Marienplatz gehen, finden wir rechts die dem heiligen Jodok geweihte Pfarrkirche von 1385. Sie war kirchenrechtlich einst dem Kloster Weißenau unterstellt. Die unverputzte, dreischiffige und flachgedeckte Basilika des 14. Jahrhun-

Statue des heiligen Jakobus in Brochenzell

derts hat ihren ursprünglichen Charakter fast ganz bewahrt. Jodok ist seiner Erscheinung nach dem Jakobspilger ähnlich und taucht immer wieder im Zusammenhang mit Jakobsbruderschaften auf.

Der Weg verlässt die Stadt westlich durch das Untertor, führt über die Bahnlinie und die Schussen. Durch die Weststadt geht der Weg hinauf und beim Wasserspeicher weiter an Oberzell vorbei durch den Adelsreuter Wald. Im Hotterloch kann es etwas abenteuerlicher werden. Nach etwa acht

Kilometern biegen wir an einer Wegekreuzung nach links ab und es geht nun weiter über Hungersberg bis nach Brochenzell. Eine Einkehrmöglichkeit besteht unterwegs in Weiler, gleich neben der Überführung über die Bahnlinie.

Brochenzell hat eine Jakobuskirche von 1624 mit einem neuen Schiff von 1972 (das alte Schiff ist jetzt der Chor) – und einen Pfarrer, der seine Verbundenheit mit den Jakobspilgern spürbar werden lässt.

Siebte Etappe: Meckenbeuren-Brochenzell – Markdorf

Wegstrecke: Meckenbeuren-Brochenzell – Oberteuringen-Unterteuringen – Markdorf-Leimbach – Markdorf-Möggenweiler – Markdorf

Länge: 16 Kilometer

Zeit: 4 Stunden

Informationen: Verkehrsamt Markdorf, Telefon (0 75 44) 50 02 90

Unterkunft: Gasthof Krone, Markdorf, Telefon (0 75 44) 45 02

Diese Etappe ist deutlich kürzer als die vorhergehende. Der Weg hat, um Brochenzell zu treffen, einen großen Bogen geschlagen und geht deshalb jetzt in westlicher Richtung weiter. Wir passieren Furatsweiler, Krehenberg, Rammetshofen, Unterteuringen, einen Ortsteil von Oberteuringen, Hepbach, Mögenweiler und erreichen Markdorf.

Vor den Mauern der Altstadt steht rechts in einem kleinen Park die Mauritiuskapelle. Nachdem der Wanderer durch das Stadttor gegangen ist, sieht er auf die Kirche Sankt Nikolaus hinab. In der Kirche findet man eine Jakobus-Statue an der Nordwand des Kirchenschiffs.

Etwa fünf Kilometer westlich von Markdorf, abseits des eigentlichen Pilgerwegs, befindet sich die Jakobskirche von Ahausen mit mehren Jakobusdarstellungen.

Achte Etappe: Markdorf – Meersburg (– Konstanz)

Wir verlassen Markdorf im Wesentlichen auf einem Wanderweg des Schwäbischen Albvereins (blauer Strich) und müssen zuerst bis zu einem Wanderparkplatz entlang der Bundesstraße B 33 in Richtung Meersburg gehen. Der Weg biegt nach rechts ab, führt durch ein Wäldchen und vor Riedern nach links. Wir überqueren die Verbindungsstraße zwischen Ittendorf und Ahausen und sehen knapp sieben Kilometer später auf der linken Seite die malerische Kapelle von Breitenbach.

An der Eingangstür ist ein Fischgrätenmuster angebracht. Dies verleiht der Kapelle eine gewisse Behäbigkeit. In der spätgotischen Kapelle finden sich schöne Rötelkritzeleien von Pilgern. Ähnliche können im ganzen Bodenseeraum beobachtet werden. Belegbar ist, dass die Kapelle schon im 16. Jahrhundert Bestand hatte. Ob es einen romanischen Vor-

Wegstrecke:
Markdorf – Markdorf-Breitenbach – Meersburg (– Konstanz)

Länge:
13 Kilometer

Zeit:
4 Stunden

Informationen:
Tourist-Information Meersburg,
Telefon (0 75 32) 44 04 00

Verkehrsanbindung:
Fähre Meersburg–Konstanz, ganztägig

läuferbau gab, ist ungewiss. Aber sicherlich hat sie vielen Pilgern Unterschlupf gewährt, was diese ihr dann mit »Graffiti« gedankt haben.

Auf einer Forststraße geht es weiter, dann aus dem dunklen Wald heraus, durch weite Obstplantagen und schließlich durch das laute Industriegebiet ins Stadtzentrum von Meersburg.

Linker Hand liegt der Friedhof, auf dem die Dichterin Annette von Droste-Hülshoff (1797–1848) ihre letzte Ruhestätte (gleich links vom Eingang) gefunden hat. Sie hat in den Jahren von 1841 bis 1848 im Alten Schloss gelebt. Das »Fürstenhäusle« oberhalb der Altstadt, ein von der Dichterin erworbenes Rebhäuschen, wurde als kleines, ihr gewidmetes Museum eingerichtet.

Hinweise auf Pilger und die mit ihnen verbundenen Einrichtungen sind nicht eindeutig erkennbar. Vermutlich war Meersburg, das sich am schmalen Bodenseeufer und am steilen Hang eines Molassefelsens erstreckt, eine recht bescheidene Ansiedlung. Nach der furchtbaren Pest von 1635/36 besaß Meersburg gerade noch 200 bis 300 Bewohner.

Von Ulm nach Nonnenhorn in sieben Etappen

Gesamtstrecke:
159 Kilometer

Die ersten sechs Etappen sind im vorhergehenden Abschnitt beschrieben (Seite 231 bis 244).

Siebte Etappe:
Meckenbeuren-Brochenzell – Nonnenhorn

Von Brochenzell aus gehen wir weiter auf einem Feldweg durch Hopfenanlagen und unterqueren nach vier Kilometern die Bundesstraße B 467. Bei Fünfehrlen kommen wir auf die Zufahrtsstraße nach Tettnang und folgen ihr bis ins Zentrum.

Bei der Kirche treffen wir auf den Hauptwanderweg 9 des Schwäbischen Albvereins und folgen ihm in südlicher Richtung. Nachdem wir Tettnang verlassen haben, überqueren wir die B 467 in der Nähe eines Wanderparkplatzes und bleiben nun für drei Kilometer im Wald. An einer Wegverzweigung halten wir uns links und unterqueren zum dritten Mal die B 467. Anschließend treffen wir die Kreisstraße, die uns kurze Zeit später über die Gießenbrücke bringt.

Rechts sehen wir das Schloss Gießen, an dem wir, immer noch auf dem Wanderweg (mit

Wegstrecke:
Meckenbeuren-Brochenzell – Tettnang – Nonnenhorn

Länge:
23 Kilometer

Zeit:
6½ Stunden

Informationen:
Verkehrsamt Nonnenhorn,
Telefon (0 83 82) 82 50

Verkehrsanbindung:
Fährverbindungen nach Rorschach

Jakobuskapelle in Nonnenhorn

blauem Kreis), links vorbeigehen. Jetzt steigt der Weg hinauf zum Heiligenhof, wo wir dem Weg nach links bis kurz vor Nitzenweiler folgen.

Wir biegen nach Süden ab, folgen dem Weg bis Gattnau, biegen nach links in Richtung Arensweiler ab. Durch Wald und schöne Obstgärten schreiten wir voran und sehen bald die Kapelle des heiligen Anton vor uns liegen. An ihr vorbei, geht es durch Selmnau und Hattnau. So erreichen wir die Zufahrtsstraße nach Nonnenhorn. Noch einen Kilometer weiter, und wir befinden uns im Zentrum.

Die Jakobuskapelle in Nonnenhorn mit ihren spitzbogigen Fenstern und einem Hochaltar mit sehenswerten Statuen des heiligen Ulrich und der heiligen Afra sollte unbedingt aufgesucht werden. Die wertvollsten Figuren der Kapelle stammen aus der Spätgotik.

Statue des heiligen Jakobus in der Jakobuskapelle Nonnenhorn

Die Holzplastiken Johannes des Täufers und der Katharina im linken Seitenschiff gelten als ein Jugendwerk des Holzschnitzers Johannes Ruhlands aus Ruhlands bei Opfenbach (um 1470). Seine drei besonders wertvollen Figuren auf dem rechten Seitenaltar stellen Jakobus mit Pilgerhut und Pilgertasche, Petrus und den Evangelisten Johannes dar.

Eine völlig gleichartige Darstellung des Jakobus von 1490 findet sich in der bischöflichen Hauskapelle in Trier, wo der Künstler auch seinen vollen Namen hinterlassen hat.

Der Pilgerpatron ist noch einmal durch eine kleine, hübsche Holzschnitzerei von 1720 auf der linken Seite des Chors vertreten. Auch eine Darstellung von Sankt Nikolaus von 1680, dem Patron der Seefahrer, darf hier am See nicht fehlen.

Jakobswege in der Schweiz

Im Mittelalter wurde die Pilgerroute, die aus dem süddeutschen Raum über Konstanz auf schweizerischem Gebiet nach Einsiedeln führt, die »obere Straße« genannt. In der ehemaligen Bischofsstadt Konstanz haben sich mehrere Wege vereint. Das hat dazu geführt, dass die Zahl der Pilger, die sich oft in Gruppen zusammenschlossen, auf den folgenden Wegstrecken wesentlich höher war. Deshalb ist diese Wallfahrtsstrecke im Volksmund als »Schwabenweg« erhalten geblieben. Während weiter nördlich kaum ein Hinweis auf Pilgerherbergen gefunden werden konnte, steigt die Zahl der Belege ab Konstanz stark an.

Die Markierung des Schwabenweges war schon 1991 abgeschlossen, gerade vier Jahre, nachdem der Jakobspilgerweg durch den Europarat zum ersten europäischen Kulturwanderweg ausgerufen worden war. Ein Anlass hierzu war die 700-Jahr-Feier der Eidgenossenschaft.

Eine Reaktivierung eines Pilgerwegs von Rorschach nach Schmerikon wurde in den Jahren 1992 bis 1998 durchgeführt. Die beiden Wege, die sich nahe des Etzelpasses südlich von Pfäffikon vereinen, wurden von den Pilgern als sehr unterschiedlich empfunden. Von der Rorschacher Strecke ist bekannt, dass Wanderer über die Bergaufstiege und die wenigen flachen Wegestücke klagten.

Der Schwabenweg hingegen wird heute trotz vieler Asphaltwege allgemein als gut begehbar beurteilt; es fallen sogar Bemerkungen wie »Genusswandern«, wenn von diesem Weg die Rede ist.

In diesem Kapitel werden jeweils Übernachtungsmöglichkeiten angegeben. Es handelt sich dabei meist um die einzigen Herbergen in den jeweiligen Orten.

Die Zeitangaben der einzelnen Etappen sind äußerst knapp bemessen. Es sind »stramme« Gehzeiten; wenn man ein wenig schauen will, sich an Besichtigungsstationen aufhält, kommt man mit diesen Zeiten nicht zurecht.

Der Schwabenweg von Konstanz nach Einsiedeln in fünf Etappen

Gesamtstrecke:
88 Kilometer

Karte:
Thurgauer Wanderkarte 1 : 50 000, Huber-Verlag

Die ersten beiden Etappen des 1991 ausgewiesenen Thurgauer Pilgerweges konnten nicht immer der historischen Linienführung folgen, der Wanderer wäre sonst häufig gezwungen gewesen, entlang viel befahrener Straßen zu gehen. Es wurden deswegen andere, landschaftlich sehr schöne Strecken gesucht. Doch die Fixpunkte – als Zeugen der Pilgerfahrt nach Santiago de Compostela – blieben erhalten.

Erste Etappe: Konstanz – Märstetten

Wegstrecke:
Konstanz – Bernrain – Schwaderloh – Ellighausen-Lippoldswilen – Wald – Märstetten

Länge:
16 Kilometer

Zeit:
4½ Stunden

Informationen:
Gemeinde Märstetten, Telefon (00 41) (0) 7 16 58 60 00

Unterkunft:
Hotel Kreuzstrasse, Märstetten, Telefon (00 41) (0) 7 16 57 11 20

Der Weg beginnt bei der Mauritiusrotunde im Münster von Konstanz. Im benachbarten Kloster können sich die Pilger den Pilgersegen geben lassen. Es empfiehlt sich, mit dem Pater einen Termin auszumachen, da er oft unter Zeitdruck steht.

Wir passieren mehrere umgewidmete Spitäler, die ehemalige Jodok-Kapelle und das »Haus zum Pilgerstab«. In Konstanz existierten zwei Pilgerherbergen, neben dem genannten noch das »Haus zum Engel«.

Am Schnetztor unterquert der Weg eine Straßenkreuzung und setzt sich längs einer viel befahrenen Ausfallstraße nach

Kreuzlingen und Emmishofen fort. Im Bereich der Bahnunterführung am Stadtrand von Konstanz ist die Beschilderung unterbrochen. Man muss sich zum richtigen Weg durchfragen.

Hinweise auf die Jakobspilger finden sich in den Flurnamen »Pilgerweg« und »Jakobshöhe« kurz hinter dem Bahnhof von Kreuzlingen. Weiterhin existierten in Emmishofen zwei Pilgerherbergen namens »Grödelin« und »Zum englischen Gruss«. Letztere besteht heute noch unter dem Namen »Gasthof Adler«.

An einem Wasserlauf entlang folgen wir einem schönen Weg in Richtung Bernrain, der nur mäßig ansteigt. Ein herrlicher Blick zurück auf den Bodensee belohnt die Mühe.

Nach einer guten Stunde erreicht der Wanderer die Wallfahrtskapelle von Bernrain.

Die spätgotische Wallfahrtskapelle Heilig-Kreuz wurde von dem Konstanzer Leinenweber Johann Kranzlein gestiftet und 1388 aufgebaut. Eine liebevolle Legende erzählt von diesem Ort, dass ein Lausbub namens Schappeler an dem Wegekreuz gelästert und die Jesusfigur an der Nase gefasst habe. Dabei blieb er haften und kam nicht mehr los. Erst als seine Mutter sieben Wallfahrten nach Einsiedeln gelobt hatte, konnte er seine Hand wieder lösen.

Der etwa seit tausend Jahren bestehende Jakobsweg setzt sich durch Wald und Felder über Schwaderloh, Ellighausen, Lippolds-

Wegweiser nach Santiago vor dem Konstanzer Münster

wilen und Wald fort. Nach etwa drei Stunden Fußmarsch verlassen wir kurz den Jakobsweg und erreichen Märstetten. Hier befindet sich eine erstmals 1155 erwähnte Jakobskirche. Der Turm stammt aus dem 13. oder 14. Jahrhundert. Im Innenraum blieb an der Chorbogenwand eine schöne spätgotische Darstellung des Jüngsten Gerichts erhalten.

Der Hinweis auf den Pilgerstempel ist in der Kirche links vom Westportal angebracht. Der Stempel (Prägestempel) befindet sich in einem Schrank unter dem Aufgang zur Empore.

Am Ende des Dorfes liegt das Hotel Kreuzstrasse. Der Besitzer fuhr früher zur See. Daher überrascht die Ausstattung nicht: Der Gast fühlt sich wie auf einem Schiff. Eine sehr nette Pilgerherberge befindet sich überdies in der Dorfstraße. Weitere ruhige Unterkünfte finden sich in Weinfelden, das man mit dem stündlich verkehrenden Zug erreicht. Eine sehr nette Pilgerunterkunft befindet sich in der Hubstraße in Märstetten.

Zweite Etappe: Märstetten – Fischingen

Von Märstetten aus führt der Weg weiter über die Ebene, biegt vor der Thur nach links ab, überquert den Fluss und erreicht Amlikon. Nach der Bahnunterführung am Ortsausgang von Märstetten ist kein Wegweiser zu finden. Der Wanderer kann sich gegen die Straße und für einen sehr schönen, schattigen Waldweg entscheiden, muss dann aber ein Stück an der Thur entlang gehen, um zur Brücke über den Fluss zu kommen. An der Thur bestand einst ein wichtiger Fährbetrieb.

Holzhüseren, Maltbach und Kaltenbrunnen sind die noch folgenden Stationen des Weges, der im weiteren Verlauf gut gekennzeichnet ist.

An der schönen ehemaligen Herberge »Biene« sollte der Pilger nicht vorbeigehen, ohne eine ausgiebige Pause einzulegen. Hier hat sich nach Aussagen erfahrener Pilger frisch gespritzter Apfelmost, der Jahreszeit entsprechend, bewährt.

Am Ortseingang des Weilers Kaltenbrunnen steht linker Hand ein barockes Jakobuskirchlein. Im nördlichen Chorfenster ist das Antlitz des Pilgervaters abgebildet.

Ein Abstecher zur Pfarrkirche Sankt Jakob und zur schönen Sankt-Idda-Kapelle mit ih-

Wegstrecke: Märstetten – Amlikon – Holzhüseren – Maltbach – Kaltenbrunnen – Tobel – Sankt Margarethen – Sirnach – Fischingen

Länge: 27 Kilometer. Für diese Tour ist eine gute Kondition erforderlich. Aufgrund fehlender Markierungen im Abschnitt von Sirnach nach Fischingen müssen Umwege eingeplant werden;
die Weglänge kann sich dadurch erhöhen.

Zeit:
6 Stunden

Informationen:
Verkehrsbüro Fischingen-Dusnang
(in der Raiffeisen-Bank, Sonnenhofstraße 4, CH-8374 Dusnang), Telefon (00 41) (0) 7 19 78 70 10;
Gemeindeverwaltung Fischingen, Telefon (00 41) (0) 7 19 78 70 70

Unterkunft:
Gasthaus Sternen, Fischingen, Telefon (00 41) (0) 7 19 77 16 17;
Kneipp-Kurhaus, Dusnang, Tel. (00 41) (0) 7 19 78 63 63

ren Pilgerkritzeleien in Lommis ist nur empfehlenswert, wenn man in Tobel übernachtet, sonst wird die Tagesstrecke zu lang. Um nach Tobel zu gelangen, muss der Pilgerweg verlassen werden. Wir folgen den örtlichen Hinweisschildern.

Hinter der Abzweigung nach Tobel folgt ein Wegweiser: Von hier aus sind es noch 1925 Kilometer nach Santiago de Compostela. Nach Fischingen ist man dagegen »nur« knapp vier Stunden unterwegs. Der Jakobsweg setzt sich hinter Tobel nach Sankt Margarethen und von dort an der Murg entlang nach Münchwilen und Sirnach fort.

In Sankt Margarethen ist das Pilgerhüsli sehenswert. Die 1641 errichtete Renaissancekapelle Sankt Margaretha ist ein Nachfolgebau eines noch älteren Kirchenbaus und kann mit Rötelzeichnungen

und zahlreichen Pilgerinschriften aus dem 17. Jahrhundert aufwarten.

In Münchwilen passiert der Wanderer an einer Straßenkreuzung den prachtvollen Bau des Gasthofs »Zum Engel«, einer ehemaligen Pilgerherberge und unterquert kurze Zeit später die Autobahn. In Sirnach, dessen Zentrum der Schwabenweg umgeht, finden wir einen Brunnen mit den drei Muscheln des Gemeindewappens und ebenfalls einen Gasthof zum »Zum Engel«, einst eine Pilgerherberge.

Bis Wiezikon folgen wir dem Verlauf der Murg, danach auch kurz der verkehrsreichen Fischinger Straße, bis wir links nach Anwil (dort ist eine Pilgerherberge nachgewiesen) abbiegen können. Wir erreichen Oberwangen, passieren die Martinskapelle und gelangen auf einem waldigen Weg nach Fischingen.

In Fischingen angekommen, lädt das stattliche Benediktinerkloster zur Besichtigung ein (nur für Gruppen). Es wurde 1133 durch das Kloster Petershausen bei Konstanz gegründet. Seine Blütezeit reichte vom 16. bis ins 18. Jahrhundert. Die barocken Bauten entstanden um 1760. Im Kloster kann man sich zu einer zweistündigen Führung anmelden.

Auch der Wallfahrtsort der heiligen Idda lohnt einen Besuch. In der an die Klosterkirche angebaute Idda-Kapelle mit dem Sandsteingrabmal der schlafenden Idda befindet sich ein Fußloch, in das einst die Pilger ihre schmerzenden Füsse hineinstecken konnten. Die Heilige war des Ehebruchs beschuldigt und zum Tode verurteilt worden. Nachdem sie den gewaltsamen Sturz in den Tobel überlebt hatte, war sie in den Dienst Gottes getreten.

An dieser Stelle sei das Gasthaus »Sternen«, das zum Übernachten einlädt, erwähnt. Die Wirtsleute freuen sich besonders, wenn Pilger in ihrem Haus einkehren. Falls das Gasthaus belegt ist, gibt es auch die Möglichkeit im Kloster in Mehrbettzimmern Quartier zu bekommen.

Dritte Etappe: Fischingen – Steg

In Fischingen erfordert der Abstieg vom Kloster hinunter zur Murg wegen der Rutschgefahr Vorsicht und Trittsicherheit. Wer sich unsi-

cher fühlt, kann den Weg über das Sträßchen nehmen, der aber etwas weiter ist.

Hinter Au mit der Pfarrkirche Sankt Anna und dem Bildstock der heiligen Idda beginnt der Aufstieg zum Hörnli, mit 1133 Meter einer der höchsten Aussichtsberge der Region. Kurz vor dem Gipfel kommt man am Dreiländergrenzstein Thurgau – Sankt Gallen – Zürich vorbei. Eine Tafel informiert ausführlich über den Weg und seine Geschichte. Ab hier wird er wieder Jakobsweg genannt. Die Wegweiser sind nicht mehr weiß, sondern braun, und die Beschilderung ist durchgängig. Der Anstieg zum Hörnli ist teilweise ziemlich steil, man sollte den Aufstieg nicht in der größten Mittagshitze vornehmen, denn er kann viel Schweiß kosten.

Wegstrecke: Fischingen – Hörnli – Steg

Länge: 9 Kilometer

Zeit: 3 Stunden (500 m Auf- und 400 m Abstieg)

Unterkunft: Gasthaus zum Steg, Steg, Telefon (00 41) (0) 5 52 45 11 61, Internet-Adresse: www.landgasthof-steg.ch

Entschädigen können sich die Pilger mit einer schönen Einkehr im Gasthaus auf dem Hörnli und mit einer einmaligen Aussicht auf die Schweizer Bergwelt (Säntis, Glarner Alpen, Pilatus, Eiger). Dann folgt der etwa einstündige Abstieg nach Steg, vorbei an einer Gedenktafel für einen Jakobuspilger, der 1995 hier verunglückt ist. Im Gasthaus »Zum Steg« kann der Pilgerwanderer einkehren. Dem Gasthaus gegenüber liegt eine Käserei, in der man vorzüglichen Ziegenkäse erstehen kann.

Vierte Etappe: Steg – Rapperswil

Der Weg von Steg nach Rapperswil führt zunächst nach Fischenthal, dann weiter auf einem kleinen Sträßchen, zuerst nach Gibswil und später nach Ried. In Ried kommt der Wanderer an eine Wegegabelung. Es geht jetzt entweder auf einer geteerten Straße oder über einen kleinen Anstieg auf einem Wiesenweg weiter. Letztere Variante ist empfehlenswert, auch wenn der Weg ein bisschen weiter ist. Er führt den Wanderer in das westlich von Wald gelegene Blattenbach zu einer ehemaligen Herberge namens »Zum roten Schwert«. Hier findet man zwei Pilgersprüche an der Hauswand:

»Mein Wandel sol in Himel sein.
Obschon ich leb auf Erden.
Ein Pilger bin ich hier, allein
Dort hoff ich Bürger werden.«

Wegstrecke:
Steg – Fischenthal – Gibswil – Ried – Blattenbach – Dachsegg – Jona – Rapperswil

Länge:
20 Kilometer

Zeit: 5 Stunden (123 m Auf- und 411 m Abstieg)

Informationen:
Tourist-Information Rapperswil, Telefon (00 41) (0) 5 52 20 57 57

Unterkunft:
Jugendherberge in Jona, Telefon (00 41) (0) 5 52 10 99 27 (rechtzeitige Anmeldung empfehlenswert); Hotel Jakob, Rapperswil, Telefon (00 41) (0) 5 52 20 00 50

Und der zweite:

»Der gestrig Tag der ist vergangen
Laßt uns den Hüttigen wol anfangen.
Der Mensch gar siechtlich fallt zugrund
Muß sterben weißt nicht welche Stund.«

Der Name des Gasthofes geht vermutlich auf den Einsatz des Jakobus als Maurentöter zurück. Der Legende nach hat er durch seine Erscheinung als Ritter auf einem weißen Pferd mit einem roten

Schwert bewaffnet 844 in der Schlacht von Clavijo den Christen zum Sieg über die Mauren verholfen.

Eine angenehme Überraschung erwartet die Pilger auf dem weiteren Abstieg nach Rapperswil in Dachsegg: In einem kleinen Bauernhaus am Weg bietet eine Familie dem Wanderer Apfelsaft, Jakobustee, Brötchen und Jakobusleckerli. Hinter Dachsegg geht es über Wanderwege beständig abwärts. Mit dem Zürichsee vor Augen zieht sich der Weg jedoch noch hin, bis die Jugendherberge in Jona in Sicht ist. Das letzte Stück des Weges dorthin muss man erfragen.

Fünfte Etappe: Rapperswil – Einsiedeln

Von Rapperswil aus geht es erst einmal auf dem 2001 errichteten, neuen Holzsteg über den Zürichsee, vorbei am Heilighüsli und der Kapelle »Unserer Lieben Frau« in Hurden hinüber nach Pfäffikon. Anschließend folgt der ziemlich steile und »luftraubende« Anstieg zum Etzelpass. Es geht durch Hohlwege, über Almwiesen und Waldwege. Steilere Passagen sind mit Querbalken aus Holz abgestützt. Bei nasser Witterung besteht Rutschgefahr, ebenso erweisen sich die zahlreichen Wurzeln auf den Waldwegen als Fußangeln.

Nach Durchqueren einer Panzersperre kommt man auf der Passhöhe (1098 m) zur Kapelle des heiligen Meinrad, einer Kopie der Gnadenkapelle von Einsiedeln. In der Nähe befindet sich das gleichnamige Gasthaus. Die Passhöhe ist ein beliebtes Ausflugsziel, das auch mit dem Auto erreichbar ist. An sonnigen Tagen und am Wochenende herrscht hier Hochbetrieb.

Der Weg vom Etzelpass bis Einsiedeln führt fast durchgehend auf asphaltierten Straßen. Zunächst folgt ein steiler Abstieg zur Teufelsbrücke (Tüfelsbrugg) über die Sihl. Vorbei am Geburtshaus des Paracelsus geht es über offenes Gelände mit herrlichem Blick auf den Sihlsee und die beiden Mythen, die Schwyzer Hausberge. Eine ganze Weile sieht der Pilgerwanderer die mächtige barocke Klosteranlage von Einsiedeln schon in der Ferne, bis er die letzte Station dieses Weges erreicht.

Einsiedeln ist der älteste und bedeutendste Wallfahrtsort der Schweiz. Seine Ursprünge reichen bis ins 9. Jahrhundert zurück. Hauptanziehungspunkt ist die Schwarze Madonna in der Gnadenkapelle. Im Gegensatz zu den Marienwallfahrtsorten Lourdes und Fatima findet das Wallfahrtsgeschehen in Einsiedeln in kleinen Gruppen und fast unauffällig statt.

Täglichen Höhepunkt bildet das Salve Regina: Um 16.30 Uhr ziehen die Mönche des Klosters in einer Prozession zur Gnadenkapelle, um dort das Salve Regina zu singen.

Wegstrecke: Rapperswil – Hürden – Pfäffikon – Einsiedeln

Länge: 16 Kilometer

Zeit: 4½ Stunden (540 m Auf- und 136 m Abstiege)

Informationen: Verkehrsbüro Einsiedeln, Telefon (00 41) (0) 5 54 18 44 88

Verkehrsanbindung: Zugverbindung Einsiedeln – Konstanz, etwa alle halbe Stunde

Jährlicher Höhepunkt ist das Fest der Engelweihe am 14. September. Das Kloster und Teile des Dorfes erstrahlen im Kerzenlicht, und die Pilger begeben sich zur Lichterprozession auf den Klosterplatz.

Es ist für den Pilger eine große Umstellung, wenn er aus der Einsamkeit des Wanderns an einem Feiertag oder am Fest »Maria Namen« eintrifft und die ganze Stadt und die Kirche überfüllt sind.

Hier, vor der Kirche, haben sich einst ähnlich wie vor dem Konstanzer Münster zahllose Pilger versammelt, um gemeinsam weiterzuziehen. Auf diesem Streckenabschnitt sind sie gemeinsam nach Rom und Santiago de Compostela gegangen. Erst später trennten sich ihre Wege.

Der Jakobsweg von Rorschach nach Einsiedeln in fünf Etappen

Auch auf dieser Route finden sich entlang des Weges etliche Kirchen und Kapellen, die dem Pilgerpatron Jakobus geweiht sind.

In Steinach, nur vier Kilometer westlich von Rorschach, besteht eine Jakobuskirche, deren Pfarrer und Kirchengemeinde sich mit der Pilgerfahrt sehr ver-

Gesamtstrecke: 99 Kilometer

Karten: Schweiz, 1 : 60 000, Blatt 864 (Toggenburg – Sankt Gallen – Appenzell), Blatt 872 (Schwyz – Zug – Vierwaldstätter See), Kümmerly & Frey AG

bunden fühlen. Ebenso häufig auf dem Weg vertreten sind aber auch Sankt Jodok, hier Sankt Jost genannt, und weitere Schutzheilige der Reisenden.

Erste Etappe: Rorschach – Herisau

Wegstrecke:
Rorschach – Schloss Sulzberg – Martinstobel – Sankt Gallen – Bruggen – Herisau

Länge:
26 Kilometer

Zeit:
7 Stunden

Informationen:
Verkehrsbüro Rorschach, Telefon (00 41) (0) 7 18 41 70 34; Tourist-Information Sankt Gallen, Telefon (00 41) (0) 7 12 27 37 37; Internet: www.st.gallen.ch

Rorschach mit seiner sehr schönen Barockkirche und dem sehenswerten Jakobsbrunnen hatte als Hafen immer eine große Bedeutung und wurde schon früh als Pilgerstation genannt. Von dort verläuft der Weg leicht ansteigend an Schloss Sulzberg vorbei. Der Blick zurück bietet ein wunderschönes Bodensee-Panorama. Am Bildstock der Apollonia vorbei führt der Weg durch drei kleine Ortschaften, Vorder-, Mittler- und Hinterhof, und anschließend auf schmaleren Wegen durch den Martinstobel in Richtung Sankt Gallen. Bis der Wanderer die Altstadt erreicht, ist es noch ein gutes Stück.

Sankt Gallen liegt eingebettet zwischen 900 Meter hohen Hügeln am Rande des Appenzeller Landes. Die gut erhaltene historische Altstadt, inmitten eines idyllischen Tals gelegen, wird umrahmt von bewaldeten Berghängen und hübschen Wohnhäusern.

Sankt Gallen weist eine hohe Anzahl von Kirchen auf. Die Bedeutendste ist sicherlich die Klosterkathedrale. Einst existierte auch eine Jakobskapelle, an die heute nur noch ein Straßenname erinnert.

In südwestlicher Richtung geht es über Bruggen, einige Zeit am Gübsensee entlang und weiter auf dem »Schlampiweg«, ei-

nem steilen Weg hinauf zum Friedhof. Die lokal übliche Bezeichnung dieses Weges rührt noch aus jener Zeit her, als Lasttiere den Weg hochgetrieben wurden und dabei wohl sehr schwach, also »schlampig« wurden. Bis Herisau steigt der Jakobsweg beständig an, nur für kurze Zeit geht es bergab.

Zweite Etappe: Herisau – Wattwil

Der Wanderer lässt Herisau hinter sich und folgt reizvollen Wegen durch Wald und Wiesen, die auf dieser Etappe bis auf über 1000 Meter Höhe ansteigen. Er passiert Waldstatt und Schwellbrunn und erreicht das 700 Meter hoch gelegene Sankt Peterzell, das sich für eine Rast eignet. So bleibt dem Wanderer auch genügend

Wegstrecke:
Herisau – Waldstatt – Schwellbrunn – Peterzell – Hofstetten – Reitenberg – Wattwil

Länge:
23 Kilometer

Zeit, sich an der architektonisch bedeutsamen Barockkirche zu erfreuen. Der Weg vorbei an stattlichen Gehöften bleibt weiterhin abwechslungsreich. Über den Weiler Hofstetten führt er hinauf auf den Reitenberg und erreicht beinahe wieder 1000 Meter Höhe.

Die Wasserscheide des Scherrers geleitet den Wanderer hinunter nach Wattwil. Der 600 Meter hoch gelegene Ort bietet dem Wanderer einen prachtvollen Blick auf die Alpen.

Zeit:
6½ Stunden

Informationen:
Verkehrsbüro Wattwil, Telefon (00 41) (0) 71 9 87 55 51; Internet: www.wattwil.ch

Unterkunft:
Hotel Löwen, Telefon (00 41) (0) 71 9 88 51 33; Hotel Toggenburg, Telefon (00 41) (0) 71 9 88 52 50

In Wattwil trafen vermutlich auch Pilger ein, die auf anderen Wegen hierher gefunden hatten. Mehrere Burganlagen bestätigen die Bedeutung als Durchgangsstation und Kreuzungspunkt verschiedener Straßen.

Dritte Etappe: Wattwil – Schmerikon

Wegstrecke:
Wattwil – Walde – Rüeterswil – Bezikon – Sankt Gallenkappel – Neuhaus – Schmerikon

Länge:
19 Kilometer

Zeit:
5 Stunden

Informationen:
Tourist-Information Rapperswil, Telefon (00 41) (0) 5 52 20 57 57; Gemeindeverwaltung Schmerikon, Telefon (00 41) (0) 5 52 86 11 11

Von Wattwil aus führt der anstrengende Weg zum Rickenübergang hinauf.

Von dort geht er über den Laadpass nach Walde, passiert Rüeterswil – hier lädt eine Gaststätte zum Verweilen ein – und Bezikon.

In einem weiten Bogen geht es an Sankt Gallenkappel vorbei zur Jakobskapelle von Neuhaus. Nach weiteren hundert Höhenmetern Abstieg wird Schmerikon am Obersee des Zürichsees erreicht.

Vierte Etappe: Schmerikon – Rapperswil

Wegstrecke:
Schmerikon – Bollingen – Kloster Wurmsbach – Rapperswil

Länge:
11 Kilometer

Zeit:
3 Stunden

Informationen:
Tourist-Information, Telefon
(00 41) (0) 5 54 42 51 76

Noch im 18. Jahrhundert hatte der Hafen von Schmerikon eine große Bedeutung. Davon ist heute nichts mehr zu spüren.

Es besteht die Möglichkeit, auf dem Linthweg über Lachen und Altendorf nach Einsiedeln zu gehen. Wir wählen aber den Weg, der in westlicher Richtung am Oberen See entlang führt. In Oberbollingen sehen wir auf einer Landzunge eine einsame Kapelle, in der Sankt Meinrad gelebt haben soll, bevor er zum Etzel gezogen ist.

Wir passieren Bollingen und seine Pfarrkirche Sankt Pankraz, die einen Besuch wert ist. Danach gehen wir am Kloster Wurmsbach vorbei und verlassen danach die Nähe der Bahngleise, um weiterhin am Ufer zu gehen. Nach elf Kilometern haben wir Rapperswil erreicht.

Fünfte Etappe: Rapperswil – Einsiedeln

Wegstrecke:
Rapperswil – Sankt Meinrad – Teufelsbrücke – Einsiedeln

Länge:
16 Kilometer

In Rapperswil haben sich die beiden Jakobswege vereinigt und streben gemeinsam über den 840 Meter langen Holzsteg nach Pfäffikon. Noch bis 1878 bestand

Zeit:
4½ Stunden

Informationen:
Verkehrsbüro Einsiedeln, Telefon (00 41) (0) 5 54 18 44 88

eine wesentlich längere Brücke über den See, die aber durch den Seedamm mit Bahnlinie und Straße ersetzt wurde. Wir gehen durch Pfäffikon und steigen hinauf. Noch vor Sankt Meinrad vereinigen sich die beiden Varianten von Schmerikon. Der weitere Verlauf des Weges ist ab Seite 260 schon beschrieben.

Kloster Einsiedeln

Weiter nach Santiago de Compostela

Von Einsiedeln nach Rüeggisberg

Von Einsiedeln führt der Weg in Richtung Brunnen. Hier spaltet sich der Weg in eine westliche und eine südliche Variante:

Der eine Weg führt nach Süden über den Brünigpass, entlang dem Brienzer- und Thunersee nach Rüeggisberg.

Die andere Strecke (von Caritas Schweiz und Bethlehem Mission Immensee gepflegt) setzt sich nach Westen über Kriens fort, an der Wallfahrtsstätte Hergiswald vorbei und verläuft weiter zur Sankt-Jost-Kapelle in Blatten. Weiter führt der Pilgerweg nach Werthenstein zu dem örtlichen Kloster, dessen »Gnadenbrünnli« erwähnenswert ist und dessen Wasser für seine Heilkraft bekannt ist. Die nächste Station ist die Jakobskirche in Geiss, und weiter geht der Weg nach Willisau. Zwischen Willisau, Ufhusen und Huttwil verläuft die Strecke auf der spätmittelalterlichen Verbindungsstraße von Luzern nach Bern. Im Kanton Bern geht es weiter über Dürrenroth, Häusermoos und Heiligenland auf die Lueg, anschließend weiter über die Emmentaler Hügelzüge. Durch einen markanten Hohlweg gelangt man nach Burgdorf. Weiter geht es über Krauchthal nach Utzingen, Boll, Dentenberg und Gümligen. Nach einem weiteren Anstieg wird Rüeggisberg erreicht.

In Rüeggisberg vereinigen sich die beiden Wege wieder. Von hier setzt sich der Jakobsweg über Schwarzenburg nach Fribourg fort. Bis Fribourg sind auch jene Jakobspilger hinzugekommen, die die Strecke über Basel gewählt haben.

Von der Schweiz über Frankreich nach Spanien

Die nächst größeren Stationen sind in der Schweiz Lausanne und Genf und in Frankreich Le Puy. An der letztgenannten Station angekommen, befindet sich der Jakobspilger auf der ehemaligen Via Podiensis, die von Le Puy über Cahors und Moissac führt und sich in Ostabat mit den übrigen drei großen Straßen vereinigt. Die Überquerung der Pyrenäen beginnt in Saint Jean Pied de Port. Auf schmalen Wegen geht es hoch auf die Berge.

Wenn der Peregrino dann (so wird der Pilger in Spanien genannt), wie viele Pilger seit Hunderten von Jahren schon vor ihm, nach der Passhöhe tief unter sich eine mächtige Anlage mit wuchtigen Gebäuden aus hellem Sandstein, umgeben von Wald, sieht, hat er Roncesvalles, den ersten Ort auf spanischer Seite, erreicht. Er befindet sich nun auf dem bekanntesten aller Jakobswege, dem »Camino frances«, dem Franzosenweg. Santiago de Compostela ist ab hier »nur« noch 32 Tageswanderungen entfernt.

Dank

Dank an die beiden begeisterten Jakobusanhänger Karl Stehle (Lippertsreute) und Herbert Helbing (München). Beide haben mit wichtigen Wegbeschreibungen zum Gelingen dieser Publikation beigetragen. Dank an Fredy Meyer (Stockach), der im Bodenseeraum Forschungen zum Jakobuskult betrieben und sie während einer Vortragsveranstaltung des Europa-Zentrums der Öffentlichkeit bekannt gemacht hat. Dank an die Leser für ihre zahlreichen Zuschriften mit Hinweisen und Ergänzungen. Mein besondere Dank gilt Margaretha Bühler (Nellingen), die mit ihren Anregungen und geduldigen Korrekturen zum Gelingen der neuen Auflage beigetragen hat.

Dank auch an das Europa Zentrum Baden-Württemberg, das mit fachlicher und persönlicher Unterstützung dieses Projekt mit vorangetrieben hat.